本項目研究出版由香港孔教學院院長
湯恩佳博士支持

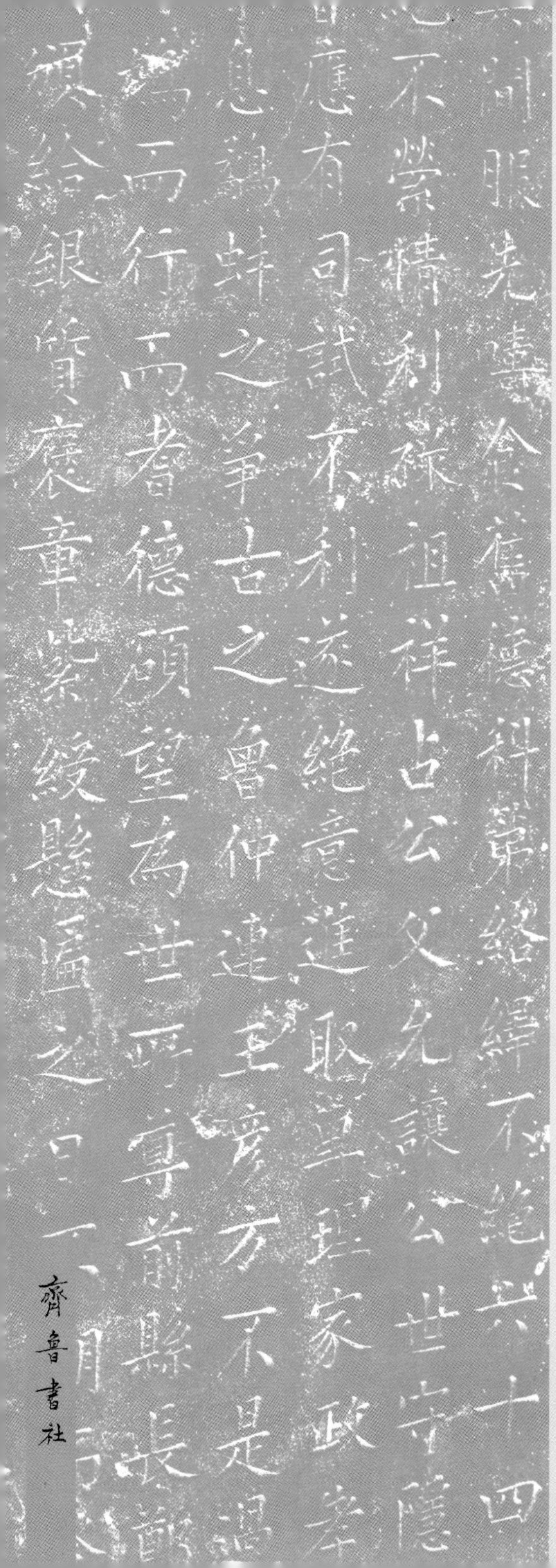

曲阜儒家碑刻文獻輯錄

第4輯

楊朝明 主編

齊魯書社

本書爲國家社科基金重点項目“中國曲阜儒家石刻文獻集成”（13AZD025）階段性成果

前　言

在元代,元武宗即位時,詔書中有這樣一句話:“先孔子而聖者,非孔子無以明。後孔子而聖者,非孔子無以法。”又説,孔子“祖述堯舜,憲章文武,儀範百王,師表萬世”。孔子“述而不作”,型範後人,得益於中國文字的記載傳統。從很早的時候起,中國便已經開始“書於竹帛,鏤於金石,琢於槃盂,以傳遺後世子孫”。孔子以前如此,孔子以後更是這樣。中國注重歷史文化的記載,反映了中華民族源遠流長的教化傳統。

作爲民族文化遺産中的燦爛瑰寶,石刻記載歷史久遠,書法高妙,内涵豐富,鎸刻精湛。中國石碑之所以經久不衰,與漢魏以來尊崇儒學、崇尚教化等風尚直接相關。今天思考“孔子思想與當今社會”,離不開對“孔子思想與歷代中國”問題的探討。孔子思想産生後,由其内在特質所決定,便與中國社會結下了不解之緣,那一統又一統的碑碣,其實都從各自的角度,無聲地訴説着當時孔子儒學與傳統中國的深層次關聯。

在中國碑刻遺存中,曲阜可以稱爲“儒家石刻文獻博物館”,這是由其作爲孔子故里的特殊地位所決定的。駱承烈先生稱曲阜碑文是"石頭上的儒家文獻",的確如此。儒家思想是曲阜刻石的底色和基調,在歷代中國,統治者提倡和推行儒家思想,整個社會的價值觀念都帶有鮮明的儒家特色。曲阜歷史遺跡衆多,碑刻林立。自時間而言,西漢至民國,代代均有;自書寫而言,篆隸行楷,諸體兼備;以文體論,散體駢文,詩歌頌贊,多姿多彩。據統計,歷代碑刻有5000多統,主要集中在孔廟,有1170餘統。另外,孔林存4000餘統(包括大量墓碑),孔府存100餘統,少昊陵存20餘統,周公廟存50餘統,顔廟存60餘統,尼山、石門山、梁公林也有不少。

從内容看,曲阜碑刻包羅衆多,涉及孔子生平、孔子思想、歷代儒學、歷代政治、歷代經濟以及社會文化的方方面面,如祭祀禮儀、典章制度、災異動亂、建築變遷、興建修繕等。考證碑文的價值,闡明其中的儒學意藴,有利於探討特定歷史時期的儒學特色,瞭解整個歷史進程中文化的變遷、儒學的升降沉浮以及孔子命運的變化等,對研究孔子、儒學與中國傳統文化意義重大。

就歷史價值而言,曲阜石刻足以名揚天下。例如,兩漢時期的石刻,全國以山東收藏最多。在山東的漢代石刻中,曲阜又十分知名,僅年代明確的,曲阜就有魯北陛刻石、五鳳刻石、安漢里刻石、祝其卿墳壇刻石、新富里刻石、陽嘉殘碑、乙瑛碑、孔謙碑、孔君墓碑、禮器碑、孔宙碑、史晨碑、孔彪碑、孔褒碑、熹平殘碑等。藏於曲阜的魏碑同樣重要,著名的有張猛龍碑、東魏李仲璇修孔子廟碑、北齊夫子廟碑、賈使君碑。這些碑大都是記事碑,如張猛龍碑記録魯郡太守張猛龍興辦學校的事;李仲璇修孔子廟碑記録了兖州刺史李仲璇修孔子廟及塑孔子弟子像配祀孔子之事;魯孔子廟碑記曹魏封孔子二十一世孫、議郎孔羡爲宗聖侯使奉祀孔子、修理孔廟之事;賈使君碑記録賈思伯兖州任内的政績。

作爲儒家學説的發祥地,曲阜是中華文明的重要發源地之一,更是歷代中國知識分子的精神家園。曲阜碑刻作爲人類特有的歷史、文化和藝術資源,它與中華文明發展息息相關,也是全人類共有的寶貴財富。歷史上,許多金石學典籍與地方志書曾對碑文有所著録,如《隸釋》《隸續》《孔氏祖庭廣記》《闕里誌》《闕里文獻考》《金石萃編》《曲阜縣志》等,也有專門的記載與評論,如《金石録》《來齋金石刻考略》《金石文考略》《潛研堂金石文跋尾》《山左金石志》《兩漢金石記》等。

不過,歷史上的這些著作大多衹涉及部分碑刻,仔細核對,其著録中有不少硬傷,與曲阜石碑之原文有許多出入,評論性著作也極爲簡短,對於碑文之價值很少有深入探討。當代學者也有相關研究,有的進行碑文選介,不過僅收曲阜境内碑文數十篇,雖有簡單注釋及評介,卻未深入探討碑文的意藴。有的涉及少量名碑如禮器碑、乙瑛碑、夫子廟堂碑等,但僅收局部拓片與簡單評論。有的收録碑文較多,希望進行集成著録,可惜由於人力等因素的限制,進行如此繁重艱巨之工作難免存在不少疏漏。

總括而言,古今著作存在着明顯不足:第一,著録時存在錯字、漏字,甚至有個别衍文,與原碑有違,也缺少校勘,未能給學界提供一個善本。第二,對碑文價值缺少挖掘。一般是就碑中的細部問題立論,既不完備,也難深入。第三,收録不够全面。曲阜碑刻衆多,多數都有重要價值,現在收録最多的著作也衹涉及一千餘座,約占總數的五分之一。

更爲緊要的是,最近三十多年來,氣候變化較大,風雨侵蝕嚴重,幾十年風化剥蝕的程度可能超過以往數百年。三十年前,當我們跟隨老師閲讀、抄録碑文的時候,感覺那時的許多石刻文字還比較清晰,然而,現在有許多字跡已經變得漫漶不清。不言而喻,這些碑刻一旦毁壞便不可再生,亟待搶救性著録與研究。

基於這些考慮,孔子研究院經過認真論證,在曲阜市文物局、曲阜師範大學歷史文化學院的支持下，2013年申請了國家社科基金重點項目“中國曲阜儒家石刻文獻集成”（批准號：13AZD025），還得到香港孔教學院院長湯恩佳先生的捐助支持。一年多來，我們集孔子研究院全院之力，先後召開十餘次會議，確定體例、研討學術、解決難題。團隊成員先進行單碑研究，再討論思路與進展，然後進行研究和寫作，力求描述碑文風貌，全文著録碑文，加以現代標點，適當注釋詮解與分析論證，考證碑文價值，闡明文化意蘊。

在該項目進行過程中，本院學術研究部部長孔祥安先生組織聯絡；副研究員路則權、助理研究員王漢峋二位先生鼎力助我主編，進行整理通稿；全院研究人員、資料人員通力配合。於此一併致謝！

楊朝明

2015年1月6日

凡　例

（一）《曲阜儒家碑刻文獻輯録》是國家社會科學規劃辦重點項目成果，收録曲阜地區現存的以儒家文獻爲内容的碑刻。

（二）本叢書按輯出版，每輯所收録碑刻一律按朝代先後排列。同一朝代，按石刻年、月、日先後爲序。若無法考證具體年代者，則放在同朝代相應碑刻之後。

（三）每塊碑刻介紹包括名稱、所立年代、位置、形制、碑頭書體、碑身書體、殘損及修補、著録情況等。

（四）碑刻名稱采用石刻原名，前加年號。若無原名，則按一般約定稱之。若無俗名，則據碑文擬定。

（五）碑文一律照實（以石碑現狀爲準）全録，對於碑文中的通假字、異體字、錯别字等皆不作任何改動。分段，采用新式標點。碑文中的空格、空行、擡頭不予保留，以節省篇幅。

（六）碑文中的殘缺、破損和因漫漶而無法辨認的文字以“□”代替，一個“□”代表一個字，無法確知殘損字數者，則以“□…□”代替。

（七）凡參考歷代著録碑文之文獻及碑帖而可對碑文加以補

足之處則予以補足,並用“( )”標出。

(八)對碑文中出現的疑難字詞、典故、稀見人物等加以注釋。

(九)論説主要圍繞碑文内容展開,注重從深度上下工夫,論説簡練扼要,未對其朝代背景做廣泛論述。涉及引用文獻,用括弧夾注。

目　録

永壽二年韓敕造禮器碑 …… 1
周府君碑額殘石 …… 9
興和三年李仲璇修孔子廟碑 …… 11
天寶元年兖公之頌碑 …… 23
大曆十年羊岳墓志銘 …… 29
乾德二年孔仁玉墓志銘碑 …… 36
大中祥符二年御賜孔廟書物敕牒碑 …… 42
天聖八年孔勗祭孔祝文 …… 47
景祐二年孔道輔祭先聖文 …… 52
景祐四年新建講學堂記碑 …… 55
景祐五年孔道輔五賢堂記碑 …… 61
嘉祐元年聖祖手植檜詩碑 …… 67
紹聖二年顔子從行小像 …… 70
紹聖二年孔子凴几坐像 …… 72
崇寧四年米芾書御製聖贊 …… 74
元太宗十一年褒崇祖廟記碑 …… 77

大德三年王先生墓碑 …… 83
至大四年祭告宣聖廟碑 …… 91
皇慶元年孔𢈔墓碑記 …… 97
至順三年重修宣聖廟題名碑 …… 101
元統三年五十一世孫孔元正墓碑 …… 105
後至元元年代祀闕里孔子廟碑 …… 108
後至元四年創建洙泗書院之記碑 …… 116
至正四年洙泗書院碑 …… 119
至正十年勅建端本堂記 …… 120
至正十七年奉議大夫同僉太常禮儀院事孔思迪墓碑 …… 124
永樂十一年故承事郎曲阜知縣孔希範墓表 …… 130
宣德元年孔公鑑誥命碑 …… 136
宣德九年重建金絲堂記碑 …… 138
正統元年處士孔思楷墓碑 …… 141
正統二年孔希尹墓表 …… 145
景泰五年孔希武墓表 …… 148
景泰六年追贈孔承慶暨夫人聖旨碑 …… 151
成化七年封贈孔公恂夫婦聖旨碑 …… 153
成化十年褒崇先聖禮樂記碑 …… 156
成化十七年封孔希敬暨夫人聖旨碑 …… 160
成化二十年河南按察司僉事孔謨墓表 …… 162
成化二十一年錢永德書党懷英詩碣 …… 167
成化二十三年陳宣謁陵廟文歌碣 …… 169
弘治七年聖祖林廟落成紀功碑 …… 171
弘治八年重立檜圖銘記碑 …… 177
弘治九年重立加封文宣王夫人制詔碑 …… 180
弘治十年陳璚謁林廟題名碣 …… 182

弘治十七年孔聞韶記修孔廟敕文碑 …………………… 184
弘治十七年孔聞韶記修孔廟祝文碑 …………………… 186
正德元年周伯琦書蘇天爵詩碣 …………………… 188
正德六年魏紳王珙陪祀詩碣 …………………… 191
正德八年趙璜昭告碑 …………………… 193
嘉靖元年林俊謁廟詩碑 …………………… 195
嘉靖三年清約處士孔公恬墓碑 …………………… 197
嘉靖三年宣聖五十八世孫恭儉處士孔府君墓碑 …………………… 202
嘉靖三年重修洙泗書院之記碑 …………………… 205
嘉靖五年宣聖五十九代孫清慎處士孔君墓碑 …………………… 221
嘉靖五年修治洙河碑 …………………… 223
嘉靖七年淳簡處士孔彦肅墓表 …………………… 226
嘉靖九年應良釋菜題名記碑 …………………… 228
嘉靖十一年至聖五十九代孫孔君彦輅墓碑 …………………… 232
嘉靖十三年追思碑 …………………… 234
嘉靖十六年胡纘宗謁闕里詩碑 …………………… 237
嘉靖十六年孔公珏摹刻胡纘宗謁闕里詩碑 …………………… 242
嘉靖二十三年楊九澤謁孔碑 …………………… 248
嘉靖二十九年至聖五十九代孔朝器墓碑 …………………… 250
嘉靖三十五年毛鵬致祭廟碑 …………………… 252
嘉靖三十八年吴維嶽祭告祝文碑 …………………… 255
嘉靖三十八年吴維嶽謁廟題名記碑 …………………… 258
嘉靖四十年朱衡謁廟題名碣 …………………… 260
嘉靖四十五年慈善處士孔彦粹墓碑 …………………… 262
隆慶四年周詠謁孔碑 …………………… 265
隆慶四年張元忭東遊記碑 …………………… 267
萬曆十七年西城兵馬指揮北川孔公墓碑 …………………… 273

萬曆三十年肅孝處士孔公金墓碑 …………………………… 276
崇禎七年重修聖林門樓碑 ……………………………………… 279
崇禎八年重脩林記 ……………………………………………… 284
崇禎八年李一鼇重修孔林碑 ………………………………… 288
崇禎十三年國子監學録孔弘顒墓碑 ………………………… 290
崇禎年間錢啓忠謁文廟叙碣 ………………………………… 292
康熙十五年遣宗人府丞馬汝驥致祭碑 ……………………… 298
康熙十五年勞之辨謁廟詩碑 ………………………………… 301
康熙二十一年遣都察院御史宋文運致祭碑 ………………… 304
雍正元年通政使楊汝穀致祭碑 ……………………………… 306
雍正元年册封至聖先師孔子五代王碑 ……………………… 308
雍正二年孔傳鐸感恩碑 ……………………………………… 315
雍正二年遣禮部尚書張伯行致祭碑 ………………………… 318
雍正八年遣經筵官留保致祭碑 ……………………………… 321
雍正八年重建至聖先師孔子廟碑 …………………………… 324
雍正八年遣皇五子弘晝淳郡王弘曝致祭碑 ………………… 330
雍正九年立康熙五十九年陳銑頌孔詩碑 …………………… 334
雍正十三年孔傳熹暨王恭人墓碑 …………………………… 338
乾隆十三年至聖先師孔子廟碑 ……………………………… 346
乾隆十四年遣太僕寺卿阿蘭泰致祭碑 ……………………… 353
乾隆十四年欽設執事官題名碑 ……………………………… 355
乾隆十六年敕授修職郎聖廟七品官麟書孔先生墓 ………… 361
乾隆四十九年孔繼涵墓碑 …………………………………… 364
嘉慶元年遣青州都統觀明致祭碑 …………………………… 367
嘉慶二十四年廉善等致祭碑 ………………………………… 369
道光元年立嘉慶二十五年西淩阿致祭碑 …………………… 371
道光八年修元聖廟碑 ………………………………………… 373

同治十一年重修至聖廟碑記 …………………………… 385
光緒十九年蕢山園記碑 ………………………………… 391
光緒二十四年重修至聖廟碑記 ………………………… 397
光緒二十四年孔傳棠德配陳孺人墓 …………………… 403
宣統三年孔憲鋼墓碑 …………………………………… 405
民國五年孔繼燃墓碑 …………………………………… 406
民國六年文林郎孔昭印暨宋孺人墓碑 ………………… 408
民國十四年處士孔慶環墓碑 …………………………… 410
民國十七年洙泀五泉碑 ………………………………… 412
民國二十年黎元洪題褒孔廣節墓碑 …………………… 415
民國二十一年孔昭潤暨張氏墓碑 ……………………… 419
民國二十二年孔憲文暨劉孺人墓碑 …………………… 421
民國二十四年孔溼墓碑 ………………………………… 423
民國二十六年孔憲典暨崔氏墓碑 ……………………… 424
民國二十九年孔昭常暨趙氏墓碑 ……………………… 426

永壽二年韓敕造禮器碑

此碑立於東漢桓帝永壽二年(156)九月,現位於漢魏碑刻陳列館北屋,西起第13石。碑高2.14米(含碑頭0.44米,半圓形),寬0.785米,厚0.23米。隸書。15行,行36字。碑陰題記3列,每列17行。碑左側題記3列,每列4行。碑右側共4列,每列4行。

《石頭上的儒家文獻——曲阜碑文録》中未注明碑陰、碑側,"顔母"誤作"顔誕","皇戲"作"皇羲","空桑"誤作"孔桑","以斗"誤作"以十","秊壽"誤作"年壽";碑陰"東州"誤作"東州","賊使"誤作"賊只","騶"誤作"駒","孔凱仲弟"誤作"孔凱弟","孔建"誤作"孔健","周"誤作"擊"。重録"穎川長社王季孟三百。汝南宋公國陳漢方二百。故督郵魯趙輝彦台二百"三句,衍"雨季",脱"故督郵魯開輝景高二百"一句及"河南"二字;碑側一衍"山陽金鄉七人","桓"誤作"醒";碑側二"東海博"誤作"東海","子睢"誤作"子雅","琮"誤作"崇","薛玉芳伯道"誤作"薛玉伯",脱"魯孔建壽二百。相行義史文陽公百輝世平百。魯博兗子豫二百。任城亢父治真百。魯孫股三百。魯孔昭叔祖百。六盧城子二百"七句。

惟永壽〔一〕二年,青龍〔二〕在涒歎〔三〕,霜月〔四〕之靈,皇極之日〔五〕。魯相河南京〔六〕韓君,追惟〔七〕太古,華胥〔八〕生皇雄〔九〕,顏母〔一〇〕育孔寶〔一一〕,俱制元道〔一二〕,百王不改。孔子近聖,為漢定道。自天王〔一三〕以下,至於初學,莫不驪思,歎卬師鏡。顏氏聖舅〔一四〕,家居魯親里〔一五〕,亓官聖〔一六〕妃,在安樂里〔一七〕。聖族之親,禮所宜異。復〔一八〕顏氏亓官氏邑中繇發,以尊孔心。念聖歷世〔一九〕,禮樂陵遲,秦項〔二〇〕作亂,不尊圖書〔二一〕,倍〔二二〕道畔德,離敗聖輿食粮〔二三〕,亡於沙丘〔二四〕。君〔二五〕於是造立禮器,樂之音符〔二六〕,鍾磬瑟鼓〔二七〕,雷洗觴觚〔二八〕,爵鹿柤梪,籩柉禁壺〔二九〕,修飾宅廟,更作二輿,朝車威熹〔三〇〕。宣抒玄汙〔三一〕,以注水流〔三二〕。法舊不煩,備而不奢。上合紫臺〔三三〕,稽之中和;下合聖制,事得禮儀〔三四〕。於是四方士仁,聞君風耀〔三五〕,敬詠〔三六〕其德,尊琦〔三七〕大人之意,逴彌之思。乃共立表石,紀〔三八〕傳億載。其文曰:

皇戲〔三九〕統華胥,承天畫卦。顏育空桑〔四〇〕,孔制元孝〔四一〕,俱祖紫宫,大一〔四二〕所授。前闓〔四三〕九頭〔四四〕,以斗言教〔四五〕,後制百王〔四六〕,獲麟來吐〔四七〕。制不空作〔四八〕,承天之語〔四九〕。乾元以來〔五〇〕,三〔五一〕九〔五二〕之載〔五三〕,八皇〔五四〕三代〔五五〕,至孔乃備〔五六〕。聖人不世〔五七〕,期五百載〔五八〕。三陽〔五九〕吐圖,二陰出讖〔六〇〕。制作之義,以俟知奧。於穆〔六一〕韓君,獨見天意。復聖二族,逴越絕思。修造禮樂,胡輦〔六二〕器用,存古舊宇,殷勤宅廟,朝車威熹,出誠造闕〔六三〕,漆不水解,工〔六四〕不爭賈。深除玄汙,水通四注。禮器升堂,天雨降澍。百姓訢和,舉國蒙慶。神靈佑誠,竭敬之報。天與厥福,永享牟壽。上極華紫,旁伎皇代。刊石表銘,與乾運耀。長期蕩蕩,於盛復授。赫赫罔窮,聲垂億載。

韓明府名敕,字叔節。故涿郡太守魯麃次公五千。故從事魯張嵩眇高五百。穎川長社王玄君真二百。故會稽太守魯傳世起千。相主簿魯薛陶元方三百。河東大陽西門儉元節二百。故樂安相魯麃季公千。相史魯周乾伯德三百。

(以下碑陰)

曲成侯王暠二百。遼西陽樂張普阠堅二百。颖川长社王季孟三百。故督郵魯開輝景高二百。河南成皋蘇漢明二百其人處士。汝南宋公国陈汉方二百。郎中魯孔宙季將千。

(以下録碑陰上横一排三行始)

河南洛陽種亮奉高五百。故兖州從事任城吕育季華三千。故下邳令東平陸王褒文博千。故穎陽令文陽鮑宫元威千。河南雒陽李申伯百。趙國邯鄲宋瑱元世二百。彭城廣戚薑尋子長二百。平原樂陵朱恭敬公二百。平原濕陰馬瑶元冀二百。彭城龔治世平二百。泰山鮑丹漢公二百。京兆劉安初二百。故薛令河内溫朱熊伯珎五百。下邳周宣光二百。故豫州從事蕃加進子高千。河間束州齊伯宣二百。陳國苦虞崇伯宗二百。

(以下録碑陰中横二排三行始)

山陽南平陽陳漢甫二百。任城番君舉二百。任城王子松二百。任城謝伯威二百。任城高伯世二百。相主簿薛曹方濟興三百。相中賊使薛虞韶興公二百。薛弓奉高二百。相史卞吕松□遠百。騶韋仲卿二百。處士魯劉静子著千。故從事魯王陵少初二百。故督郵魯開輝景高二百。魯曹悝初孫二百。魯劉元達二百。

（以下録碑陰下横三排三行始）

御史魯孔翊元世千。大尉掾魯孔凱仲弟千。魯孔曜仲睢二百。魯孔儀甫二百。處士魯孔方廣率千。魯孔巡伯男二百。文陽蔣元道二百。魯孔憲仲則百。文陽王逸文豫二百。尚書侍郎魯孔彪元上三千。魯孔汎漢光二百。南陽宛張光仲孝二百。守廟百石魯孔恢聖文千。褒成侯魯孔建壽千。河南洛陽王敬子慎二百。故從事魯孔樹君德千。魯孔朝升高二百。魯石子重百。行義掾魯弓如叔都二百。魯劉仲俊二百。北海劇袁隆展世百。魯夏侯盧頭二百。魯周房伯台百。

(以下碑側一，横排録)

山陽瑕丘九百元台三百。齊國廣張建平二百其人處士。上党長子楊萬子三百。處士魯孔征子舉二百。魯徐伯賢二百。魯劉聖長二百。河南偃師胥鄰能國三百。河南平陰樊文高二百。河東臨汾敬信子直千。河南洛陽左叔虞二百。東郡武陽董元厚二百。東郡武陽桓仲豫二百。泰山鉅平韋仲元二百。蕃王狼子二百。泰山費淳于隣季遺二百。故安德侯相彭城劉彪伯存五百。故平陵令魯鹿恢元世五百。

(以下碑側二,横排録)

東海博河東臨汾敬謙字季松千。時令漢中南鄭趙宣字子雎。故丞魏令河南京丁叔舉五百。左尉北海劇趙福字仁直五百。右尉九江浚遒唐安季興五百。司徒掾魯巢壽文後三百。河南偃師度征漢賢二百。南陽平氏王自子尤二百。相守史薛玉芳伯道二百。魯孔建壽二百。相行義史文陽公百輝世平百。魯博兗子豫二百。任城亢父治真百。魯孫股三百。魯孔昭叔祖百。六廬城子二百。

【注釋】

〔一〕永壽:東漢桓帝(147—167)年號。

〔二〕青龍:二十八宿中,東方七宿的合稱,也號青龍。

〔三〕涒歎:太歲年名,太歲在申名爲涒歎。

〔四〕霜月:指農曆七月。

〔五〕皇極之日:七月五日。

〔六〕京:首都。

〔七〕追惟:追述。

〔八〕華胥:傳説是伏羲之母。

〔九〕皇雄:伏羲。

〔一〇〕顔母:孔子母親顔徵在。

〔一一〕孔寶:指孔子。

〔一二〕俱制元道:大道體制完備。

〔一三〕天王:皇帝。

〔一四〕顔氏聖舅:指顔母之親族。

〔一五〕魯親里:孔子三歲喪父,其母顔徵在攜幼子由陬邑遷來魯國都城居住之地。

〔一六〕亓官聖妃：孔子夫人，宋國人，十九歲時嫁給孔子，先孔子七年去世。

〔一七〕安樂里：孔子夫人亓官氏的原居住地。

〔一八〕復：免除徭役。

〔一九〕歷世：經歷的時代。

〔二〇〕秦項：秦始皇和項羽。

〔二一〕圖書：儒學典籍。

〔二二〕倍：違背。

〔二三〕聖輿食糧：聖人的大道。

〔二四〕亡於沙丘：秦始皇死於沙丘。

〔二五〕君：韓敕。

〔二六〕樂之音符：收集整理古樂譜。

〔二七〕鍾磬瑟鼓：皆爲樂器。

〔二八〕雷洗觴觚：皆飲酒器。

〔二九〕爵鹿柤梪，籩柉禁壺：皆祭器。

〔三〇〕朝車威熹：孔子上朝所乘大夫之車威重華麗。

〔三一〕宣抒玄汙：疏浚排汙設施。

〔三二〕水流：河道。

〔三三〕紫臺：天帝居住的地方稱紫臺。

〔三四〕事得禮儀：謂以禮制事，而皆得其宜。

〔三五〕風耀：光明德行。

〔三六〕敬詠：以詩文贊美。

〔三七〕琦：卓異。

〔三八〕紀：記。

〔三九〕皇戲：伏羲。

〔四〇〕空桑：古代地名，因有大片桑林而得名，又因是商代名相尹和聖人孔子的出生地而出名。《吕氏春秋》記載:“先氏女子采桑,得嬰兒於空桑之中,獻之其君居。”《春秋孔演圖》一書中説:“孔子母徵在遊大塚之坡,睡,夢黑帝使清與己交。語曰:女乳必於空桑之中,覺則若感,生丘於空桑之中。”

〔四一〕孔制元孝:孔子著作《孝經》。

〔四二〕大一:太一,北極神之别名。

〔四三〕闓:開啓。

〔四四〕九頭:舊有三皇,曰天皇、地皇、人皇。人皇九頭,兄弟九人,分長九州,各立城邑。

〔四五〕以斗言教:以星象進行教育。

〔四六〕後制百王:爲之後百王立制。

〔四七〕獲麟來吐:《春秋緯·演孔圖》:“西狩獲麟。麟向孔子,蒙其耳,吐書三卷。”

〔四八〕制不空作:聖人不空生,必有所制。

〔四九〕天之語:天意。

〔五〇〕乾元以來:指天地開闢以來。

〔五一〕三:指日月星,稱“三光”或“三辰”。

〔五二〕九:指九天,中央與八方。

〔五三〕之載:所承載藴藏的深奥道理。

〔五四〕八皇:指三皇五帝。

〔五五〕三代:指夏、商、周。

〔五六〕至孔乃備:謂孔子集古代思想之大成。

〔五七〕聖人不世:聖人不是每世出現。

〔五八〕期五百載:司馬遷語,聖人五百年一出。

〔五九〕三陽:攝提、熒惑、地候三星於早晨見於東方,附於日也,故稱三陽。

〔六〇〕二陰出讖:太白、辰星黄昏出現,附於月也,故稱二陰。

出讖，指預言吉凶禍福的文字圖記。

〔六一〕於穆：歎美之詞。

〔六二〕胡輦：古代祭器，亦稱"瑚璉"。

〔六三〕闕：缺。

〔六四〕工：精巧。

【論説】

碑爲東漢末年魯國之相韓敕所造。韓敕，字叔節，稱韓明府。碑文内容是請求皇上頒賜禮器，用以祀孔，並號召官吏、士大夫共同支持此善舉，出貲資助。自東漢以來，讖緯迷信盛行，至此時尤甚，故碑文中有許多讖緯迷信的内容。

碑陰及碑兩側有許多人題名，爲捐貲名單。所捐之錢從一百到三千不等。因捐貲者地位、身份不同，稱呼各異。此碑亦東漢隸書成熟作品的典型之一，書法價值極高，古今學書者多以此爲宗。《虚舟題跋》譽爲："此碑上承斯喜，下啓鍾王，無法不備而不可名一法，無妙不臻而莫能窮其妙。"許多碑在書法上各有美處，"惟韓敕碑無美不備。以爲清超卻遒勁，以爲遒勁卻又肅括。自有分隸以來，莫有超妙如此之碑者"。牛運震《金石圖》云："是碑銘文簡質，雄勁與先秦諸石刻伯仲，書法鋒銛神渾，蒼古温潤，無美不備，有漢分隸獨步也。"清人翁方綱全宗此碑之法，無怪乎他贊賞此碑爲"漢隸中第一"。今人包備五《齊魯碑刻》中將其譽爲"神物"，説它"情性、形質兼備"。清乾隆時書法家王澍鑒定此碑説："瘦勁如鐵，變化若龍；一字一奇，不可端倪。"評價均很高。現此碑已被定爲國家一級文物。

（孔　玥）

周府君碑額殘石

此石於清道光年間發現於池涯一帶,現位於漢魏碑刻陳列館北屋,西起第28石。石高0.42米,寬0.46米,厚0.16米。篆書不清。碑陰題跋共14行,行13字;前13行正書,後(左)1行隸書。依碑陰孔昭薰記,有人説是漢碑,孔昭薰認爲是唐碑。尚有待深究。

《石頭上的儒家文獻——曲阜碑文録》未録碑陽。且"厓"誤作"莊","嗣"作"祠","以石"誤作"以後","孔昭詠"誤作"孔昭咏","孔憲壂"作"孔憲舉","孔憲彝"誤作"孔憲英","以斗"誤作"以十","秊壽"誤作"年壽","汝南"前漏録一"漢"字,"府君"前漏録一"周"字,"六百五十里"後多録一"間"字。

故汝南周府君

(以下碑陰)

此碑額"故汝南[一]周府君"六字,得於古池厓。數年前崇川馮中翰雲鵬[二]審為漢刻,章武王明府大淮作宰仙源,其嗣鴻精心鑒古,以石移置同文門下。薰[三]按[四]漢汝南郡屬豫州，在雒陽東南六百五十里。周府君為何人，今不可考。且石之四面鑿方，正面又凿如柱礎，與唐李秀殘碑額相似，片石摩抄〔五〕，實堪嘆惜耳。

曲阜孔昭薰〔六〕記，江夏葉壽海書。道光戊戌仲春之月，鐫者張馥。鎮洋沈宗約、長洲王大堉、曲阜孔廣權、孔昭美、孔昭詠、孔憲壂、孔憲彝同時觀。漢陽葉志、詵觀子名琛名豐侍。

【注釋】

〔一〕汝南：位於今河南省駐馬店市東部，古屬豫州，豫州爲九州之中，汝南又居豫州之中，故有"天中"之稱。自春秋戰國時代建制以來，距今已有 2700 多年。上自秦、漢，下至明、清，汝南一直是郡、州、軍、府治所。

〔二〕馮中翰雲鵬：中翰爲官名，雲鵬爲其名，下同。

〔三〕薰：指孔昭薰。

〔四〕按：推究。

〔五〕摩抄：用手撫摩。

〔六〕孔昭薰：孔子第七十一代孫，字惠如，衍聖公孔廣棨次子。嘉慶舉人，襲封翰林院五經博士，任山東臨邑縣訓導。刻苦好學，嗜古工詩，好金石學。於曲阜城郊掘得漢、唐、宋、金、元、明各代石碑 120 統，編成《至聖林碑目》六卷。

（孔　玥）

興和三年李仲璇修孔子廟碑

此碑立於東魏興和三年(541),現位於漢魏碑刻陳列館(原存孔廟同文門下,1978年移入東廡,1998年移入漢魏碑刻陳列館)。又名"魯孔子廟之碑""魯孔子廟碑""後魏修孔子廟碑""東魏魯孔子廟碑""李仲璇修孔子廟碑"等。碑圓首,有額,飾暈狀龍紋。通高2.53米,寬0.86米,厚0.14米。額篆刻2行,行3字,"魯孔子廟之碑"。碑陽25行,行51字。碑陰39行,行18字,前7行在額後,後32行俱在上截,其下截無字,每行或一人或二人,正書,爲捐資者題名。碑之右側正書1行。此碑保存較好,底部風化嚴重,部分文字不清。

主要著録:

1.《集古録》卷四有釋,名爲"魯孔子廟碑"。

2.《孔氏祖庭廣記》卷十有原文及釋,名爲"東魏興和二年兖州刺史李璇修孔子廟碑",碑陰、碑側不録。

3.《金石圖説·乙上》有圖及釋。

4.《潛研堂金石跋尾》卷二有釋。

5.《金石萃編》卷三十一有原文及釋,名爲"李仲璇修孔子廟碑”，碑陰、碑側有釋，不録。

6.《曲阜縣志》卷五十二有原文及釋，名爲“東魏魯孔子廟碑”，碑陰、碑側不録。

7.《山東通志》卷十一之七《闕里志七》有原文，名爲“東魏兖州刺史李璇修孔子廟碑”。

8.《闕里文獻考》卷三十三有原文及釋，名爲“東魏魯孔子廟碑”。

9.《六一題跋》卷四有釋。

10.《山左金石志》卷九有原文及釋，名爲“李仲璇修孔子廟碑”。

見著書目有《集古録跋尾》《金石略》《金石録》《石墨鐫華》《金石史》《天下金石志》《金石文字記》《曝書亭金石文字跋》《平津讀碑記》《金石文考略》《藝風堂金石文字目》《集古求真》《山左碑目》《寰宇訪碑録》《寰宇訪碑録刊謬》《金石彙目分編》《崇雅堂碑録》《來齋金石刻考略》《曲阜碑碣考》《校碑隨筆》《增補校碑隨筆》《古墨齋金石跋》《竹崦庵金石目録》諸書。

《金石萃編》將“振”誤作“棖”、“水”誤作“木”、“踈”作“疎”、“得”誤作“遵”、“爷”作“布”。

《闕里文獻考》將“夤”作“寅”、“寔”作“實”、“唯”作“惟”、“昇”作“升”、“剋”作“克”、“胤”作“蔭”、“𠇾”作“休”、“芙蔬”作“扶踈”、“咨”作“兹”、“餝”誤作“飾”、“玄”作“元”、“万”作“萬”、“泮”誤作“判”、“遚遚”作“邈邈”、“潭”作“覃”、“昭”作“照”、“爷”作“布”、“西”作“棲”。

《石頭上的儒家文獻——曲阜碑文録》將“叡”作“睿”、“唯”作“惟”、“昇”作“升”、“剋”作“克”、“冊”作“册”、“君姓李字仲琁”誤作“姓李諱埏字仲璇”、“𠇾”作“休”、“弈”誤作“然”、“芙蔬”作“扶踈”、“寔”作“實”、“踈”作“疎”、“肅恭致誠”誤作“肅恭誠致"、"垖"作"阜"、"侑"作"脩"、"得"誤作"遵"、"闢"作"辟"、"号"作"號"、"罩"作"窧"、"仞"作"刃"、"鷰"作"燕"、"亦"誤作"而"、"朙"作"明"、"餝"誤作"飾"、"刱"作"創"、"万"作"萬"、"孤"誤作"弧"、"泮"誤作"判"、"邈邈"作"邈邈"、"玄"作"元"、"潭"作"覃"、"榑"作"搏"、"昭"作"照"、"巖巖"作"嚴嚴"、"叙"作"敘"、"灰"誤作"仄"、"熟"誤作"敦"、"希"作"佈"、"西樓"誤作"棲棲"、"晢"作"哲"。

粵若〔一〕稽古〔二〕㝅后〔三〕,欽朙〔四〕文思〔五〕衡宰〔六〕,邁德〔七〕丕顯〔八〕,九功〔九〕咸事。故能庸勳親賢,官方式叙〔十〕。

惟大魏徙鄴之五載,皇□興和之元年,天(子)〔一一〕□咨。夤賓出日,寔唯濟岱。宣風敷化,義屬英良。以君理思優敏,實惟舊德。昇朝牧民,物望斯允。必能弦歌鄒(魯),剋(振)(斯)(文)。□制□□冊,拜我君公使持節〔一二〕都督兖州諸軍事、車騎大將軍、當州大都督、兖州刺史,君姓李字仲琁〔一三〕,趙國柏仁人也。其先(帝)(高)(陽)(之)(苗)(裔),柱史之胤,左車〔一四〕之綿緒。瑶光佅彩,赫弈於上齡,若水嘉祥,秩蘇於季葉〔一五〕。君以資解褐奉朝請〔一六〕,俄除定州平北府法曹叅軍,仍(歷)(兖)(郡)功(曹)咨議(參)軍事、定相雝三州長史、東郡汲郡恒(農)三郡太守、司徒左長史、中散太中大夫、營構都將、雍兖二州(刺)史。所(在)恩□,(遺)訓在(民),(夫)(松)桂易地而貞馥不移,君鳳舉雲翔,風期如(一)。斯寔天懷直置,妙與神同。悒然不樂,思仁未深。刑平惠

(和),(詎)為淳□□□(階)(資)(寵)□(之)(榮)(奕)葉重光之貴。氣韻優峻之奇,政績緝熙之美,既備於史傳與清頌,故不復詳載焉。君神懷踈爽,風度絶(人),學(業)□□(源)(竝)(深),(趣)(操)□(寒)松俱秀。故其隸兗部也,當未浹旬〔一七〕,言覲孔廟,肅恭致誠,敬神如在。遂軔車〔一八〕曲埠,飲馬沂流,周遊眺覽,尚(想)(伊)人,□□(慨)然有(報)功□□之意,乃命工人脩建容像〔一九〕。孔子曰:從我於陳蔡者,皆不得(及)門也。因歷敘其才,以為四科之目。生既見從,(没)□□(侍),故(顔)(氏)□□□□於易辭。起予者商,紛綸於文誥。是則聖人之道,湏輔佐而成。故曰:吾有由也,惡言不聞於耳。所以雕(素)十(子)〔二〇〕,(侍)(於)其側。今於(設)(聖)(容)(仍)奉進儒冠〔二一〕,於諸徒亦青衿青領〔二二〕。雖逝者如斯,風霜驟謝,而淪姿舊(訓),曖似還新。至如廟宇,凝静靈姿(嚴)(麗),□□之□無以踰七□之房不能出。

夫道繫於人,人亡則道隱。斯大義以之而乖,微言以之而絶。今聖容(肅)穆,二五成行,丹素陸離,(光)□□□□□□微咲(而)□言左右,若承顔〔二三〕而受業〔二四〕。是以覩之者,莫不忻忻焉,有入室登堂之想,斯亦化□□一隅也。天誕聖哲,作民(師)□□(風)□(闕)里播□□(洙)(泗)。至於歎鳳鳥之寂寥,傷河圖之莫出〔二五〕。屢應聘而不遇,知道德之不行。乃正(雅)(頌),脩春秋,刊理六經,懸諸日月,□□載之□(莫)(不)(得)(其)義以述作,服其訓以成身。咨可謂開闢之儒聖、無窮之文宗〔二六〕者矣。此地古号曲埠,是唯魯郶。雖宫觀(荒)毁,臺池(蕪)(没),(然)其廟庭也,蔚□林於九冬〔二七〕,罩脩柯於百仞,類神梧之侵漢,同梧宫之巨圍,(至)夫鴻隨秋下,則月秀霜枝,鷰逐春來,亦風開翠葉。(既)□□□□□(亦)足以安樂聖靈,是以無代不加脩繕,詎億載以寧神君。清朙在躬,精思入微,功被人神,德貫幽顯。豈唯營餝宣質,經挒□□□□□□□如虔脩岱像,崇奉玄宗,敦素翦華,興存廢絶,視民如傷,(納)之仁壽,體亡懷以幽詣,任万物以為心,(豈)直靈津孤灑,虚光(獨)(散)者(哉)。(夫)(一)月(之)(朙),可影百川,一人之鑒,縱横万趣,爰自剌舉,未或斯同。然丹青所以圖盛(迹),(金)石所以刊不(朽),□□不鎸,珉瑶焉(述)府州佐□□□□□令士民等,略序義目,樹碑廟庭,俾後來君子,知功業之若斯焉。乃作頌曰:

二儀〔二八〕肇泮,人倫攸舉。逷逷玄王,誕兹聖緒。祖習堯舜,獻章文武。聲溢九天,化潭八宇。祖習□□,(窮)神盡妙。化潭伊(何),□□(存)(教)。□同麗景,榑天孤昭。無異岱宗,巖巖特峭。重山隱寶,深霞秘暉。在哀之葉,自衛言歸。德生於予,文實在兹。彝倫〔二九〕禮樂,剋叙書(詩)。□□驚(異),灰管〔三〇〕流氣。良木其摧,緬踰千祀。以存恕亡,允諸靈意。不有伊人,熟云脩置。唯君體道,希政優優。白鳩〔三一〕巢室,赤雀〔三二〕西樓。(禮)罔不(備),智□□□。器冠後哲,風邁前脩。既繕孔像,復立十賢。誠兼岱宇,懃盡重玄。仰聖儀之焕爛〔三三〕,嘉鴻業之嬋聯〔三四〕。長無絶兮終古,永萬(億)兮斯(年)。

興和三年十二月十一日(訖)功。

(以下碑陰)

鎮遠將軍倉曹參軍蓋子華。

前將軍功曹參軍屈儁。

征虜將軍録事參軍李良賓。

征東將軍壽陽子司馬時老生。

征東將軍長史崔珍。

冠軍將軍别駕從事史順陽子張敬賓。

鎮遠將軍治中從事史魏子良。

輕車將軍典籤□□。

寧遠將軍典籤□□。

□□外奉都尉騰子□。

楊烈將軍新陽令攝典簽衛思。

伏波將軍員外給事中丁貴賓。

冠軍將軍長流參軍劉孝遵。

中堅將軍前平原令郗静和。

明威將軍長□流參軍□□□。

典簽□暉。

伏□波將軍□□國令長流參軍□□□。

冠軍將□軍□□參軍張洛□□。

□父令朱槃□。

冠軍將軍法曹參軍彭伯憐。

征虜將軍録事參軍張子欽。

中堅將軍參軍事王元龜。
樂平令秦仲暉。
中堅將軍鎧曹參軍蘇文淵。
湏昌令孫世檲。
平南將軍田曹參軍劉僧仁。
魯縣令宋敬遵。
征虜將軍城局參軍禹太安。
前郡主簿陳祖明。
平南將軍長流參軍徐柒保。
鎮城司馬何通。
冠軍將軍騎兵參軍范琚羅。
主簿袁康生。
輔國將軍外兵參軍孫景貴。
中兵參軍張輔仁。
平遠將軍主簿范伯珍。
士曹參軍周甑。
鎮軍將軍中兵參軍元貴。
泰山郡孝刑獄參軍王元憘。
魯郡丞孔白烏。
鎮西將軍金□。
□太守牛神。
魯郡功曹韋□考。
使持節督郯州諸軍□。
伯泰山太守郭叔略。
□□將軍□□。

□魯郡主簿□。
前將軍東平太守儁。
魯郡五官□神穆。
征虜將軍任城太守馬顯都。
魯郡省事高道愍。
安東將軍陽平太守高元和。
魯郡録事夏蓋祑。
前魯郡功曹吴奉祖。
祭酒從事史禮當□□寖。
將軍幢主卜神景。
弥寂將軍幢主高戩憘。
黄衣隊主鮑珍榮。
部郡從事史樊海珍。
部郡從事史張金樓。
部郡從事史柏景嵩。
征虜將軍前任城太守耿僧珍。
□驤將軍東平太守趙良征。

(以下碑右側)
内□書任城王長儒書碑。

【注釋】

〔一〕粤若:發語詞。用於句首以起下文。
〔二〕稽古:考察古事。
〔三〕叡後:聖明的君主。叡,同"睿"。

〔四〕欽明:敬肅明察。

〔五〕文思:指才智與道德。

〔六〕衡宰:指宰相。

〔七〕邁德:謂勉力樹德。

〔八〕丕顯:猶英明。

〔九〕九功:古謂六府三事爲九功。《左傳·文公七年》:"六府、三事,謂之九功。水、火、金、木、土、穀,謂之六府。正德、利用、厚生,謂之三事。"

〔一〇〕式叙:亦作"式序"。按次第,順序。

〔一一〕括弧内文字據《孔氏祖庭廣記》《闕里文獻考》補足。

〔一二〕使持節:官職名。魏晋南北朝時,掌地方軍政的官往往加使持節的稱號,給以誅殺中級以下官吏之權。次一等的稱持節,得殺無官職的人。再次稱假節,得殺犯軍令的人。至隋唐刺史,例加使持節的虚銜,如某州刺史必帶使持節某州諸軍事。

〔一三〕李仲琁:東魏趙郡平棘人。東魏世家,李暾從弟。歷官弘農太守、威衛將軍、北雍州刺史。孝静帝天平初,遷都於鄴,爲營構都將,主持修鄴城。以車騎大將軍出任兗州刺史,修復孔廟。還都後,爲將作大匠。所歷並清勤有聲,卒年六十六,贈驃騎大將軍、儀同三司、青州刺史。《魏書》《北史》有傳,附李順傳後。

〔一四〕左車:虚左以待的車。

〔一五〕季葉:猶季世。

〔一六〕奉朝請:古代諸侯春季朝見天子叫朝,秋季朝見爲請。因稱定期参加朝會爲奉朝請。漢代退職大臣、將軍和皇室、外戚多以奉朝請名義参加朝會。晋代以奉車、駙馬、騎三都尉爲奉朝請,南北朝設以安置閑散官員,隋初罷之,另設朝請大夫、朝請郎,爲文散官。

〔一七〕浹旬:一旬,十天。

〔一八〕軔車:停車。

〔一九〕容像:指孔子塑像。

〔二〇〕十子:指孔子的十個弟子:顔淵、閔子騫、冉伯牛、仲弓、宰我、子貢、冉有、季路、子游、子夏。自唐定制,從祀孔廟,列侍孔子近側。

〔二一〕儒冠:古代儒生戴的帽子。

〔二二〕青衿青領:青色交領的長衫。古代學子的常服。

〔二三〕承顔:順承尊長的顔色,謂侍奉尊長。

〔二四〕受業:從師學習。

〔二五〕鳳鳥之寂寥,河圖之莫出:出自"鳳鳥不至,河不出圖,吾已矣夫!"(《論語·子罕》)

〔二六〕文宗:備受尊崇的文章宗伯。

〔二七〕九冬:指冬季。冬季共九十日,故名。

〔二八〕二儀:指天地。

〔二九〕彝倫:常理,常道。

〔三〇〕灰管:古代候驗節氣變化的器具。以葭莩之灰置於律管,故名。

〔三一〕白鳩:鳥名。古以爲瑞物。

〔三二〕赤雀:傳説中的瑞鳥。

〔三三〕焕爛:光耀燦爛,文彩斑斕。

〔三四〕嬋聯:蟬連,連續。

【論説】

碑文記載兖州刺史李仲璇修孔子廟和修孔子塑像、創置十哲塑像事。此碑是研究孔廟塑像歷史沿革的重要史料。

關於曲阜孔廟孔子像,先有畫像,後有塑像。據《隸釋》卷一

《韓敕修孔子廟後碑》"重改畫聖像如古圖"之語,可知漢代桓帝之前,曲阜孔廟大成殿中就已有孔子畫像了。至於孔廟大成殿中的孔子塑像,據目前文獻所知,最早見於北魏酈道元《水經注·泗水》:"廟屋三間,夫子在西間東向,顔母在中間南面,夫人隔東一間東向。""魏黄初元年,文帝令郡國修起孔子舊廟,置百石吏卒,廟有夫子像,列二弟子,執卷立侍,穆穆有詢仰之容。"但是查《三國志·魏書》和《魯孔子廟碑》(又稱孔羨碑,魏黄初元年立)都没有説到孔子塑像的事。雖然,大成殿塑像尚不能定爲曹魏時始立,但可以説在北魏時孔廟就有孔子塑像了。此碑記"修建容像",也印證了是前孔廟大成殿已有孔子塑像。至唐玄宗時,孔子塑像開始冕九旒,服九章。宋時提格爲冕十二旒,服九章,執環圭。金升爲冕十二旒,服十二章,執環圭。到明朝,孔子達到最高封位,冕十二旒,服十二章,執鎮圭。清襲明制。這種格式一直留到"文化大革命"前。現大成殿内塑像係1985年重新塑造的,雖然原則上按照雍正七年塑像的原樣進行恢復,但在實際複製的過程中還是作了一定程度的改變。

又此碑記"瞀箣宣質經牀□□□□□□□如虔脩岱像",知十子像係此次創置。其原因,如碑所記:"是則聖人之道,滇輔佐而成。"所以雕素十子侍於其側,則是四科配享,始於興和此碑。趙紹祖《金石文鈔》云:"所以雕素十子奉進儒冠,似夫子本自有像而十哲則仲璇創置之也。"畢沅、阮元《山左金石志》卷九記載:"據碑知,孔廟之升祔十哲及十哲之有素像,皆自仲璇始。又聖像衹進儒冠,諸徒皆青衿青領,皆學者所宜知也。"

趙崡《石墨鐫華》卷一記載:"李仲璇爲兗州都,督修孔廟建碑事,在興和三年,史官稱之。是時,高歡與宇文泰方確鬥關洛,而東魏又當遷都之際,仲璇乃能改修孔廟,崇尚文儒,賢矣。"對李仲璇此舉給予高度評價。

碑正書，含有隸意，間用篆書，且多異體字。宋歐陽修《集古録》評其："筆劃不甚佳，然亦不俗，而往往不相類，疑其一時所尚，自有法，又其點畫多異。"《金石史》云："筆力勁駿如偏面驕嘶，又如辮發章甫，殊俗揖讓。"趙崡《石墨鐫華》卷一稱："碑正書，時作篆筆，間以分隸，形容奇怪。考古書法，大小篆謂之篆，東漢諸碑減篆筆有批法者謂之隸，以篆筆作隸書謂之八分，亦謂之隸，正書謂之今隸，亦謂之楷，然則如此碑篆耶分耶古今隸耶？"

金石學家多依據碑末題名認定爲王長儒書丹。朱彝尊以爲"魏兗州刺史李仲璇撰文並書"。趙紹祖提出不同看法，其《金石文鈔》云："右魏李仲璇修孔子廟碑，朱竹垞謂仲璇撰文並書者，非也，考碑文始末，半頌仲璇之功，使出自己手必不爲此，大約其門下士所爲爾。"

（孟　坡）

天寶元年兗公之頌碑

此碑立於唐玄宗天寶元年(742)四月,現位於漢魏碑刻陳列館西屋,南起第2石。碑高2米(含隸書横題“兗公之頌”4字碑頭0.12米),寬0.84米,厚0.157米,右下角殘。張之宏撰,包文該書,正書。21行,行49字。碑右側爲唐文宗大和九年(835)張咸謁孔廟題名及唐玄宗大中八年(854)兗州節度推官鄭繁等題名。

《石頭上的儒家文獻——曲阜碑文録》中“毆儒墨”誤作“區儒墨”、“瑳琢”作“磋琢”、“鬱”誤作“郁”、“克韶”誤作“克昭”、“鱗”誤作“鱗鱗”、“靃靡”作“霍靡”、“聆”誤作“昤”、“秀㭟”作“秀傑”、“龍盤”作“龍蟠”、“載頖”誤作“載頒”、“溟渤”誤作“濱渤”,又將“其一”“其二”“其三”誤爲段首標志,而實爲上一首詩的尾標。

兗公之頌

朝儀郎、行曲阜縣令張之宏撰。包文該書。

若惜帝軌[一]覆、王綱頹，則孔聖挺生[二]而憲章克復，故能羞[三]人極，酌彝倫，聲明[四]有度，文武不墜，講德泗上，横經淹□□□□□□□□□□□代。嗚呼，毆儒墨，蹈仁義，曠志鵬海[五]。服膺蟻術[六]，瑳琢金玉，鑽仰情性者，其惟兖公[七]乎。公姓顔名回，字子泉，魯人也，□□□□□□□□十□惠，困而能通，休休[八]焉；拾塵[九]著德，貧而不仕，衎衎[一〇]焉。鼓琴自娱，雖行藏坐忘[一一]，黜聰墮體，確乎不拔，澹乎自持，猶以□□□□□□□，談岱嶽辯星精之騎。及夫杏壇花白，素王哀一臂之交，槐市[一二]葉青，丹史焕四科之首。輝光昭晰[一三]，芝蘭鬱芬，年代浸遠，久□□□□□哉，偉歟美哉，偉歟之宏。刻鶴[一四]見嗤，雕龍寡譽。昔往神仙之郡，未縶想於王喬[一五]，今來禮樂之鄉，猥飛聲於宓賤[一六]，徒以絃歌汁□□□翟之朝飛水鏡澄明，希阜鸞[一七]之曉舞。而都督渤海李公，諱□□，庭誨八命[一八]，分憂兩岐[一九]，標慶海澄，泓量月灼，貞明德之至，則膏□□，軒令惟行，則仁風發扇。實來茲邑，泛覽川原，企佇[二〇]丘墟，慨然永歎曰，城郭猶是，鶴鳴千秋之歌，陋巷空存，人響一瓢之樂，渌池春盡，白露秋生，古往今來，曷惟其已。

皇上禮行鄒魯，思闡文明[二一]。則夫子乘通三[二二]之尊，兖公列惟五之長。乃顧而謂之宏曰："張令文蔚國章[二三]，智樹仁策，撝[二四]光可大，譽望克韶[二五]，宣王既以銘焉，兖公豈宜闕爾。"恭惟嘉命，勒茲徽猷[二六]。俾夫亞聖[二七]，同之前美[二八]。

由是也，故得繚宫牆，殖庭宇，撩凰翼，瓦魚鱗鱗[二九]，清冷萃風。瞳曨[三〇]照日，緣樹靃靡，紅藥髟，林霽囀鸎[三一]，階香舞蝶。宴於斯，餞[三二]於斯。器用陶匏[三三]，粢食不穀，命曰：稱兗公之德歟？遂吮墨含毫，聆奇瞬美，綱鳳滎，獵麟書，牽彼朱絲，緯茲黄絹。其頌曰：

珠毓滄溟，鳳飛丹穴[三四]。况德君子，聞諸往説。彼美兗公，儒林秀梸。惠和天授，聲聞風烈。道成四友，德浮[三五]十哲。魯明禦敗，衛通哀洩。宛爾龍盤，颯然鶴髮。噫天喪予，芳蘭已折。其一。

聖皇有道，四隩攸同。恩覆天宇，令發春風。緬懷泗上，睿想奄中。俯徵魯禮，贈此兗公。天書[三六]戾止[三七]，儒術昭融[三八]。弁冕載頍，威光自雄。皇情有實，陋巷何空。其二。

昭昭良牧，彬彬文質。熊軾轓[三九]風，隼旟[四〇]塹日。嶽鎮鄒魯，道流溟渤。神秀竦聳，靈鑒朗逸。德柔去殺，仁深濟物。來斯懷古。中心壹鬱，麥秀已謠，黍離雲述。爰命作頌，傳諸故實。其三。

瞻彼魯國，地固人安。龜凫鬱氣，洙泗鳴湍。禮經雲委，物産星攢。伊予作宰，諒匪能官。蒲城愧仲，河陽謝潘。棼[四一]絲可理，製錦[四二]良難。儉懷簞笥，禮想雩壇。塗荒露浥，樹古風殘。愛而不見，慨然永嘆。棟宇是葺，金石斯刊。攸攸千載，其芳若蘭。

徵事郎行丞隴西牛孝麟，文林郎守主簿平陽霍廷玉，登仕郎行尉廣平宋休光，尉天水趙再良，將仕郎守尉員外郎置同正員高陽許瑾，郊王文學文宣公孔璲芝。天寶元年歲次壬午四月乙亥廿三日丁酉建。

（以下碑側題名）

大和九年六月八日，奠謁題張咸。

兗海〔四三〕節度推官試秘書省正字鄭繁，緱山〔四四〕處士張隱，大中八年正月七日題。

【注釋】

〔一〕帝軌：帝王的法度。

〔二〕挺生：傑出。

〔三〕羞：或爲"修"。

〔四〕聲明：喻聲教文明。

〔五〕鵬海：南海。

〔六〕蟻術：比喻勤學。

〔七〕兗公：指顔回。

〔八〕休休：安樂的樣子。

〔九〕拾塵：傳説孔子困于陳蔡，七日不食。後得米，由顔回、仲由二人燒飯。顔回見一煙灰落飯裏，取來喫了。子貢望見，以爲偷食，告孔子。後查明情況，歎道："所信者目也，而目猶不可信；所恃者心也，而心猶不足恃。弟子記之，知人固不易矣。"後以"拾塵"喻因誤會而致疑。

〔一〇〕衎衎：和樂自得的樣子。

〔一一〕坐忘：止動息念。

〔一二〕槐市：漢武帝時太學旁邊的書市。

〔一三〕昭晰：光耀。

〔一四〕刻鶴：指過於死板，完全照搬。

〔一五〕王喬：蜀人，爲柏人縣令，棄官修煉道術，得道後騎白鶴陞天。王喬的事蹟在民間廣爲流傳，是下洞八仙中影響較大的一位。

〔一六〕宓賤：孔子學生宓子賤"鳴琴而治"單父縣。

［一七］阜鸞：鳳凰一類的神鳥。

［一八］八命：周代官爵分爲九等級，稱九命。其中八命爲王之三公及州牧。

［一九］兩岐：指特異之禾稼。

［二〇］企佇：因景仰而久立。

［二一］文明：文治教化。

［二二］三：指天、地、人三界。

［二三］國章：國之禮儀典章。

［二四］撝：謙。

［二五］克韶：美好。

［二六］徽猷：美善之道。

［二七］亞聖：指孟子。

［二八］前美：前賢。

［二九］瓦魚鱗鱗：屋瓦排列得象魚鱗一樣。

［三〇］疃曨：目不明的樣子。

［三一］鸎：同“鶯”。

［三二］餞：設酒食送行

［三三］陶匏：古代一種陶質禮器。

［三四］丹穴：傳説中的山名。

［三五］浮：同“孚”，爲人所信服。

［三六］天書：指聖旨。

［三七］戾止：來到。

［三八］昭融：謂光大發揚。

［三九］轥：車輪輾過。

［四〇］旟：古代畫著鳥隼的軍旗。

［四一］棼：麻布。

［四二］錦：精緻絲織品。

〔四三〕兗海:古地名。

〔四四〕緱山:位於今河南省偃師市東南二十千米。

【論説】

碑中之兗公,指孔子的得意弟子顔回。顔回,名淵,字子淵。唐時因避高祖李淵諱,改作子泉。按《舊唐書·禮儀志》:開元二十七年八月,制追謚孔子爲文宣王,贈顔子爲兗公,閔子騫爲費侯,冉伯牛爲鄆侯,冉仲弓爲薛侯,冉子有爲徐侯,仲子路爲衛侯,宰子我爲齊侯,端木子貢爲黎侯,言子游爲吴侯,卜子夏爲魏侯。又贈曾參、顓孫師等六十七人皆爲伯。在孔門諸弟子中,此時以顔子謚號最高。在此基礎上,元時謚爲"兗國復聖公"。

碑文歷述顔子的事蹟,充滿歌頌、景仰之意,同時也極力説明唐朝皇帝對顔子怎樣尊崇。

碑文後兩題名中有"郊王文學文宣公孔璲之"。按孔璲之爲孔子三十五代孫,字藏輝。唐玄宗開元五年(717)襲封褒聖侯,授國子監四門博士郊王府文學蔡州長史。開元二十七年(739)詔謚孔子文宣王,進璲之爲文宣公兼兗州長史。《唐書》作"璲之",而此碑作"璲芝"。有人認爲應以石刻爲準,其實後世許多《孔氏族譜》中均作"璲之",不一定非按碑刻改正。此人於天寶十五年(756)因避安史之亂而奔寧陵,卒後葬於該地。可知此時爲唐之盛世,尊孔尊顔是其特點,以致此碑立於當時大成殿中。碑文中不但對"皇""聖"之前空格,甚至連"李公諱庭誨"亦擡頭,可見當時等級森嚴與行文之嚴格。

此碑之書體,剛健有法,無塵埃俗氣。包世臣評爲"駿和兼至,唐石本之恪守古法者"。康有爲説:"唐碑中有六朝法度者,莫如包文該《兗公頌》,體意質存,惜庸人不甚稱之。"

(孔 玥)

大曆十年羊岳墓志銘

此碑製於唐大曆十年(775)二月。石方形,長約0.64米,寬0.64米,厚0.05米。共32行,行30字。碑面文字雖有幾處漫漶,但保存較好,大致可識。碑文爲標準的方寸正書,略含魏意。

有唐故汴宋〔一〕節度十將、冠軍大將軍、守左金吾衛〔二〕、大將軍、試〔三〕太常卿、泰山郡開國公、上柱國、贈譚州都督羊公墓誌並序。

公諱岳,字山岳,其先太山南城人也。緬祖〔四〕果食〔五〕于晉,或饋羊〔六〕埋之,出羊頭腐,舌在。旌其貞慤〔七〕,賜姓羊舌氏,則《左傳》羊舌大夫爲尉是也。其孫叔向〔八〕直而溫,貞而諒,仲尼謂之遺直〔九〕,《春秋》以爲美談。羊公則其後。

自得(羊)〔一〇〕(舌)公卅六代,代習簪纓〔一一〕,文武不墜。自田氏篡齊〔一二〕,六卿分晉〔一三〕,羊舌宗子其或播遷〔一四〕。暨秦氏併吞,混一區宇,子孫避地〔一五〕,遂居南城。

漢魏之間,衣冠繼躧〔一六〕。晉朝御極〔一七〕,以六代祖祐〔一八〕為征南大將軍,荊州刺史,薨葬之次〔一九〕,上〔二〇〕親臨喪,國人罷市;八代祖禮,為兗州刺史,因置別業〔二一〕遂為瑕丘〔二二〕縣人;曾祖,左武衛中郎,曰逈;祖,生(而)遒率〔二三〕,曰福;考,贈左武衛郎將、齊州司馬,曰魯賓。

公府君〔二四〕元子〔二五〕。生而岐嶷〔二六〕,昂藏〔二七〕不群,文武是〔二八〕勤,言行夙著,專心乾象〔二九〕,志好兵書,識治亂之階,知成敗之兆。乃謂儕流〔三〇〕曰:“丈夫不封侯、廟食〔三一〕,徒碌碌耳。”

天寶末,祿山〔三二〕勃起幽燕,塵飛河洛。公則悅以從戎,提劍靜難〔三三〕,與節度尚衡固守徐州,向〔三四〕經百陣,拜遊擊將軍,京兆府、廉平府折沖〔三五〕。後思明〔三六〕繼逆,堅守青州。賊(逆)馮陵,群生塗炭,苦戰衛國,瘡痍遍身。遷左金吾衛大將軍,特進萊州刺史。下(東)〔三七〕浹辰〔三八〕,山賊望風,渠魁授首。後蒙山法子〔三九〕蟻聚沂州,狼顧徐兗,差公鎮遏,屏跡山阿,種田龜蒙〔四〇〕,不敢為害。

寶應初〔四一〕,賊師圍宋,向經半年,城中折骸〔四二〕而炊,易子食。公遷節度。僕射田公解圍,改雲麾將軍,試衛尉卿。廣德中,王師大振,朝義〔四三〕敗亡,公從元戎〔四四〕居寧河朔〔四五〕,海内小康〔四六〕。改冠軍大將軍,試太常卿、太山郡開國公,上柱國,食邑二千戶。

大曆八年夏六月,犬戎〔四七〕内舋〔四八〕,侵擾王略〔四九〕,征汴宋。三(命)防秋,公亦恭行涇州〔五〇〕鎮守。

從十月廿二日,番寇廿萬從卯至酉[五一],苦戰中原,衝突賊徒,流矢所中,彌加顧疾,伏枕旬時[五二],以十二月一日薨於上都好時縣[五三]官舍。春秋六十有五,朋執啼呼,部曲[五四]慟哭。元戎哀念,賵[五五]贈盈衢。遂錄聞奏,皇上念哉,贈潭州都督,令中使[五六]送歸本道[五七]。

初室[五八]琅琊王氏,中年夭謝,再娶樂安任氏,亦已早亡。又娶吳氏,和鳴府幕[五九],同曆艱虞,授渤海郡夫人。偕門承清範,性稟柔和,英淑溫[六〇],威儀是則。嗚呼,天不慭遺[六一],早亡傾逝。即以十年春二月廿一日甲申,遷窆合祔[六二]於曲阜縣大庭鄉防山之原,禮也。嗣子芃等淚盡趨庭,哀纏陟岵[六三],追親罔極[六四],恐隕金聲[六五]。固托菲求,以光幽壤[六六]。

銘曰:海岱降靈生甫申[六七],振凶執鋭拯生人[六八]。全徐守魯佐戎律[六九],安齊救宋妙通神。昆夷[七〇]作難縱連師,統帥恭命戍涇邠[七一]。彼眾我寡流矢中,沉屙痼疾[七二]薨咸祭。元戎軫慟[七三]奏天闕,帝皇念哉贈榮親。(紙)(幡)翩翩中使送,白馬蕭蕭行旅辛。武安[七四]既歿乾象[七五]變,諸葛臨終將星淪。朋執[七六]泣淚灑原隰,部曲號呼慘蒼旻。升崮泫渾[七七]昆季悼,陟岵潺湲淚沾巾。祖業不隕代有(招),刻石記功誌良臣。

【注釋】

〔一〕汴宋:在今河南開封。

〔二〕金吾衛:古官名,負責皇帝大臣警衛、儀仗的武職官員。

〔三〕試:任用。

〔四〕緬祖：遠祖。

〔五〕果食：指爲官食俸禄。

〔六〕饋羊：春秋時晋國大夫羊舌子受排擠出居三家村，有人偷羊送羊舌子，羊舌子不受。其妻叔姬説："你若不收，恐怕又不容。"羊舌子受羊頭，想煮給兩個兒子喫。叔姬説："童子們怎麽可以喫這種不義的東西呢，不若把它埋了。"後來偷羊事發，在地裏掘出羊頭已腐爛，衹有舌頭還在，羊舌子得免於罪。

〔七〕貞慤：堅貞誠信。

〔八〕叔向：複姓羊舌，字叔向，春秋後期晋國賢臣，政治家、外交家。

〔九〕遺直：指直道而行、有古人遺風的人。

〔一〇〕括號内文字據文意補足，下同。

〔一一〕簪纓：古代官吏的冠飾，比喻顯貴。

〔一二〕田氏篡齊：公元前 391 年，齊相田和以齊康公沉湎酒色、不理朝政爲由，將齊康公姜貸遷往海濱。後取代姜氏，立爲諸侯，史稱"田氏篡齊"。

〔一三〕六卿分晋：春秋後期，晋國范氏、中行氏、知氏、韓氏、趙氏、魏氏六卿秉持國政，並相繼改革田畝制、税制，圖謀富强，相互兼併，導致晋室瓦解，最後分立爲趙、韓、魏三國，史稱"六卿分晋"。

〔一四〕播遷：流離。

〔一五〕避地：避世隱居。

〔一六〕衣冠繼躧：指改朝换代。

〔一七〕御極：登極。

〔一八〕祜：指羊祜，泰山南城人，世吏二千石，以清德聞。晋朝著名戰略家、政治家和文學家。

〔一九〕次：指停柩待葬。

〔二〇〕上：皇上。

〔二一〕别業：别墅。

〔二二〕瑕丘：今兖州城。

〔二三〕遒率：雄健爽直。

〔二四〕府君：對已故者的敬稱。

〔二五〕元子：長子。

〔二六〕歧嶷：謂幼年聰慧。

〔二七〕昂藏：儀表雄偉、氣宇不凡的樣子。

〔二八〕是：助詞，把行爲對象提前表示衹這樣做。

〔二九〕乾象：天象。

〔三〇〕儕流：同輩。

〔三一〕廟食：謂死後立廟，受人奉祀，享受祭饗。

〔三二〕禄山：安禄山。

〔三三〕静難：平定變亂。

〔三四〕向：從開始到現在。

〔三五〕折沖：武官名。

〔三六〕思明：史思明。

〔三七〕下東：指東征山東地區。

〔三八〕浹辰：古代以干支紀日，稱自子至亥一周十二日爲“浹辰”。

〔三九〕法子：佛教語，佛的弟子。

〔四〇〕龜蒙：龜山和蒙山的並稱。

〔四一〕寶應初：公元762年。

〔四二〕骸：脛骨。

〔四三〕朝義：指史朝義（？—763），史思明庶長子。

〔四四〕元戎：主將。

〔四五〕河朔：古代泛指黄河以北的地區。

〔四六〕小康：稍安。

〔四七〕犬戎：古族名，戎人的一支。即畎戎，又稱畎夷、犬夷、昆夷、緄夷等。

〔四八〕内釁：内亂。

〔四九〕王略：國家的疆土。

〔五〇〕涇州：今甘肅省涇川縣北。

〔五一〕從卯至酉：從清晨到傍晚。

〔五二〕旬時：既旬日，十天。

〔五三〕好時縣：古屬扶風，位於今陝西省寶雞市東部漳河流域。

〔五四〕部曲：部屬。

〔五五〕賵：送財物助人辦喪事。

〔五六〕中使：宫中派出的使者，多指宦官。

〔五七〕本道：本地道府。道，古代行政區劃名。

〔五八〕初室：第一位夫人。

〔五九〕和鳴府幕：和睦府署的幕僚。

〔六〇〕英淑溫：才能出衆，性情柔和。

〔六一〕憖遺：願意留下。

〔六二〕合祔：合葬。

〔六三〕陟岵：《毛詩序》曰："《詩經·陟岵》，孝子行役，思念父母也。"

〔六四〕罔極：指人子對於父母的無窮哀思。

〔六五〕金聲：比喻美好的聲譽。

〔六六〕幽壤：猶地下。

〔六七〕甫申：初生申時。

〔六八〕生人：生民，因避李世民諱，改爲人。

〔六九〕戎律：軍紀。

〔七〇〕昆夷:泛指西北方少數民族。

〔七一〕邠:在中國陝西省,今作“彬縣”。

〔七二〕沉屙痼疾:經久難治癒的病。

〔七三〕軫慟:痛惜而哀慟。

〔七四〕武安:張士貴,字武安,唐朝開國功臣。

〔七五〕乾象:天象。

〔七六〕朋執:好友。

〔七七〕泫渾:淚流的樣子。

【論説】

《羊岳墓志銘》是1998年曲阜拓寬327國道挖掘路基時,於八寶山殯儀館南面國道上出土,現已流落民間,筆者僅見拓片。據拓片擁有者回憶,落款處還有“曲阜縣官員”等内容。按唐代墓葬方式,此墓志銘還應有一碑蓋,但至今未見。

碑文正書,魏意遒勁,飄逸灑脱,佈局莊重,要字未見轉行頂書。特别是後面的銘文爲七言古風,比之多見的四言銘文,此爲少見之作品,由此可見唐代尉然詩風之一斑。

羊岳爲《左傳》晉大夫叔向三十六代孫,瑕丘縣(今兗州)人,出身官宦世族。唐安史之亂時,羊岳鎮守徐州,轉戰河南、山東一帶,身經百戰,屢立戰功。大曆八年(773)鎮守涇州(今甘肅省涇川縣),與番兵二十萬苦戰,爲流矢所傷,月餘而卒,大曆十年(773),遷葬於曲阜縣大庭鄉防山之原。與此碑出土之地完全符合。

此碑的出土對於研究唐代墓葬方式,安史之亂時期社會狀況及羊舌氏的家族變遷有重要的參考價值。

(孔　偉)

乾德二年孔仁玉墓志銘碑

此碑於2008年修葺孔氏中興祖孔仁玉墓時被發現。這塊墓誌銘碑爲單體製石，正體楷書，似飄飄仙子，清麗脱俗，當出名家之手。石高64釐米，寬65釐米，厚13.5釐米，四邊内側陰線刻以纏藤花卉，外側陰線刻4位人物像，身著朝服、表情安詳，看似“聖賢”坐像，中刻銘文617字。

魯國郡孔府君墓誌銘並序

嗚呼！昔天地未分，壽萬八千歲，及乎恬然而清〔一〕，恬然而寧〔二〕，忠信欻〔三〕起，禮樂交運〔四〕，由是乎，革三等之數〔五〕，豈不以聰明智慮剽〔六〕其大道焉。先聖文宣王，藴帝者之才，亡南面之位，時也？命也？奚能佛〔七〕之？

公諱仁玉，字無違。即文宣王四十三代嫡孫也。生萃嘉祥，長隆勁節〔八〕。年九歲，值泗水君〔九〕即世，迺傳家為陵廟主〔一〇〕，終制〔一一〕授曲阜主簿，二年而就，轉縣令兼襲封文宣公。公私大治，政清而通，民畏而愛。且古今神童傳之者，誰是？知建木〔一一〕千尋，梁棟備百工之法；阿膠〔一三〕五寸，源流澄九曲之光。秩滿言歸，逍遙自得，常為鄉里所進，孜孜論議每一西，上〔一四〕復厥舊官，人以為我父母。君又經慕容〔一五〕作叛，公罹其災，貔貅大虓〔一六〕，孤城若粉，揖讓而出，何憂何懼？公身長七尺，見者奇之。周高祖幸陵廟，侍對數刻，即賜緋兼賜銀器、雜綵、茶等。方俟他拜，天王晏駕，相次守當州〔一七〕都督府長史，未解其任。悲歌哲人！夏五月二十九日薨，享年四十五。哀哉！

公自少居眾之上，不以富貴而虧〔一八〕其敬，不以貧賤而泄其虐。在我而已。昂昂丈夫，最傷者，算不及於知命〔一九〕，其心則過焉。夫人裴氏，同穴而來。長子宜，亦先聖奉祀之孫也；次子憲，習進士業；御哥、慶哥，比比〔二〇〕成器。有女兩人，或適〔二一〕或處〔二二〕，抆淚相勉，合茲大事，自殯及葬，鮮不中禮。余蓋忝門人，謹為銘曰：

天地蒼黃兮，疇云不歇。杞國憂崩兮，道家恐發。稟陰陽而為順，鑒始終而為達。青山綠水遠淒淒，万樹秋煙紅葉飛。公之慶兮，傳子孫兮；公之譽兮，配乾坤兮。

宋乾德二年歲次甲子九月甲戌朔二十三日丙申建。

【注釋】

〔一〕恬然而清：《老子》曰："天得一以清"，這裏指形成天。

〔二〕恬然而寧：《老子》曰："地得一以寧"，這裏指形成地。

〔三〕欻：忽然。

〔四〕交運：指興起。

〔五〕三等之數：指人開啟智慧，對事物有了分别。

〔六〕剽：輕薄。

〔七〕佛：古通“拂”，違背。

〔八〕勁節：堅貞的節操。

〔九〕泗水君：指孔仁玉的父親。

〔一〇〕陵廟主：主持家廟林墓祭祀。

〔一一〕終制：父母去世服滿三年之喪。

〔一二〕建木：“建木”是上古先民崇拜的一種聖樹，位於天地支柱的昆侖山上。

〔一三〕阿膠：宋沈括《夢溪筆談·辯證一》：“東阿亦濟水所經，取井水煮膠，謂之阿膠。用攪濁水則清……”

〔一四〕上：皇上。

〔一五〕慕容：指慕容彦超（？—952），後漢大將。

〔一六〕唬：哮。

〔一七〕當州：本州。

〔一八〕犪：本意爲牛用蹄踢以自衛，此指裝飾保衛。

〔一九〕知命：指五十歲。孔子有“五十而知天命”，孔仁玉享壽四十五歲，故曰“不及知命”。

〔二〇〕比比：猶個個。

〔二一〕適：出嫁。

〔二二〕處：在室。

【論説】

此碑歷數孔仁玉生平經歷，品德操守，爲官政績，文多譽美之辭，合乎悼念文體形式，文中所述與其他文獻也大致相符。此碑選石精良，製作考究，文飾華貴精美，側刻四位先賢護衛。文字楷書,筆筆化神,字字欲仙。言辭典雅藴藉,議論超拔宏深,撰文和書寫應均出自大家之手。作爲孔氏“中興祖”墓志銘碑,規格之高相當罕見。

然而,文獻所載孔仁玉生平所經歷的最大事件“孔末亂孔”,文中卻隻字未提。2014年8月24日濟寧晚報8版《魯國郡“孔府君”墓志銘》一文,對此事持否定態度。到底是有意避諱,還是子虚烏有,不免讓讀者心生疑問。其實仔細閱讀碑文不難看出其中暗藏玄機……

“公諱仁玉,字無違。”此與文獻記載不同,明陳鎬撰《闕里誌》卷之七《宗子世紀》記載:“四十三代仁玉,字温如。”我們知道古人的表字是依據名字而取,二者之間是有聯繫的。孔子論玉十德,《禮記·聘義》:“昔者君子比德于玉焉,温潤而澤,仁也。”以此釋“仁玉,字温如”順理成章。搜百度“王會孝,字無違”。《論語》:“孟懿子問孝,子曰‘無違’。”此可作“王會孝,字無違”的注解。這衹是古人取名字的一種方式,另外還有反意取字等形式,也許孔仁玉一生這兩個表字“温如”“無違”都曾用過。只是比較常用“温如”,“無違”較少人知而矣。

“年九歲,值泗水君即世,乃傳家爲陵廟主,終制授曲阜主簿,二年而就,轉縣令兼襲封文宣公。”如真如文中所説,孔仁玉(912—956)年九歲(920)父親去逝,傳承爲陵廟主,守孝三年,十二歲(923)官拜曲阜主簿,二年(十四歲,925)轉縣令襲封文宣公。真乃神童也。然與《闕里誌》卷之八《歷代受官恩澤》所載:“長興初(930),以仁玉爲主簿,兩考滿,陞縣令”時間不符。因此,“二年”或爲“兩考”之誤,孔仁玉十九歲(930)任縣令,較合常理。

如果説作者使用了一個孔仁玉不常用的表字“無違”是有意爲之,有所避諱,那麽第二個“九歲”顯然是由“九月”改動而來,以此來避去“孔末之亂”事件,並由此而産生了上面任職時間上的差異。其實文中還有三處文字暗指"孔末之亂",爲論説方便,筆者將全文分成四段。

此文開篇立意高遠,氣勢磅礴,涵蘊閎深。首段講開天闢地,天地形成,那時人們不講忠信,而自然做到忠信。等到禮樂交運,人們竭盡智慧以探索人間正道,其實反而離大道愈來愈遠。孔子具帝王之才,無帝王之位,是時機不對,還是命運的安排?人怎麽能改變和違背命運呢?最後一句"奚能佛之",暗指"孔末亂孔"終將以失敗而告終,這是歷史的必然。

第二段中間"建木千尋,梁木備百工之法;阿膠五寸,源流澄九曲之光"。字面意思爲"孔仁玉具棟樑之材,斷案明晰,令人信服"。實則暗指孔仁玉能撥亂反正,洗雪家仇,完全能擔負起中興家族的歷史重任。

第三段中"不以富貴而虧其敬,不以貧賤而泄其虐"。如若不經"孔末之亂"的洗禮,以泗水令家公子身份承襲陵廟主,十二歲便官拜曲阜主簿,何來"貧賤"之説?而"孔末之亂"平定後,對待仇家又"不以貧賤而泄其虐",並沒有對孔末家族進行報復,而是讓其家族繼續生活在曲阜,顯示中興祖何等的胸襟。

到洪武二十八年(1395)孔希范任知縣時,依然有"孔末子孫亦假託世胄,覬蠲徭役。我希范老祖説:'是亂吾宗。今不明,後世莫知矣。'乃力斥其非,絶不與通。遂以宗譜重刻石廟庭,本支源委,粲然别白,千百世之下,雖有昧冒不能紊也。"(見於孔林明墓群南二百米,孔希範墓表碑。)

第四段前四句"天地蒼黄兮,疇雲不歇。杞國憂崩兮,道家恐發"。寫孔仁玉死後,天地爲之變色,愁雲滿天,對於孔仁玉家人來説,真如天崩地裂一般。而接下來"稟陰陽而爲順,鑒始終而爲達"。則又一次揭示出,以僥倖心理取得短暫成功的孔末,終將被釘在歷史的恥辱柱上,遭人萬世唾駡。

最後的幾句回歸到對孔仁玉的深切悼念“青山緑水遠淒淒，萬樹秋煙紅葉飛。公之慶兮，傳子孫兮；公之譽兮，配乾坤兮。”此段文句是寫送葬人的心情：“我們懷著無比悲傷淒涼的心情，把孔家‘中興祖’的遺體遠送到青山緑水間下葬，也許中興祖的英靈，已經化作了這山林間的一片紅葉、一縷青煙，永遠守衛著這聖鄉故土。您留下的福澤，將永遠惠及子子孫孫，您的德行光輝榮耀，可與天地共存！”

另“孔末之亂”在《闕里誌》《闕里文獻考》《兗州府志》《姓氏流源記碑》《孔希範墓表碑》《孔氏報本酬恩記碑》等文獻和碑石中均有確切記載，且千年以來人們對“孔末之亂”未有任何疑義和雜音。且不説本文所謂“暗指”，是否能真實反應作者當時心態，尚有待證實，但僅憑一個墓志銘的出土，能斷言此事“子虚烏有”？證據明顯不足。所謂“孤證不立”的意思是，如果衹有一條證據支持某個結論，這個結論是不可接受的，在邏輯學上，稱爲弱命題。大概就是説的這種情况吧。

其實墓志銘作爲對死者的蓋棺定論，並與死者一起下葬入土。爲了不打擾死者的安寧清静，讓死者得到安息，作者在撰文時多選擇一些正面的光輝業績，而捨去一些負面的、死者生前不願提及的事，也在情理之中。況且當時孔末後人還生活在當世，爲不引起不必要的矛盾和衝突，爲讓大家和平相處，此事還是不提爲好。這樣在文中自然而然地就出現了幾處“暗指”的文字，也就不足爲怪了。

（孔　玥）

大中祥符二年御賜孔廟書物敕牒碑

此碑立於北宋真宗大中祥符二年(1009)四月,現位於孔廟十三碑亭院東北部北牆下層,西起第2、3石。東石高1.06米,寬1.4米。正書,28行,行20—30字。西石高1.18米,寬1.16米。正書、行書,23行,行20—30字。《曲阜縣志》卷五十二《金石》有釋,《寰宇訪碑録》卷六有記,《山左金石志》卷十五有原文及釋。

漢故博陵太守孔府君碑

中書門下〔一〕,牒〔二〕玄聖文宣王廟:

入内〔三〕,内侍省〔四〕、内侍殿頭〔五〕張文質等奉聖旨於御書院〔六〕交割〔七〕到裝褫。

太宗皇帝〔八〕御製御書文字壹部,共伍拾柒件,計壹佰伍拾柒卷軸策〔九〕,並内降金鍍銀器物色等,並九經書及疏釋文,並三史書。管押〔一〇〕赴兖州曲阜縣玄聖文宣王廟收掌〔一一〕。

（第一石）

太宗皇帝御製御書：御製《十二願》壹卷。御製《心輪偈頌》〔一二〕壹部，計壹拾壹卷。御製《逍遥詠》〔一三〕壹部，計壹拾壹卷。御製《秘藏詮》〔一四〕壹部，計叁拾卷。御製《緣識》〔一五〕壹部，計伍卷。御製《金剛經〔一六〕宣演》壹部，陸卷。已上紫大綾絹夾褾子〔一七〕五色經帶子〔一八〕朱紅兩頭木輪子。

御書草書《孝經》壹卷。御製御書《秘閣贊》壹卷。御草書《千字文》壹卷。御八分書〔一九〕《千字文》壹卷。御書大字《孤城詩》壹卷。御書法帖〔二〇〕壹部，計壹拾貳卷。御製《九絃琴阮歌》壹卷。御製《喻言》壹卷。御草書《急就章》〔二一〕壹卷。御八分書真定王碑壹卷。御書三般大字詩叁卷。御草書筆法壹卷。御顛草書〔二二〕壹卷。御製《聖教序》〔二三〕雙鉤書壹卷。御書四體五體書貳卷。御製《無名説》壹卷。御製《日行誡》壹軸。御八分書《故實》壹卷。御製《筆法歌》壹卷。已上紫大綾絹夾褾子五色經帶子黑漆兩頭木軸子。

御書草《諸雜詩簇子》貳拾軸。御飛白書《帝佛字》貳軸。御飛白書有注、無注《簇子》貳軸。御飛白書《遠看不假詩》貳軸。御製心軸圖壹軸。御草書《故實》柒軸。御製《有益無益銘》壹軸。御製《惠代行》壹軸。御篆書《孝經》碑陰額壹軸。御八分書秘閣贊碑額壹軸。已上紫大綾絹夾褾子帶絹帶子黑漆兩頭木軸子。

御仿鍾繇書壹卷。御書小字法帖壹卷。御書草詩壹卷。御書札百官曆頭壹卷。御草書自述壹卷。御書大言賦壹卷。御製聖教序壹卷。御製怡懷譜壹卷。御製今體律言詩壹卷。御製古調十韻詩壹卷。御製七言詩壹卷。御製喻言壹卷。御製五言詩壹卷。御製御書五言詩壹卷。御製碁譜壹卷。御製碁勢譜壹卷。御製碁勢壹卷。御製迴文心輪圖壹卷。御製御書《秘閣贊》碑壹方。御筆書《孝經》碑壹方。已上紫大綾絹夾褾子五色經帶子黑漆兩頭木軸子。御製動懷篆壹笢。御製迴文詩壹笢。

（第二石）

一昨降赴玄聖文宣王廟充供養器物等。

渾金鍍銀香爐壹座，實重壹佰兩。渾金鍍銀香合壹具，實重伍拾兩，並棟香壹合。渾金鍍銀香匙壹柄，實重三兩。渾金鍍銀稜樑子貳拾隻。諸般香藥共貳拾袋子，封印全。黑漆香藥匣子壹隻，鏁鑰全。緋羅銷金帕子壹條。黄絹複壹條。

牒奉勑：國家尊崇師道，啟迪化源。眷惟鄒魯之邦，是曰詩書之國。尼山在望，靈宇增嚴。朕以登岱告成，迴鑾款謁。期清風之益振，舉縟禮以有加。式資誨誘之方，更盡闡揚之旨。宜以所賜太宗皇帝御製御書與九經書並正義釋文及器用等並置於廟中書樓上收掌，委本州長吏職方與本縣令佐等同共檢校在廟。如有講説釋奠，並須以時出納，勿令損汙。此勑文仍仰刊之於石，昭示無窮，牒至准勑故牒。

大中祥符二年四月日牒。

工部侍郎參知政事趙。尚書左丞參知政事馮。中書侍郎兼刑部平章事王。

【注釋】

〔一〕中書門下:唐代中期至北宋前期的宰相機構和官署。

〔二〕牒:通常由官方頒發的證明某事的文件。

〔三〕入内:進入皇宫内。

〔四〕内侍省:官署名,皇帝之近侍機構,管理宫廷内部事務。

〔五〕頭:首領。

〔六〕御書院:掌皇帝所作詩文與墨蹟,並供奉筆劄圖籍。

〔七〕交割:謂辦理移交時雙方交代有關事項,結清手續。

〔八〕太宗皇帝:指趙匡義。

〔九〕筞:同"策"。

〔一〇〕管押:管領。

〔一一〕收掌:收存掌管。

〔一二〕心輪偈頌:佛經類。

〔一三〕逍遥詠:宋代詩人宋太宗闡釋道家義理的詩詞作品。

〔一四〕秘藏詮:北宋太宗御製,將佛教甚深法意,以詩賦的形式詮釋。

〔一五〕緣識:係宋太宗感悟佛理的詩詞作品。

〔一六〕金剛經:全稱《金剛般若波羅密經》,來自印度的初期大乘佛教。

〔一七〕褾子:書套。

〔一八〕經帶子:横繫的帶子。

〔一九〕八分書:書體名。爲秦代隸體的一種筆法,相傳爲王次仲所創。

〔二〇〕法帖:供人臨摹或欣賞的名人書法拓印本。

〔二一〕急就章:西漢元帝時命令黄門令史游爲兒童識字編的

識字課本。

〔二二〕顛草書：張旭的草書。

〔二三〕聖教序：全稱《大唐三藏聖教序》。

（孔　玥）

天聖八年孔勗祭孔祝文

此石立於宋仁宗天聖八年(1030)三月,現位於漢魏碑刻陳列館西屋,南起第13石。石高0.89米,寬0.88米,厚0.12米,嵌於石座内。正書,33行,行約24字。《闕里文獻考》卷三十九《藝文》第1頁有原文。《崇雅堂碑録》記爲天聖六年三月。

《石頭上的儒家文獻——曲阜碑文録》中"行左司諫"作"□□司諫";"内河隄勸農、同群牧使"作"内河□□司□牧□□使";"門人張益辭"誤作"□人張宗益書辭";"守兖州仙源縣主簿"誤作"管兖州仙源縣",漏録"主簿"2字;"將仕郎、守將佐監、主簿宗亮"誤作"將佐監主簿宗□";漏録"沈昇刻"3字;"主管廟事"後漏録"臣輔"2字;兩個"太廟齋郎"後漏録"彦師""宗願"4字。

祖廟識文

維天聖八年歲次庚午〔一〕三月甲寅朔七日庚申〔二〕,四十四代孫、太中大夫、行尚書司封郎中、新授知單州軍州、兼管内勸農及管勾[三]開治理溝洫河道事、上柱國、賜紫金魚袋勗[四]，謹率次代[五]孫朝奉郎、行左司諫、充龍圖閣待制、新授知鄆州軍州事、兼管内河隄劝農同群牧使[六]、輕車都尉、賜紫金魚袋道輔等，以清酌[七]庶饈[八]之奠，敢昭告于祖聖至聖文宣王：

惟王[九]體膺上聖[一〇]，道尊綿古[一一]。歷帝[一二]師資[一三]，羣倫[一四]宗主[一五]。兩曜[一六]麗天，四瀆横寓[一七]爰念蕞軀[一八]，叨承世譜[一九]。刻意[二〇]弱齡，伏膺遺矩[二一]。筮仕[二二]聖朝，策名藝圃[二三]。無德以居，惟聖是怙[二四]。昔莅縣封，躬持脩脯[二五]。自解銅章[二六]，逮塵金組[二七]。涉歲滋深，之官旁午[二八]。雖有子孫，嗣守邦土。恨遠衮華[二九]，徒瞻首𩑔[三〇]。既陟郎臺[三一]，更直帝宇[三二]。覗荷隆構[三三]，少寧丹府[三四]。紹慶門閎，授之道輔。主上纘臨，官崇遺補。言路是開，德音昭普。召備諫垣[三五]，日親殿廡。操履且嚴，發揮有覩。上贊皇猷，下幹父蠱[三六]。忠孝克孚，鄉校不侮。内閣進班，端闈[三七]布武[三八]。得請天宸[三九]，試才汶滸[四〇]。惟勗抗章[四一]再臨單父[四二]。同别鬃堀[四三]，俱分銅虎。輝耀鴻都[四四]，歸還故魯。林近五衢[四五]，春融九扈[四六]。景物熙熙，原田膴膴[四七]。式仰威靈，奚勝鼓舞。集是慶榮，蓋承訓詁。乃竭精誠，用潔罍甒。虔祭吉辰，否昭多祜。勉惕之心，弗窮覼縷[四八]。以兖公顔子、七十二賢、二十一先儒配。尚饗！

門人張益辭，彦輔書。沈昇刻。

將仕郎、守兖州仙源縣主簿、主管廟事臣辅[四九]。太廟齋郎彦師。太廟齋郎宗愿。將仕郎、守將佐監、主簿宗亮、宗翰。已上並陪。

【注釋】

〔一〕歲次庚午:天聖八年爲庚午年。

〔二〕三月甲寅朔七日庚申:干支紀日法。"三月甲寅朔"指三月初一爲甲寅日,三月初七爲庚申日。本句意爲天聖八年三月七日。

〔三〕管勾:掌管。

〔四〕勗:指孔勗。

〔五〕次代:指四十五代。

〔六〕牧使:宋咸平三年(1000),置群牧使,爲郡牧司長官,主管全國馬政。

〔七〕清酌:古代祭祀所用的清酒。

〔八〕庶饈:多種美味。

〔九〕王:聖王。

〔一〇〕上聖:猶至聖。

〔一一〕綿古:遠古。

〔一二〕歷帝:歷朝歷代皇帝。

〔一三〕師資:指老師。

〔一四〕羣倫:萬衆。

〔一五〕宗主:衆所景仰歸依者。

〔一六〕兩曜:日月。

〔一七〕寓:指地。

〔一八〕蕞軀:藐小的身軀。

〔一九〕世譜:家世譜系。

〔二〇〕刻意:用盡心思。

〔二一〕遺矩:指前人的法度。

〔二二〕筮仕:指初出做官。

〔二三〕藝圃:典籍薈萃之處。

〔二四〕怙:依靠。

〔二五〕脩脯:指致送老師的薪金。

〔二六〕銅章:銅制的官印。

〔二七〕金組:繫印的絲線。

〔二八〕旁午:交錯紛繁。

〔二九〕袞華:即袞章,借指三公的職位。

〔三〇〕首頵:中間低,四周高的一種頭形。傳説孔子是這種頭形。

〔三一〕郎臺:臺名。

〔三二〕帝宇:帝王的殿宇。

〔三三〕隆構:指隆恩。

〔三四〕丹府:赤誠的心。

〔三五〕諫垣:指諫官官署。

〔三六〕父蠱:前人的遺志。

〔三七〕端闈:皇宫的正門,亦指朝廷。

〔三八〕布武:泛指行進。

〔三九〕天宸:北極星所在,後借指帝王所居。

〔四〇〕汶滸:汶水岸邊。

〔四一〕抗章:上書直言。

〔四二〕單父:春秋魯國邑名。故址在今山東省單縣南。孔子弟子宓子賤爲單父宰,甚得民心,孔子美之。

〔四三〕髹墀:皇宫的臺階。

〔四四〕鴻都:漢代藏書之所。

〔四五〕五衢:通五方的大路。

〔四六〕九扈：農桑候鳥的通稱。

〔四七〕膴膴：肥沃。

〔四八〕覼縷：詳細而有條理地敘述。

〔四九〕輔：指孔道輔。

（孔　玥）

景祐二年孔道輔祭先聖文

此石立於宋仁宗景祐二年(1035)六月,現位於漢魏碑刻陳列館西屋,南起第14石。石高0.78米,寬1.15米,厚0.27米。嵌於石座内。孔道輔撰,正書。28行,行約18字。《闕里文獻考》卷三十九《藝文》第2頁有原文,《崇雅堂碑録》卷四有記,《寰宇訪碑録》卷六有記,《山左金石志》卷十上有原文及釋。

《石頭上的儒家文獻——曲阜碑文録》中"試秘書省校書郎張宗益"作"秘書省校書郎張宗益",漏録"試"字;"賜紫金魚袋勗"誤作"賜紫金魚袋同勒";漏録"沈昇刻"3字;"(一行約一百字,不清)"今補上"將仕郎、守徐州彭城縣主簿良輔、將仕郎、守將作監主簿彦輔。將仕郎、守國子監主簿、襲封衍聖公宗願,朝奉郎行太常寺太祝宗亮。宣德郎、行太常寺奉禮郎宗翰",共72字。

祖廟祭文

維景祐二年歲次乙亥,六月癸丑朔九日辛酉,四十五代孫、龍圖閣直學士,朝議大夫、右諫議大夫,知兖州軍府事，兼管内勤農使，及管勾仙源縣、景靈宫太極觀，提舉、兖郡、濮、齊州清平軍兵馬衣甲巡檢公事、上輕車都尉、魯郡开国侯、食邑一千一百户、食爵貳百户，賜紫金魚袋道輔，謹以清酌庶饈之奠，敢昭告於祖聖至聖文宣王：

道輔早持邦憲〔一〕，黜典〔二〕淮城。方數月間，遷守徐域。大君天子之惠，樂諫旌忠〔三〕，亦以祖聖慶餘，能守直道，不置於法。儒者進則事君，退則事親。忠孝之道，祖教之本。後嗣〔四〕弗能守，其孰能行之。昔曾子耕山無禄，能事父母。今道輔位為大夫，權任方面〔五〕。嚴父慈母，不能歸養，豈聖意乎？因西鄉〔六〕拜章〔七〕，天從〔八〕其欲，詔守故魯，對揚〔九〕休命，且厚於親者薄於位，深於道者淺於利〔一〇〕。脩其身者尊其祖，明於禮者光於祀。道輔不佞〔一一〕，敢不事親守道，恭祖致祀，將無忝祖聖之慶。夫日月之運，天地之久，不言之化也。贊日月之明，合天地之功，言成其化者，聖祖之教也。明天子北面事之〔一二〕，如親弟子，禮固不假〔一三〕後昆，辭而尊之，然後為貴也。今授魯之政，至治〔一四〕之初。洒掃祠壇，蠲潔〔一五〕牲帛、粢盛庶品，祈享厥誠。惟福流於親，益永其齡。

以兖公顔子、七十二賢、二十一先儒從祀配神，尚饗！

將仕郎、試秘書省校書郎張宗益奉命書。沈昇刻。將仕郎、守徐州彭城縣主簿良輔、將仕郎、守將作監主簿彦輔。將仕郎、守国子監主簿、襲封衍聖公宗愿，朝奉郎行太常寺太祝宗亮。宣德郎、行太常寺奉禮郎宗翰。

通奉大夫、秘書監分司南京主管、祖廟事、上柱国、會稽縣開國伯、食邑八百户、賜紫金魚袋勗。

【注釋】

〔一〕邦憲:意思是國家大法。借指執法官,如御史大夫,刑部尚書、侍郎等。

〔二〕黜典:貶降官員的典例。

〔三〕旌忠:表彰忠節。

〔四〕後嗣:作爲孔氏子孫。

〔五〕方面:古指一個地方的軍政要職或其長官。

〔六〕西鄉:亦作"西嚮",面嚮西方。

〔七〕拜章:上奏章。

〔八〕天從:亦作"天縱"。天所放任,意謂上天賦予。後常用以諛美帝王。

〔九〕對揚:報答。

〔一〇〕厚於親者薄於位,深於道者淺於利:所謂忠孝不能兩全,德利無從雙收。

〔一一〕不佞:謙辭,猶言不才。

〔一二〕北面事之:俯首稱臣。

〔一三〕不假:不憑藉。

〔一四〕至治:到達任職地。

〔一五〕蠲潔:清潔。

(孔　玥)

景祐四年新建講學堂記碑

此碑立於宋仁宗景祐四年(1037)七月,現位於漢魏碑刻陳列館東屋北間,北起第1石。碑高2.22米(含古體書"講學堂記"2行4字碑頭0.5米),寬0.74米,厚0.14米(《金石萃編》記"碑連額高九尺六分,廣二尺六寸三分")。成昂撰,孫正已書,正書。孔彦輔篆額。19行,行54字。中斷,已修。《祖庭廣記》卷十一有原文,《崇雅堂碑録》卷四有記,《寰宇訪碑録》卷六有記,《曲阜縣誌》卷五十二有釋,名"成昂講學堂碑"。

《石頭上的儒家文獻——曲阜碑文録》中"其賢過於堯舜遠者"誤作"其賢過於堯舜,遠者",中間逗開,其意不通;"承奉郎、守將作監、主簿孔彦輔篆額。知景靈宫事、宗一大師、賜紫孫正已書",此句原在二段"成昂撰"之後爲錯,今移回碑文結尾原處。

兗州仙源縣至聖文宣王廟新建講學堂記

泰寧軍節度、行軍司馬、朝散大夫、檢校左散騎常侍、騎都尉、賜紫金魚袋成昂撰。

昂〔一〕志從師學，觀夫子道，庶幾〔二〕識其門。因事讚言，當會歸髣髴，是生足矣。假天舉幸於百歲，固心無咎〔三〕於一日也。戊戌秋，迂〔四〕帝恩允〔五〕臺中郎〔六〕就戎典午〔七〕，卜老〔八〕東蒙。庚子春預從〔九〕御禮〔一〇〕，備員亞獻〔一一〕，陪祭於廟。屬中有工度〔一二〕堂構，始思賁〔一三〕新成，俟〔一四〕酬宿願。

初匠事〔一五〕云〔一六〕畢，幾造至，極比求乎一意〔一七〕何權〔一八〕，畜間年而趨〔一九〕無所得，豈聖道藏密不可見乎？將大權〔二〇〕反合難為狀也。幸覽韓公愈處州碑曰："天下通祀〔二一〕，惟社稷〔二二〕與孔子焉。"然以社稷壇而不屋，取異代佐享〔二三〕。豈如孔子巍然當座，用王者禮，以門人為配。自天子以下，北面拜跪，薦祭〔二四〕誠敬，禮如親弟子者。又以自古多有以功德得位，而不得常祀，不得位而得常祀者，其祀事，皆不如孔子之盛。所為〔二五〕有生人以來未有如夫子者，其賢過於堯舜遠者。韓〔二六〕以孟子言其效歟？昂適不得已〔二七〕，但廣明孟意，覬實賢過之言耳。

夫道以無用妙、以神名。德涉有動，率以形累〔二八〕。聖人有以見其本、知其末。以無不可〔二九〕，以無顯，必因有明。以有不自於有，生必待無造〔三〇〕，然有以形為局，有極無以神，用運無窮。蓋神者無不應者也，應設至微，不可以有極測有者，有所係者也。係設至大，不得與無窮稱。若乃〔三一〕無有混融〔三二〕、短長相取〔三三〕，處無窮以觀有極者，窮則理應生變，變則易故為新，神行而禮通，雖復堯舜之應歷有期，文武之卜世〔三四〕有數，將無窮也。居有極以計無窮，無窮者通，通則物或有矜，矜則轉得為失，形滯而物窮。雖復〔三五〕天地以覆載能常,日月以運行能久,恐有極也。

大哉我夫子,貫本末以研幾〔三六〕,持中正而應動〔三七〕。恍惚〔三八〕萬變,優遊〔三九〕一致。物當崩壞,我得經緯〔四〇〕於後先,理在會通〔四一〕,我得彌綸〔四二〕於終始。斷御羣有,用出至無〔四三〕,豈固時來以必位敘,而後伸其道也夫。故以言乎見者莫窺,以言乎作者莫覩,爭者見之不得奪,讓者見之不得與,高之者不知其然,抑之者不知其以,舉過不及者進退,賢不自者跂俯。猗歟〔四四〕!

知後之世侯一方〔四五〕,子百里〔四六〕者,可祭而不可瀆〔四七〕。刑〔四八〕四海,化兆民者,可則而不可誨。為師之善,盡垂百王,主善之慶,永貽萬古。老氏所云,善建者不拔〔四九〕,善抱者不脱〔五〇〕,子孫祭祀不輟,斯言至矣。杜牧亦嘗有言,自古稱夫子之德,莫如孟子;稱夫子之尊,莫如韓吏部。昂也愚,敢體神而明之,稱夫子道,乘變而文之,為講學堂記,當耶,當耶。壯哉斯堂也,棟宇崇崇,戶牖空空。師席斯正,學人斯同。淵乎玄旨,淡乎素風。云誰有極,極我無窮。

皇宋景祐四年七月八日重立。承奉郎、守將作監、主簿孔彦輔篆額。知景靈宫事、宗一大師、賜紫孫正已書。吳興沈陞刻字。

【注釋】

〔一〕昂:成昂。

〔二〕庶幾:差不多。

〔三〕無咎:無所怨咎。

〔四〕迃:古同“迂”。

〔五〕恩允:稱皇帝准許的敬詞。

〔六〕中郎:擔任宫中護衛。

〔七〕就戎典午:作司馬。

〔八〕卜老:選擇住地養老。

〔九〕預從:參加。

〔一〇〕御禮:皇帝參加的祭祀。

〔一一〕亞獻:古代祭祀時獻酒三次,第二次獻酒稱“亞獻”。

〔一二〕度:測量。

〔一三〕賁:修飾。

〔一四〕俟:或爲“候”。

〔一五〕匠事:指新建講學堂工程。

〔一六〕云:语助詞。

〔一七〕一意:專心致志。

〔一八〕權:變通。

〔一九〕趨:追求。

〔二〇〕將大權:掌握重大的權柄。

〔二一〕通祀:共同祭祀。

〔二二〕社稷:“社”指土神,“稷”指穀神。

〔二三〕佐享:猶配享。

〔二四〕薦祭:進獻祭品。

〔二五〕所爲:所謂。

〔二六〕韓:指韓愈。

〔二七〕不得已:不得不這樣做。

〔二八〕形累:累形。

〔二九〕無不可:論語中意爲没有什麼是非這樣不可的,也没有什麽是非不這樣不可的。

〔三〇〕無造:無事。

〔三一〕若乃:至於。

〔三二〕混融:混和融合。

〔三三〕相取:猶相形。

〔三四〕卜世:國運。

〔三五〕雖復:縱令。

〔三六〕研幾:窮究精微之理。

〔三七〕應動:順時而動。

〔三八〕恍惚:不易辯認,不可捉摸。

〔三九〕優遊:從容。

〔四〇〕經緯:謀劃。

〔四一〕會通:融會貫通。

〔四二〕彌綸:貫通。

〔四三〕斷御羣有,用出至無:出自《道德經》有無之辨。

〔四四〕猗歟:嘆詞,表示贊美。

〔四五〕侯一方:做一方諸侯。

〔四六〕子百里:做百里的子爵。

〔四七〕瀆:輕慢。

〔四八〕刑:征討。

〔四九〕善建者不拔:善於建立自身道德的人不會動摇。

〔五〇〕善抱者不脱:善於秉持自身道德的人不會喪失信心。

【論説】

此碑之後刻“重立”,知其前應有舊碑。此舊碑立於何時,是否仍存在,均不得而知。文中雜用老氏之言,艱深難懂,有人斥爲文字淺陋,均説明與歷代儒家寫碑文的風格不同,尤其是四字碑頭,更是奇特。既非篆隸,又非楷草,全仿鐘鼎籀文,特别令人注目。書者爲孔彦輔。彦輔,孔子第四十五代孫,字德甫,年十八即爲仙源縣主簿,秩滿除將作監主簿,後知仙源縣,官至國子監博士。據景祐二年孔道輔《祖廟祭文》後列將仕郎守將作監主簿彦輔,正書此額前後。此四字額雖源於籀文,但從文字結構來看,對後世簡化漢字,應有影響。

(孔　玥)

景祐五年孔道輔五賢堂記碑

此碑立於宋仁宗景祐五年(1038),現位於孔廟金絲堂前西側。碑高3.2米,寬1.15米。孔道輔撰並書並篆額。行書。16行,行約44字。早殘缺,曾鑲起。《祖庭廣記》卷十一有原文,《崇雅堂碑録》卷四有記,《寰宇訪碑録》卷六有記,《曲阜縣志》卷五十二有釋,《闕里文獻考》卷三十四有原文,《山左金石志》卷十六有原文及釋。

五星〔一〕所以緯天〔二〕,五岳所以鎮地,五賢所以輔聖。萬象雖列,非五星之運,不能成歲功〔三〕。衆山雖廣,非五嶽之大,不能成厚德。諸子雖博,非五賢之文,不能成正道。由是三才〔四〕之理具,萬物之情得。故聖人與天地並,高卑設位,道在其中矣。所以尊君德、安國紀、治天物、立人極,皆斯道也。

然天地有否閉〔五〕,日月有薄蝕〔六〕,聖人之道有屯塞〔七〕。若天地否,則聖人建大中之道〔八〕開泰〔九〕之。苟聖人之道壅,則五賢迭起而輔導之。先聖没當戰伐世,法令機祥〔一〇〕巫祝之弊亨,楊墨〔一一〕之迂誕〔一二〕,莊列之恢詭〔一三〕,窮聖汨〔一四〕常,三騶孫田〔一五〕術勝於時。則我聖人大道為異端破之,不容於世也。

而孟荀〔一六〕繼作,乃述唐虞〔一七〕之業,序仁義道德之源。俾諸子變怪不軌〔一八〕之勢息,聖人之教復振,其功甚大矣。後至漢室圮缺〔一九〕,揚子〔二〇〕惡諸子以知舛〔二一〕,詆訾聖人,獨能懷二帝〔二二〕三王〔二三〕之跡以譏時。著書以尊大聖,使古道昭昭不泯者,楊之力也。

兩漢〔二四〕之後,皇綱弛紊〔二五〕,六代〔二六〕喪亂,文章〔二七〕散靡〔二八〕。妖狂之風,蕩然無革。文中子〔二九〕澄其源,肇興王之運。韓文公〔三〇〕治其末,廣尊道之旨。致聖教益光顯,夷夏歸正道。雖諸子譊譟〔三一〕憒惑〔三二〕,欲攘其法,戕〔三三〕其教,榛〔三四〕其塗,蕪〔三五〕其説,弗可得已。

然賢者違世〔三六〕矯俗〔三七〕,能去難者蓋寡矣。孟〔三八〕不免齊梁之困〔三九〕,臧倉〔四〇〕之毁。荀〔四一〕不免齊人之讒,楚國之廢〔四二〕。楊不免劉歆之侮,投閣之患〔四三〕。王不免隋氏之抑〔四四〕,群公之沮。韓不免朝陽之竄〔四五〕,皇甫之譖〔四六〕。其間或譏其作經,或短其修史。彼徒能毁之,弗顧已之弗逮也。達者〔四七〕以爵位為虚器〔四八〕,太過者人猶嫉之。況抱道德、富仁義,立終古之名,寧無惡乎〔四九〕?

天地雖否,無傷於體。日月雖食,無傷於明。聖賢雖困,無損於道。得其時則堯舜禹湯之為君,皐夔〔五〇〕伊吕〔五一〕之為臣,功濟當世也。非其時則孔聖之無位、五賢之不遇，道行於後世矣。亦猶岁旱則澤之益甘，夕暗則燭之益明，世亂則賢者益固〔五二〕。歷代以斯為難也。孔聖之道否，則五賢振起之。今五賢湮蔽，振之者無聞焉。

道輔〔五三〕道不及前哲而以中正，於帝幸不見黜〔五四〕而與進〔五五〕，冀以賢者必輔於時，躋〔五六〕於古，以玆〔五七〕為勝〔五八〕矣。方事親，守故國，為儒者榮〔五九〕。嘗謂伏生〔六〇〕之徒，徒以訓詁〔六一〕傳功，象設〔六二〕於祖堂東西序〔六三〕。而五賢立言，排邪説、翊〔六四〕大道，非諸子所能跂及〔六五〕，反不及配，闕孰甚焉。因建堂事，收五賢所著書，图其儀〔六九〕，叙先儒之時薦。庶幾識者登是堂、觀是像、覽是書，肅然改容，知聖賢之道盡在此矣。

【注釋】

〔一〕五星：古指水星、金星、火星、木星、土星。

〔二〕緯天：《周禮·春官·大宗伯》"日月星辰"注，星謂五緯。《疏》：五緯，即五星。言緯者，二十八宿隨天左轉爲經，五星右旋爲緯。

〔三〕歲功：一年的時序。

〔四〕三才：指天、地、人。

〔五〕否閉：閉塞不通。

〔六〕薄蝕：指日月相掩食。

〔七〕屯塞：聚攏堵塞。

〔八〕大中之道：指無過與不及的中正之道。

〔九〕開泰：亨通安泰。

〔一〇〕禨祥：謂祈禳求福之事。

〔一一〕楊墨：戰國時楊朱與墨翟的並稱。

〔一二〕迂誕：迂闊荒誕，不合事理。

〔一三〕恢詭：荒誕怪異。

〔一四〕汩：亂。

〔一五〕三騶孫田：指田忌孫臏賽馬的故事。

〔一六〕孟荀：孟子和荀子。

〔一七〕唐虞：唐堯與虞舜的並稱。

〔一八〕不軌：越出常軌，不合法度。

〔一九〕圮缺：傾毁殘缺。

〔二〇〕揚子：指揚雄（前53—後18），一作"楊雄"，字子雲，西漢蜀郡成都（今四川省郫縣）人。西漢後期著名學者，哲學家、文學家、語言學家。

〔二一〕舛：錯亂。

〔二二〕二帝：指唐堯、虞舜。

〔二三〕三王：指夏禹、商湯、周文王。

〔二四〕兩漢：指西漢和東漢。

〔二五〕弛紊：鬆弛紊亂。

〔二六〕六代：指三國吴、東晉和南朝之宋、齊、梁、陳。

〔二七〕文章：禮樂制度。

〔二八〕散靡：消滅。

〔二九〕文中子：指王通（584—617），字仲淹，號文中子，隋朝人，著名教育家、思想家。

〔三〇〕韓文公：韓愈。

〔三一〕譊譊：争辯吵噪。

〔三二〕憒惑：惑亂。

〔三三〕戕：毁壞。

〔三四〕榛：草木叢生的樣子，意爲阻塞。

〔三五〕蕪：雜亂。

〔三六〕違世:違背世俗。

〔三七〕矯俗:矯正世俗。

〔三八〕孟:孟子。

〔三九〕齊梁之困:指孟子退自齊梁。

〔四〇〕臧倉:戰國末年魯國人,魯平公的男寵,曾向魯君進讒詆毀孟子,使其不接見孟子,後因以臧倉指進讒害賢的小人。

〔四一〕荀:荀卿。

〔四二〕齊人之讒,楚國之廢:《史記·孟子荀卿列傳》記載:"齊人或讒荀卿,荀卿乃適楚,而春申君以爲蘭陵令。春申君死而荀卿廢。"

〔四三〕劉歆之侮,投閣之患:劉歆之子劉棻爲了討好王莽,僞造了一道"符命"(即讖緯)進獻給王莽,不料卻壞了王莽的計劃,於是被"投諸四夷"。劉棻曾從揚雄學過上古文字,這就牽連到揚雄。治獄的使者來天禄閣抓揚雄,揚雄跳閣自殺,未死,後得免。

〔四四〕隋氏之抑:隋文帝仁壽三年(603),王通曾經"西遊長安,見隋文帝,奏太平十二策,尊王道,推霸略、稽今驗古",但没有受到重用。

〔四五〕朝陽之竄:貞元十九年(803),韓愈因論事而遭權臣讒害,被貶陽山。

〔四六〕皇甫之譖:唐憲宗意欲起用韓愈,皇甫鎛憎恨韓愈爲人心直口快,便説:"韓愈狂放粗疏,暫調别郡。"憲宗於元和十五年(820)正月量移韓愈爲袁州(今江西宜春)刺史。

〔四七〕達者:即達人,通達事理的人。

〔四八〕虚器:形同虚設。

〔四九〕惡乎:指被污穢。

〔五〇〕皋夔:皋陶和夔的並稱。傳説皋陶是虞舜時刑官,夔是虞舜時樂官。

〔五一〕伊吕:指伊尹和吕尚,伊尹輔商湯,吕尚佐周武王,皆有大功,後因並稱伊吕泛指輔弼重臣。

〔五二〕益固:指名聲顯赫,地位鞏固。

〔五三〕道輔:指孔道輔(987—1040),初名延魯,字原魯,孔子的第四十四世孫,自幼聰明好學,二十五歲進士及第,爲寧州軍事推官。

〔五四〕黜:降職或罷免。

〔五五〕進:指陞職。

〔五六〕躋:登。

〔五七〕兹:指五賢。

〔五八〕勝:超過其他人。

〔五九〕榮:顯揚榮耀。

〔六〇〕伏生:西漢經學家,字子賤,濟南(今山東鄒平縣韓店鎮蘇家村)人,曾爲秦博士。

〔六一〕訓詁:解釋古文字義。

〔六二〕象設:指塑像。

〔六三〕東西序:指孔廟東西廡。

〔六四〕翊:輔佐。

〔六五〕跂及:猶企及。

(孔　玥)

嘉祐元年聖祖手植檜詩碑

此碑立於宋仁宗嘉祐元年(1056)五月,現位於孔廟十三碑亭東北部北牆欄内,西石。碑高0.48米,寬0.5米。孔舜亮撰並書,正書。18行,行14字。《續修曲阜縣志》卷四十一有原文。

《石頭上的儒家文獻——曲阜碑文録》文首漏録"祖聖手植檜詩,四十六代孫孔舜亮述"15字。

祖聖手植檜詩,四十六代孫孔舜亮述。

聖人嘉〔一〕異種〔二〕,移對誦弦堂〔三〕。雙本〔四〕無今古,千年任雪霜。右旋〔五〕符地順,左紐〔六〕象乾綱〔七〕。影覆詩書府,根蟠〔八〕禮義鄉。盛同文不朽,高與道相當。洙泗滋榮茂,龜蒙〔九〕藉〔一〇〕鬱蒼。毓〔一一〕靈全木帝〔一二〕,鐘秀〔一三〕極勾芒〔一四〕。氣爽群居席,煙凝〔一五〕數仞牆。陰連槐市〔一六〕綠,子落杏壇香。布露〔一七〕周千尺,騰淩〔一八〕上百常〔一九〕。傍〔二〇〕期〔二一〕泮林〔二二〕小,遠笑嶧〔二三〕桐黄。屹若擎天柱〔二四〕,森〔二五〕如出日桑。風中雕虎嘯,雲際老龍驤[二六]。直欲讋魑魅[二七],端凝[二八]待鳳凰。鱗差[二九]闕聳[三〇]甲[三一],幹錯[三二]羽林槍[三三]。大節[三四]忠臣概[三五],堅心志士[三六]方[三七]。魯宫侵不得,秦火縱何傷?宣子[三八]休誇樹[三九],姬人謾[四〇]愛棠[四一]。松卑虚視爵,花賤枉封王。誰念真儒跡,何當議寵章?

嘉祐元年重午日次代孫若升立石。

【注釋】

〔一〕嘉:美好。

〔二〕異種:神異的樹種。

〔三〕誦弦堂:指孔子講書的地方。

〔四〕雙本:孔子植檜有三,今僅存御贊殿前兩株。

〔五〕右旋:樹紋。

〔六〕左紐:樹紋。

〔七〕乾綱:天道。

〔八〕蟠:盤伏。

〔九〕龜蒙:龜山和蒙山。

〔一〇〕藉:含蓄。

〔一一〕毓:育。

〔一二〕木帝:即伏羲,爲管理春天的東方之帝。

〔一三〕鍾秀:聚集靈秀之氣。

〔一四〕勾芒:古代傳説中主管樹木的神。

〔一五〕凝:聚集。

〔一六〕槐市:指學宫、學舍。

〔一七〕布露:散佈或遮避雨露。

〔一八〕騰淩：指騰空而上。

〔一九〕百常：言極高。

〔二〇〕傍：靠。

〔二一〕期：盼望。

〔二二〕泮林：泮水邊的林木。

〔二三〕嶧：指鄒城嶧山。

〔二四〕擎天柱：託住天的柱子。

〔二五〕森：嚴整的樣子。

〔二六〕龍驤：昂舉騰躍的樣子。

〔二七〕魑魅：泛指鬼怪和壞人。

〔二八〕端凝：莊重。

〔二九〕鱗差：像魚鱗一樣排列。

〔三〇〕闞鞏：春秋時國名。

〔三一〕甲：指闞鞏國所産的鎧甲。

〔三二〕幹錯：樹幹交錯。

〔三三〕羽林槍：指侍衛皇帝的禁軍。

〔三四〕大節：高遠宏大的志節。

〔三五〕槩：節操。

〔三六〕志士：有遠大志向並有節操的人。

〔三七〕方：品行端正。

〔三八〕宣子：春秋時晉國大夫韓起。

〔三九〕休誇樹：宣子聘魯，季武子家有嘉樹，宣子譽之，武子賦《甘棠》詩，韓起認爲當不起，自己比不上周公。

〔四〇〕謾：不要。

〔四一〕愛棠：指《詩經·甘棠》。

（孔　玥）

紹聖二年顔子從行小像

此石立於宋哲宗紹聖二年(1095)，傳爲晋顧愷之繪，現位於孔廟聖跡殿内正中之下層偏西。石高1.2米，寬0.7米。下部繪孔子與顔子立像。上部宋太祖、宋真宗御贊，左書孔子第四十八代孫孔端本、端友立石字樣。文分兩層，皆正書。上層13行，行8字；下層11行，行8字。《寰宇訪碑録》卷七有記，《孔孟聖跡圖鑒》第46頁有圖及釋。圖像前行者爲孔子，後隨者爲顔回。據《幸魯聖典》卷七載：康熙帝到曲阜朝聖，入孔廟，問衍聖公孔毓圻"何俾最真"，毓圻奏曰："准行教小影，顔子從行者最真。乃當年端木賜傳寫，晋顧愷之重摹者。"

至聖文宣王贊

太祖皇帝御製。

王澤下衰，文武〔一〕將墜。尼父挺生〔二〕，河海標異〔三〕。祖述堯舜，有德無位。哲人其萎，鳳鳥不至。

真宗皇帝御製。

立言不朽,垂教無疆。昭然令德,偉哉素王。人倫之表,帝道之綱。厥功茂實,其用允臧[四]。升中[五]既畢,盛典載揚。洪名有赫,懿範彌彰。

紹聖二年三月一日。四十八世孫端本書,端友立石。

【注釋】

〔一〕文武:指周文王與周武王的治國之道。

〔二〕挺生:傑出。

〔三〕標異:謂表明與衆不同。

〔四〕允臧:完善。

〔五〕升中:古帝王祭天上告成功。

(孔　玥)

紹聖二年孔子凴几坐像

此石立於宋哲宗紹聖二年(1095)十月,現位於孔廟聖跡殿内正中之下層偏東。石高11.2米,寬0.7米。石中部繪孔子憑几、手執麈尾端坐,其旁有顔淵、閔子騫、冉伯牛、仲弓、宰我、子貢、冉有、子路、子游、子夏十弟子侍立,上部有宋太祖建隆三年(962)《至聖文宣王贊》和宋真宗大中祥符二年(1009)《夫子贊》。圖下書孔子第四十六代孫孔宗壽撰記並書。正書,共14行,行14字。《寰宇訪碑録》卷七有記,《孔孟聖跡圖鑒》有圖及釋。

至聖文宣王贊

夫子贊。

宗壽[一]家藏唐吴道子畫先君夫子按几而坐,後以十弟子者,世謂之小影。又立而顔淵侍者,謂之行教。行教已有石本,小影但摹傳之多,歷久而訛[二],今亦刻堅珉[三]、庶愈久不失其真也。紹聖二年十月一日。四十六代孫宣德郎知兖州仙源縣事孔宗壽記。

【注釋】

〔一〕宗壽:孔宗壽。

〔二〕訛:錯誤。

〔三〕堅珉:指石碑。

（孔　玥）

崇寧四年米芾書御製聖贊

此碑立於宋徽宗崇寧四年(1105),現位於漢魏碑刻陳列館東屋北間,北起第8石。碑高2.02米,寬0.68米,厚0.2米。正文米芾書,篆書,3字1行,共10行。每行6排,18字。下部有孔繼涑、孔昭熏、葉壽海、王大堉、王鴻題跋。《闕里文獻考》卷三十八有原文。米芾雖以行草名世,其篆書亦有根底。《宣和書譜》説他:"篆宗史籀,隸法師宜官,晚年出入規矩。"蘇軾對他的書法評價是:"海岳平生,篆、隸、真、行、草書,風檣陣馬,沉著痛快。"由此碑亦可看出字畫時粗時細,運筆有剛有柔,結體既不整飭,亦不勻稱,字體有大有小,疏密變化莫測,可謂"出新意於法度之中,而絶出筆墨畦徑之外,真一代奇跡也"。

《石頭上的儒家文獻——曲阜碑文録》中"亡畺"作"無疆","借紫臣"誤作"藉紫臣","孔子七十一代孫"前漏録"道光戊戌秋"5字,"江夏葉壽海觀"後漏録"章武王大堉、王鴻觀,道光戊戌秋"13字。

真宗膺符稽古成功讓德文明武定章聖元孝皇帝

御製：

若夫檢玉〔一〕介丘〔二〕，回輿闕里。緬懷於先聖，躬謁于嚴祠，以為易俗化民。既仰師于彝訓〔三〕，宗儒尊道。宜益峻於徽章〔四〕，增薦〔五〕崇名，聿陳明祀〔六〕。思形容於盛德，爰刻鏤於斯文。贊曰：

立言不朽，垂教亡疆。昭然令德，偉哉素王。人倫之表〔七〕，帝道之綱。厥功茂實〔八〕，其用允臧〔九〕。升中既畢，盛典載揚。洪名有赫，懿範彌彰。

崇寧乙酉歲，承議郎、權發遣無為軍事借紫臣米芾書。

（以下題跋）

乾隆戊子夏日孔繼涑觀。

米襄陽篆書，世所罕見。此碑之筆妙，直與冰、斯相匹，真神品也。道光戊戌秋，孔子七十一代孫昭薰記。

江夏葉壽海觀。章武王大堉、王鴻觀。

【注釋】

〔一〕檢玉：指封禪。古封禪有金策、石函、金泥、玉檢之封。

〔二〕介丘：指泰山。

〔三〕彝訓：教誨。

〔四〕徽章：指褒崇封贈的策命。

〔五〕薦：進獻。

〔六〕明祀：重大祭祀。

〔七〕表：榜樣。

〔八〕茂實：豐盛。

〔九〕允臧：完善。

（孔　玥）

元太宗十一年褒崇祖廟記碑

此碑立於元太宗十一年(1239),現位於孔廟十三碑亭東南部南排,東起第5石,面北。碑高1.74米(含篆書"天朝褒崇祖廟之記"8字碑頭0.38米),寬0.66米,厚0.13米。殘,已修復。孔元措立。正書,共17行,行50字。此碑年代久遠,漫漶難讀,衹好通過《續修曲阜縣志》卷八《藝文》原文校注。

《石頭上的儒家文獻——曲阜碑文録》中"脩飾聖廟"作"脩聖廟"中漏一"飾"字,今補上。"治"誤作"洽"、"山丞相所"誤作"山丞相府"、"西"誤作"酉"、"雖曰天不人不目自非"誤作"雖曰天下人不□自非"、"脩身齊家治國"誤作"脩身治國"、"本末"作"奉末"。

《山左金石志》第二十一卷記載:"《褒崇祖廟記》太宗十一年三月立,八分書,篆額,碑高六尺二寸,廣二尺,在曲阜縣孔廟。右碑額題'大朝褒崇祖廟之記'四行字徑寸,文二十行,字徑五分。記爲東原李世弼撰,後書歲次己亥春八十有三日,五十一代孫襲封衍聖公主奉祀元措立石,五十世孫權襲封兖聖公主奉祀掃監造,五十代孫摯書丹並篆額,李信刻。以文中時事考之,己亥乃蒙古太宗十一年也，碑云‘癸己當京城之變’，癸己爲金哀宗天興二年，是時元兵圍汴京，哀宗殉國，衍聖公孔元措時官太常卿於京師，元太宗遂命元措還東平仍襲衍聖公主祀事，碑所云‘遷於博，再遷於鄆’是也。元措即在東平，曲阜主祀事無人，故以五十世孫權之。孔摯《闕里文獻考》失載。”

大朝褒崇祖廟之記

戊戌歲〔一〕正月哉生明〔二〕，襲封謂僕〔三〕曰：“兵戈而來，復還繩〔四〕里，拜瞻廟貌，糞除〔五〕林域，皆祖先德澤之所致，請敘其本末，欲鑱〔六〕之石，以諭來者。”僕忝布韋〔七〕，久□嘗□，無補於聖教，今老矣，豈敢以不能文而遂辭，謹訊其事而敬述之曰：

宣聖五十一代孫、襲封衍聖公曰：“元措以太常卿寓於汴〔八〕。歲癸巳〔九〕當京城之變，被領中書省耶律公〔一〇〕奏稟，檄遷〔一一〕於博〔一二〕，再遷於鄆〔一三〕，其衣食所須，舍舘之安，皆行臺〔一四〕嚴相資給之，親族三百皆坐享温飽，咸其所賜也。以至岁時之祭祀，賓客之往來，閭里之慶弔〔一五〕，窮乏之贍濟〔一六〕，莫不仰庇而取足焉。行臺□□□善而欲歸美於上，迺聞〔一七〕之中書，遂令孔氏闔門勿算賦，雖看林廟户亦然，吾相賢明可謂知所本矣。”

既而〔一八〕都運張公告公曰：“瑜申稟〔一九〕上司，專以本路歷日所售白金〔二〇〕脩飾聖廟，中書又慮不足，並以益□歷金增焉。其事已付斷事官〔二一〕，山丞相所，君當親詣焉。”

公聞之忻然，遽率子弟具〔二二〕驂乘〔二三〕，不遠千里，直抵燕京。邂逅竹林堂頭簡老、長春宫大師蕭公皆丞相之師友，喜而相許優佑〔二四〕之。

蕭詰朝〔二五〕先往，道經河，冰未堅。祝〔二六〕曰："此行非致私，以□宣聖故。"遂策馬而前，餘者以冰坼〔二七〕不繼。

簡雖不親行，繼以侍者往，皆為之先容〔二八〕，而言於山相曰："□宣聖治世之□，如天地日月莫能形容，今其孫以林廟故，親來贊成〔二九〕其事，不亦善乎？"丞相敬而從之。

乙酉岁〔三〇〕仲冬二十有六日，公自然而適固安〔三一〕之西□，謁山相帳下，由二師〔三二〕先言，故信宿〔三三〕而就其事，□宣聖之後悉□祖〔三四〕賦，而顔孟之裔亦如之〔三五〕，襲封之職，祭祀之田，並令仍由朝廷優恤，德至渥也。然權輿〔三六〕於行合〔三七〕嚴公，維持於中書耶律公，成於丞相山公，事歷三相而復還舊觀。雖曰："天不人不目〔三八〕"，自非□流光遠，何以臻此？

噫！昔吾夫子抱堯舜禹湯文武之道，而無堯舜禹湯文武之位，有堯舜禹湯文武之德，而無堯舜禹湯文武之時。乃删《詩》定《書》，執《禮》正《樂》，繫《周易》，作《春秋》，六藝折中，為致治〔三九〕之成法，俾二帝三王之道，日新而罔窮，以福後世者，夫子之力也。凡聖君賢臣，循吏〔四〇〕孝子，脩身齊家治國平天下之道，舉在於此。由之則昌，忽之則亡。順之則治，逆之則亂。道固不變也，夫子道之宰也，何莫〔四一〕由斯道也。道日新無窮，孔氏子孫宜與之而無窮。百王知道之可尊[四二],所以尊夫子也。萬古知夫子之可尊,所以尊道也。夫子之道如天地之覆載,日月之照臨,無得而言焉。其見於諸子[四三],載於史籍,志於傳記者,特泰山之一塵,滄海之一滴。

適所以贅也,故得而言焉。姑述其事之本末者,以此上元日[四四]東原李世弼記,岁次己亥[四五]春八十有三日,五十一代孫、襲封衍聖公、主奉祀事元措立石,五十世孫、權襲封衍聖公主奉祀事掭監造,五十代孫摯書丹並篆額。

李信刻。

【注釋】

〔一〕戊戌歲:元文宗十一年(1238)。

〔二〕哉生明:陰曆正月初三日,月光始生。

〔三〕僕:指李世弼。

〔四〕繩:應爲"闕"。

〔五〕糞除:打掃。

〔六〕鑱:鑿。

〔七〕布韋:"布衣韋帶"的省稱,指貧寒的或没有做官的文士。

〔八〕寓於汴:暫時寄居在當時的金都汴梁城,即今河南開封。

〔九〕歲癸巳:金天興二年(1233)。

〔一〇〕耶律公:指耶律楚材(1190—1244),字晉卿,號玉泉老人,又號湛然居士,契丹族,蒙古帝國時期的政治家。

〔一一〕遷:放逐。

〔一二〕博:博縣。

〔一三〕鄆:今菏澤鄆城。

〔一四〕行臺:臺省在外者稱行臺。

〔一五〕慶弔：指喜事與喪事。

〔一六〕贍濟：救濟。

〔一七〕聞：報告上級。

〔一八〕既而：不久。

〔一九〕申稟：稟告。

〔二〇〕白金：指銀子。

〔二一〕斷事官：掌刑政獄訟的官員。

〔二二〕具：備辦。

〔二三〕驂乘：陪乘或陪乘的人。

〔二四〕佑：輔助。

〔二五〕詰朝：即平明。

〔二六〕祝：禱告。

〔二七〕圻：薄。

〔二八〕先容：事先聯絡介紹。

〔二九〕贊成：助成。

〔三〇〕乙酉歲：應爲“丁酉歲”，元太宗九年(1237)。

〔三一〕固安：隸屬今河北省廊坊市。

〔三二〕二師：指簡老與蕭公。

〔三三〕信宿：連住兩夜。

〔三四〕祖：或爲“租”。

〔三五〕如之：依照此法。

〔三六〕權輿：起始。

〔三七〕合：或爲“台”。

〔三八〕天不人不目：應爲“天不與，人不目”的縮寫，意爲：老天不贊成他，人也不會重視。

〔三九〕致治：使國家在政治上安定清平。

〔四〇〕循吏：守法循理的官吏。

〔四一〕何莫:何不。

〔四二〕道之可尊:道值得推崇。

〔四三〕諸子:春秋戰國時學術流派的代表人物。

〔四四〕上元日:農曆正月十五日。

〔四五〕己亥:元太宗十一年(1239)。

(孔　玥)

大德三年王先生墓碑

此碑立於元成宗大德三年(1299)四月,1964年由曲阜城東舊縣村移入孔廟弘道門下,1998年移入漢魏碑刻陳列館,現位於漢魏碑刻陳列館東屋南間,北起第3石。碑高2.02米(含碑頭0.43米),寬0.79米,厚0.2米。隸書,碑額篆書"處士王先生墓誌銘"8字。正面12行,行32字;碑陰接正面内容,13行,行32字。

《石頭上的儒家文獻——曲阜碑文録》中"並失其諱"作"並失其□"、"承家訓□□賦"誤作"承啓蒙讀□詩賦"、"依元帥"作"□元帥"、"凡民俊夫"作"凡民朘夫"、"資秉"作"□秉"、"每於坐側"作"每□坐於側"、"鼓以自適,體貌癯弱美須棘"誤作"鼓之,日適體於懷,弱美須林"、"病革"誤作"□草"、"比到"作"氏到"、"特率衆資其費"誤作"特率卒□其費"、"君子之否,善止一鄉"作"君子之不,善止一步"、"先生之好。德業炳光"誤作"先生德業□"、"有女瓊玉,嫁適異鄉"誤作"□女瓊玉,已嫁適鄉"、"惟德之良。石表幽堂"誤作"惟德之□。石惠函堂"、"儒林郎、前秘書少監、門生楊桓撰並書丹"作"儒林節前議書士楊桓拜書丹"、"辛酉女瓊玉立石"作"辛酉女瓊玉並石"。

先生諱明，□□□□□□□州□縣智井里人。顯太考業進士〔一〕，嘗預廷試〔二〕，太考□□本州倉使〔三〕並失其諱。三子，先生其仲也。幼承家訓□□賦，將入場屋〔四〕而金亡，壬辰〔五〕北渡至萊蕪，依元帥列侯〔六〕以寧。

孔氏五十二世襲封衍聖公〔七〕聞其德業〔八〕，延〔九〕之門館〔一〇〕，教誨諸子〔一一〕及宗族之幼者。講訓詳明，為生徒傳授，諄諄不倦。居魯幾十年，孔氏及凡民俊夫，門生無慮〔一二〕百數。資秉謙和，與物無忤〔一三〕，然歿身不仕〔一四〕，每於坐側掛琴一張，閒居則鼓以自適〔一五〕，體貌癯弱〔一六〕美須棘〔一七〕，衣服楚楚然，至今猶可想也。遇酒輒飲，少飲即醉，醉則以德自將而不辭。與朋友□居相親敬如始，好稱人之善〔一八〕，喜吟詠詩，趣平淡，不為嘲謔〔一九〕譏刺之語，唯暢寫〔二〇〕情懷而已。其從弟〔二一〕居鄰縣，病革〔二二〕徠告，先生蒼卒即往視之，曰："予夜寢〔二三〕齒落，吾弟又不救，比到已亡矣。"蓋先生平居厚於骨肉，故其情之感格〔二四〕如此。

娶趙氏，相敬如賓，語言舉止，動偕先生，□肯先生，□年棄世，寔歲辛亥〔二五〕十二月十三日也。生一女一男，男三歲而歿，女及笄〔二六〕，納〔二七〕任城楊璵爲贅〔二八〕，楊善木工。先生曰："予年已莫〔二九〕，恃此足共〔三〇〕吾養矣。"

初先生久居魯中，門生壯而多散〔三一〕，無恒產以自奉。因清平劉氏以疏〔三二〕徠述〔三三〕教諸子，即徙聽之，後复逐〔三四〕居東平，始與楊氏合昏〔三五〕，至是遷魯中，未幾而歿〔三六〕，享年六十有九，寔中統元年〔三七〕四月初三也。

魯中有鄉先生[三八]緇萊教授王君喜賓□□□，士夫投之如歸，與先生結爲兄弟。始舟余四十年先生之殁，夫妻皆權殯[三九]於别郊。其女瓊玉从其夫遷任城家。

至元二十七年[四〇]瓊玉自任城徠課[四一]合葬，是時教授王君曰："殁，其子悔誠[四二]等即割附稟園[四三]園地而安措[四四]焉。"且時奠[四五]無闕，閒者義之。是歲春二月十八日也。

大德三年瓊玉复來曰："先人殁而無嗣，賴同宗見憐，有置葬[四六]之地。瓊玉薄命，夫存尚不能倚，況今已没，己又無子以顧其外祖，先人讀書守道雖無事業已照映當世，亦足爲一鄉善士，思欲以石表[四七]於墓。秉筆者，非兄其誰可。"

愚[四八]曰："自昔未冠[四九]得侍先生，而下啟發之益，至今賴之，吾妹[五〇]不言且將録之，況辱命乎？"

五十三世襲封衍聖公孔治[五一]以門生之義，特率衆資其費，乃命工琢石而書之。銘曰：

君子之達[五二]，善形[五三]四方。君子之否，善止一鄉。惟理之裳，先生之好。德業炳光，先生之殁。墦祭[五四]荒疏，并爲可傷。有女瓊玉，嫁適異鄉。曰先不忘，惟德之良。石表幽堂，刻此銘章。先生之德，庶其遠揚。

儒林郎、前秘書少监[五五]、門生楊桓撰並書丹。

至聖文宣王五十三世孫、中議大夫、襲封衜聖公、門生孔治篆額。

大德三年歲次乙亥夏四月辛酉女瓊玉立石。

石工黄珍、張思同栞。

【注釋】

〔一〕業進士:研究考進士的學業。

〔二〕廷試:由皇帝親發策問,在殿廷上舉行的考試。

〔三〕倉使:官名。金代,於諸州縣設倉,各置倉使一員,秩正八品。

〔四〕場屋:科舉考試的地方。

〔五〕壬辰:公元1232年。

〔六〕元帥列侯:元朝部隊。

〔七〕五十二世襲封衍聖公:指孔之全。

〔八〕德業:德行與功業。

〔九〕延:聘請。

〔一〇〕門館:書院。

〔一一〕諸子:兒孫。

〔一二〕無慮:大約。

〔一三〕無忤:不抵觸,不違逆。

〔一四〕歿身不仕:終身不做官。

〔一五〕自適:悠然閑適而自得其樂。

〔一六〕瘽弱:瘦弱。

〔一七〕須棘:刺胡。

〔一八〕善:碑文爲"羊下兩言"。

〔一九〕嘲謔:調笑戲謔。

〔二〇〕暢寫:謂抒發。

〔二一〕從弟:堂弟。

〔二二〕病革:病勢危急。

〔二三〕夜寢:夜間做夢。

〔二四〕感格：謂感於此而達於彼。

〔二五〕辛亥：公元 1251 年。

〔二六〕女及笄：《禮記・内則》："（女子）十有五年而笄。"

〔二七〕納：接納定親。

〔二八〕贅：招女婿。

〔二九〕莫：古同"暮"。

〔三〇〕共：供奉。

〔三一〕散：碑文爲"林文"。

〔三二〕疏：書信。

〔三三〕徠逑：招聘。

〔三四〕迻：同"移"。

〔三五〕合昏：即合婚，結婚。

〔三六〕歿：去逝。

〔三七〕中統元年：公元 1260 年。

〔三八〕鄉先生：古時尊稱辭官居鄉或在鄉教學的老人。

〔三九〕權殯：暫且將棺木安置某處。

〔四十〕至元二十七年：公元 1290 年。

〔四一〕課：占卜。

〔四二〕悔誠：王喜賓兒子。

〔四三〕稾園：堆放柴草的園子。

〔四四〕安措：安葬。

〔四五〕時奠：祭祀之日。

〔四六〕置葬：埋葬安置。

〔四七〕石表：石碑標識。

〔四八〕愚：楊桓自謙稱謂。

〔四九〕冠：男子二十歲稱冠。

〔五〇〕吾妹：指瓊玉。

〔五一〕孔治：字世安，一字先已。孔子第五十二代孫，孔宗願第三個兒子孔若愚的六世孫，孔之全子。元憲宗二年（1252）出任曲阜縣管民官。中統元年（1260），世襲曲阜縣尹。中統四年（1263），代管孔林、孔廟祭祀事。自從元憲宗二年（1252）衍聖公孔湞被廢黜，時曲阜没有衍聖公，孔治代管祭祀事三十餘年。至元三年（1266），授爲承事郎。至元二十二年（1285）授奉訓大夫，單縣（治在今山東單縣）防禦史。至元二十八年（1291），晉陞奉直大夫，知密州（治在今山東諸城）。元貞元年（1295），元成宗詔令孔治爲中議大夫，襲封衍聖公。這是孔子後裔的襲爵由孔湞被剥奪衍聖公爵號後，中斷四十三年之久，直到孔治才又襲封衍聖公爵。

〔五二〕達：通達。

〔五三〕善形：榜樣。

〔五四〕墦祭：在墳前祭祀祭掃。

〔五五〕秘書少監：掌管古今圖籍、國史實録、天文曆數等。

【論説】

此碑早先應立於王處士墓前，王處士死後葬於稾園，稾園今何處已不可考。此碑後移入孔廟漢魏碑館保護。碑文所述處士王明先生，一生事蹟平淡無奇，德行學問優異，被孔府聘爲教書先生，從事教育幾十年，門生弟子數百。文中記載較有名氣的弟子有五十三代襲封衍聖公孔治和本文作者楊桓兩位。

碑文所述另一位重要人物是王處士的女兒瓊玉，作者可謂濃墨重彩，活靈活現地展現了一位命運多舛而又自立自强的古代中華女子的光輝形象。由於其弟三歲早夭，瓊玉成爲王處士唯一的子女。瓊玉十五歲與任城楊木匠招贅成親，不幸的事情接連發生，没過幾年好日子，瓊玉的父母先後去世，也未給瓊玉留下什麽像樣的家業，在親友的幫助下，衹能將父母在郊外（權殯）草草下葬之後，即隨其夫楊木匠遷往任城老家。三十年後，瓊玉五十四歲，從任城夫家回來商議將父母合葬。王處士生前的結義兄弟王喜賓説：“王明先生死後，我兒子悔誠等人，立即劃出稾園園地將王處士夫婦合葬一處，安置妥當，且四時祭祀不缺。”

又過了九年，瓊玉六十三歲。丈夫楊木匠也已去世，瓊玉又來商議父母墳墓立碑事宜，她説：“我父母死後，由於没有兒子，喪事完全依靠同宗族，纔使父母得以安葬。瓊玉命薄，丈夫也去世了，自己也没有孩子幫助照顧外祖。我父親是讀書守道的人，活著時雖然没有顯赫的功名，但他的德行學問足可稱爲本鄉的優秀人士，因此我一直想要在他的墓前立塊石碑。”

瓊玉的請求得到了門生弟子、特别是五十三代衍聖公孔治的響應，大家共同出資爲老師立碑，以記載傳揚老師生前的德業，更爲表彰瓊玉不忘先人的孝行善舉。

瓊玉女士爲父母合葬立碑事，前後奔走，鍥而不捨，輾轉三十九年，終於完成心願，可謂來之不易。原因有三：一是瓊玉本人生活拮据，無力爲父母合葬立碑。二是當時處於孔湞被剥奪衍聖公爵號後，中斷四十三年之久，孔治地位並不穩固，亦無暇爲老師立碑。三是瓊玉乃一介女流，爲父立碑於禮制有所抵觸，碑文的格式一時難以定奪。

折中的結果，讓歷史留給了我們這樣一塊格式奇特的碑文。碑額篆書“處士王先生墓誌銘”説明立碑人是以外人（比如門生弟子們）的名義而立的，碑文的後面雖然附上“女瓊玉立石”，但顯然此碑並非以瓊玉的名義所立。假如瓊玉是男孩，碑文抬頭應見“先人”“先考”“顯考”字樣，古代男女有别，由此碑可見一斑。

此碑之所以能登堂入室，一是因爲瓊玉的孝行感人，另一方面可能是因爲别具一格的書法藝術。此碑正文爲隸書，已脱漢隸波磔秀麗的扁平形態,上角多方筆,結體緊湊方整,似由楷體字型轉來。個別字有復古的傾向,如"善"作"羊下兩言","居"作"左下開口兩框","並"作"大大下横","餘"作"兩餘上下疊放",如今皆視作異體字。還有個別的簡筆字,如"散"作"林文","撰"作"兩巳並"等。

(孔　玥)

至大四年祭告宣聖廟碑

此碑立於元武宗至大四年(1311)十月,現位於孔廟十三碑亭院西南部,西起第6石。碑高1.88米,寬0.67米,厚0.16米。孔濟、孔元裕立石,正書。共20行,每行28字。

《續修曲阜縣志》卷八《藝文·金石》有原文。《寰宇訪碑録》卷十一有記:"《祀孔廟碑》:劉賡撰,正書,至大四年。"《山左金石志》卷二十二有釋:"《仁宗祭告宣聖廟碑》:至大四年十月立,正書,碑高五尺七寸,廣二尺一寸,在曲阜孔廟。右碑文二十二行,字徑八分,案《元史·仁宗本紀》,帝以至大四年三月十八日即皇帝位,閏七月辛丑命國子祭酒劉賡詣曲阜,以太牢祠孔子,蓋遣觀在閏七月,而致祭在十月也。"駱承烈《石頭上的儒家文獻——曲阜碑文録》著録此碑,個别字詞有誤。《續修曲阜縣志》與《石頭上的儒家文獻——曲阜碑文録》皆無祝文部分:"翰林侍講學士中順大夫知制誥同修國史張士觀所讓祝文于左兖國公朕初嗣服,思闡文教,用致祭于大成至聖文宣王,惟公德冠四科,道同禹稷,稽諸祀典,寔允昭配。尚饗。鄒國公朕承丕緒,方饗儒術,用致祭于大成至聖文宣王,惟公命世大才,優入聖域,祭以侑祀,率遵□□。

尚饗。"

《石頭上的儒家文獻——曲阜碑文録》:"万世"作"萬世","礼"作"禮","甞"作"嘗","而下"作"以下","叁錠"作"三錠","壹佰"作"壹百","珎"作"珍","表裏"作"表里","壹拾叁"作"拾叁","于堂"作"於堂","于今"作"於今","昭告于"作"昭告於","修"作"脩","偏于"作"偏於"。

《續修曲阜縣志》:"万世"作"萬世","礼"作"禮","甞"作"嘗","壹佰"作"壹百","珎"作"珍","夫逾月"作"未逾月"。

至大四年祭告宣聖廟〔一〕碑

夫子之道,垂教万〔二〕世。為百王定紀,爲生民立極。愈遠而彌重,既久而益彰。二帝三王〔三〕不能侔其大,宜乎報本之礼,未甞闕焉。然褒崇侈典,享祀縟儀,自漢唐而下未有若皇元之盛也。至大改元,先帝制詔,加號大成〔四〕,遣使闕里,賫奉銀幣,祀以太牢〔五〕。四年辛亥,聖人龍飛九五,乾清坤夷,制度礼樂一出儒術。於是孔氏之道益尊而明。是年七月二十有六日,中書宰輔集賢學士等於大安閣〔六〕奏言:陛下新正宸極,唯闕里之祀為重。宜選儒臣以往,列名以進。上曰,國子祭酒劉熙載〔七〕可,臣賡奉旨十月一日馹騎詣闕里,仰致天子之命,持翰林所譔祝文,三事其文曰:皇帝謹遣資政大夫國子祭酒劉賡致祭,其恭且嚴,如是及賜御香一對,白金叁錠,重壹佰伍拾兩。珎幣雜綵,表裏各壹拾叁段。牲〔八〕用太牢,會上賜祭服雅樂〔九〕,適達祖庭。夫逾月欽遇大礼,遂登樂于堂。四日辛未,夜漏過半,臣賡玄冕〔一〇〕以入,就位於庭惕焉。

而肅在位者,無敢不戒,明燎設懸,尊俎〔一一〕粲列,登降〔一二〕有數,祀事孔明〔一三〕,神人以和〔一四〕。與其事者少中大夫濟甯路總管臣隋有〔一五〕,奉直大夫兗州知州臣趙弼〔一六〕,從仕郎行御史臺監察臣劉泰〔一七〕,進義副尉曲阜縣達魯花赤〔一八〕乃馬。祭畢,合三氏〔一九〕宗人,敬餕〔二〇〕神惠,莫不感戴皇澤。皆曰振古未然,于今為始。竊顧文諸翠琰〔二一〕,俾我子孫世世無忘聖德。至若祭酒公之恭順勤勞,實勝使任,小臣馬利用忝職〔二二〕教事,百拜〔二三〕手謹書。今載翰林侍講學士中順大夫知制誥同修國史張士觀〔二四〕所讓祝文于左。

兗國公〔二五〕朕初嗣服〔二六〕,思闡文教,用致祭于大成至聖文宣王,惟公德冠四科〔二七〕,道同禹稷〔二八〕,稽諸祀典,寔允昭配〔二九〕。尚饗。

鄒國公〔三〇〕朕承丕緒〔三一〕,方饗儒術,用致祭于大成至聖文宣王,惟公命世大才,優入聖域,祭以侑祀,率遵□□。尚饗。

維至大四年歲次辛亥十月戊辰朔越〔三二〕四日辛未,皇帝謹遣資政大夫國子祭酒劉賡敢昭告于大成至聖文宣王。天以神器,畀付朕躬。受命維新,若稽舊典。肇修禋類,徧于羣神。矧〔三三〕惟聖人,模範百世。功隆德盛,宜極欽崇。爰命儒臣,恭詣闕里。備茲儀物〔三四〕,牲用太牢。照薦潔誠,尚祈鑒格。以兗國公、鄒國公配尚饗。

至大四年十月十六日五十三代孫從仕郎曲阜縣尹孔濟〔三五〕、五十一代孫將仕郎濟陽縣主簿孔氏族長元裕〔三六〕立石。

石匠石聚。

【注釋】

〔一〕宣聖廟：孔廟的另一個名稱。漢平帝元始元年(1)，追謚孔子爲"褒成宣尼公"。此後歷代王朝皆尊孔子爲聖人，詩文中多稱其爲"宣聖"。因此，祭祀孔子的廟宇又稱宣聖廟。

〔二〕万：此處碑文刻字與其下的"礼"皆爲簡體字，表明元代字體簡化現象較爲明顯。

〔三〕二帝三王：二帝，唐堯、虞舜；三王，夏商周三代王，即夏禹、商湯、周文王和周武王。

〔四〕大成：指大德十一年(1307)七月，元武宗據孟子贊頌孔子始用"大成"一詞，對孔子加大成封號，加封孔子爲"大成至聖文宣王"。

〔五〕太牢：古代帝王祭祀時，牛、羊、豕(豬)三牲全備稱爲"太牢"。《禮記》中"太牢"作"大牢"。

〔六〕大安閣：爲元上都的正殿，自元世祖時起，是元代帝王處理朝政，舉行重大典禮，接見外國使節之所。史料記載，大安閣爲折遷宋代原熙春閣仿建，雄偉壯觀，金碧輝煌。

〔七〕劉熙載：即刘賡，字熙載，洺水人。幼有文名，師事翰林學士王磐。至元間，薦授國史院編修官。大德二年(1298)，陞翰林直學士。至大二年(1309)，遷禮部尚書仍兼翰林學士，尋拜侍御史。頃之，還翰林爲學士承旨，兼國子祭酒，曾以讓之美德聞於六館之士。皇慶元年(1312)，遷集賢大學士仍兼國子祭酒，延祐年間又入翰林爲承旨。其後，加光禄大夫卒。劉賡久典文翰，當時大製作多出其手，以耆年宿德，爲朝廷所推重。

〔八〕牲：古代特指供宴饗祭祀用的牛、羊、豬等犧牲。

〔九〕雅樂:典雅純正的音樂,是一種古代的漢族宫廷音樂,指帝王朝賀、祭祀天地等大典所用的音樂。雅樂的體系在西周初年制定。雅,正也。

〔一〇〕玄冕:古代天子、諸侯祭祀的禮服。

〔一一〕尊俎:古代盛酒肉的器皿。尊,盛酒器;俎,置肉之幾。

〔一二〕登降:增減。

〔一三〕祀事孔明:指祭祀儀式非常明晰,莊重而有條不紊。

〔一四〕神人以和:指至美的境界,出自《尚書·虞書·舜典》:"帝曰:'夔!命汝典樂,教胄子,直而温,寬而栗,剛而無虐,簡而無傲。詩言志,歌永言,聲依永,律和聲。八音克諧,無相奪倫,神人以和。'"

〔一五〕隋有:時任少中大夫濟寧路總管。

〔一六〕趙弼:時任奉直大夫兖州知州。

〔一七〕劉泰:時任從仕郎行御史臺監察。

〔一八〕達魯花赤:官名,始設於成吉思汗時期,是蒙元時期具有蒙古民族特點和設置最爲普遍的官職,相當於督官。在元朝的各級地方政府裏面,均設有達魯花赤一職,掌握地方行政和軍事實權,是地方各級的最高長官。在元朝中央政府裏面,也有某些部門設置達魯花赤官職。達魯花赤一般必須由蒙古人或色目人擔任。

〔一九〕三氏:指孔、顔、孟三氏。

〔二〇〕餕:熟食,祭祀之物。

〔二一〕翠琰:碑石的美稱。

〔二二〕忝職:愧居其職。忝,有愧於,常用作謙辭。

〔二三〕百拜:多次行禮。

〔二四〕張士觀:時任翰林侍講學士中順大夫知制誥同修國史。

〔二五〕兖國公:指顔回,宋大中祥符二年(1009),顔回被封爲“兖國公”。

〔二六〕嗣服:此處指繼承帝位。

〔二七〕四科:指孔門四科,“文、行、忠、信”。

〔二八〕禹稷:指夏禹與后稷。夏禹、后稷受堯、舜命整治山川,教民耕種,稱爲賢臣。

〔二九〕昭配:宗廟中神主的排列次序。

〔三〇〕鄒國公:指孟子,北宋神宗元豐六年(1083),孟子被追封爲“鄒國公”。

〔三一〕丕緒:指國家大業。

〔三二〕朔越:朔一般是指月朔,即是初一,朔越四日就是初五(農曆)。

〔三三〕矧:況且。

〔三四〕儀物:指用於禮儀的器物。

〔三五〕孔濟:孔子五十三代孫,時任曲阜縣尹。趙文坦《蒙元時期曲阜縣尹與孔子林廟祭祀》一文分析:“孔濟兩度任曲阜縣尹,第一次是在至大四年前後,第二次是在延祐年間。”(《齊魯文化研究》第九輯,第172頁。)

〔三六〕元裕:孔子五十一代孫,时任將仕郎濟陽縣主簿孔氏族長。

(宋振中)

皇慶元年孔鼐墓碑記

此碑立於元仁宗皇慶元年(1312),現位於孔林,高2.95米,寬1.14米,厚0.35米。碑頭篆書"大元闕里五十世孫孔府君墓",正文楷書。其中碑陽爲孔鼐墓表,碑陰爲孔鼐家族分派圖。

大成至聖文宣王五十代孫、權襲封主奉祀事孔府君[一]墓記

大德丙午[二],予忝職廟學,適五十一代孫濟陽縣簿一日請於予曰:我先人平昔於廟庭之事盡心焉耳矣,思有以發其潛德之光,不使泯滅而無聞,此心耿耿,未嘗少置,子盍爲我記諸,庶幾少慰人子之心。驤辭不獲命,亦念旌孝行、厚風俗,學校之職也,顧雖不敏,如之何其拒之,謹按五十三代孫承務郎[三]、朝縣尹淑[四]所具行狀[五]。公諱鼐,字器之;曾祖諱若鼎,壽章縣令;祖諱端脩,恩賜進義校尉,以族長爲林廟主;父諱琇,學究出身,遂養親不仕。公幼失怙恃[六],避兵汴京,處身流離間,勵志讀書,不墜

先業。左丞張公祺奇其才，薦於上，授開封縣令。逮亡金歸附之初，北還爲濟兖單三州等處宣課提領。時方草刱祖庭，殿廡俱爲灰燼，神無所依，公慨然以爲己任，請興建於東平行臺，嚴公時韙〔七〕其誼，擢爲提控〔八〕，監修祖廟，權主祀事。公莅事勤恪，公爾忘家未幾，構寢宫於瓦礫之中，金碧燦然，繪聖像於其間，見者罔不加敬焉，又以宗系失傳，公不勝感激〔九〕，遂跋涉艱辛，辨論於上前，屢蒙顧問，竟獲革正之。中統二年〔一〇〕，歲次辛酉八月二十九日卒於正寢，享年七十有七，葬于父墓東北一十四步。娶古任任城縣尉仇君之女，至元十年〔一一〕五月十二日卒，享年八十，越三日祔〔一二〕焉。有子五人，長曰元正，守業恬退，遂養親不仕；次曰元裕，將仕郎、濟陽縣主簿；次曰元敬，承事郎、興化路經歷；次曰元冲，隱居不仕；次曰元伸，將仕佐郎、須城縣主簿。孫一十四人，曾孫玄孫別有圖列于碑陰。噫，如公者，可謂知所先務矣，觀其興廟貌於擾攘之餘，上而神靈有所安止，正宗緒於錯亂之際，下而襲封復得其傳，此其有功於廟庭之大者也，自非天資卓越、立志堅强能然乎，宜其子孫蕃衍，繼詩礼之家聲，榮登仕版，代不乏人，雖聖人遺澤，餘潤久而益深者如是，亦公積行累功之報，昭昭而不可誣者也，後之人其毋忽諸。

五十二代孫前廟學學正孔之鼎書丹。

承事郎、沂州臨沂縣尹楊僖篆額。

孔顔孟三氏子孫儒學教授馬驤譔記。

皇慶元年季秋朔日，五十一代孫將仕郎、濟陽縣主簿次男元裕立石。

古郗黄珍刊。

(以下碑陰)

孔府君分泒[一三]圖

五十世鼐,字器之,權襲封主奉祀事,娶仇氏,子五人:五十一世元正,字直卿(據《孔子世家譜》),娶□氏,早卒,一子,再娶王氏,二子;元裕,字益卿,將仕郎,濟陽縣主簿,娶時氏,二子;元敬,字忠卿,承事郎興化路經歷,娶□氏,四子;元冲,字和卿,娶祝氏,二子;元伸,字信卿,將仕佐郎,須城縣主簿,娶曹氏,三子。五十二世之彬,字均甫;之强,字立甫;之祥,字吉甫;之寧,字康甫;之安,字定甫;之熙,字明甫;之敏,字勉甫;之載,字德甫;之僅,字寬甫;之剛,字善甫[一四];之善,字恒甫;之肅,字寅甫;之嚴,字雍甫;之威,字温甫。五十三世,濼、濡、澡、清、瀾、潔、漕、滃、渡、溉、洛、洵、淳、涣、浡、渚、渭[一五]、瀛、澈、漳。五十四世重孫思祖,思達,思度;思權,思愆,思貞[一六]。

【注釋】

〔一〕府君:舊時對已故者的敬稱,多用於碑版文字。

〔二〕大德丙午:元成宗大德十年(1306)。

〔三〕承務郎:元朝從六品官職,文散官,有官職而無實權。

〔四〕淑:字世儀,南臺憲司照磨,遷至秘書省著作佐郎,著《元志》。

〔五〕行狀：文體名，專指記述死者世系、籍貫、生卒年月和生平概略的文章。也稱狀、行述。

〔六〕怙恃：父母的合稱。語本《詩經·小雅·蓼莪》："無父何怙，無母何恃。"

〔七〕韙：美之。

〔八〕提控：宋元時官名或吏目的尊稱。

〔九〕感激：感奮激發。

〔一〇〕中統二年：公元1261年。

〔一一〕至元十年：公元1273年。

〔一二〕祔：合葬。

〔一三〕派：同"派"，分支。

〔一四〕善甫：《孔子世家譜》作維甫。

〔一五〕《孔子世家譜》無"渟"和"渭"。

〔一六〕碑上之五十四孫應不止此六人，然漫漶較嚴重，其餘已不可辨認，姑記此可辨之人。

（崔偉芳）

至順三年重修宣聖廟題名碑

此碑立於元文宗至順三年(1332)五月,現位於孔廟十三碑亭院西南部,西起第1石。碑高1.5米,寬0.79米,厚0.3米。孔思凱立石,張翰撰,東野潛書。正書。共21行,每行34字。《寰宇訪碑録》卷十二有記:"《重修宣聖廟題名碑》:張翰撰,東野潛正書,至順三年五月,山東曲阜。"《山左金石志》卷二十三有釋:"《重修宣聖廟題名碑》:至順三年五月立,正書,碑高三尺六寸,廣二尺二寸,在曲阜孔廟。"駱承烈《石頭上的儒家文獻——曲阜碑文録》著録此碑,個别字詞有誤。

《石頭上的儒家文獻——曲阜碑文録》:"歲久"作"歲月","而人用勸"作"两人而勸","漫"作"浸","邇"作"迩","以聞天子"作"以天子","金臺"作"金堂","孔思遹"作"孔思遒","文林郎"作"文林即"。

大元重脩宣聖廟〔一〕題名記

聖天子〔二〕即位,加意儒術,以風天下。首以闕里宣聖廟歳久將壞,敕濟甯路〔三〕出官錢五萬二千餘緡〔四〕,為脩葺之資。以省部檄總管徐亞中〔五〕暨經歷王承事〔六〕董其役〔七〕。二公奉行惟謹,至則先祭而移治其事,人以為有禮焉。既而相與周視計度〔八〕,然後庀工掄材〔九〕,指授區畫,莫不有玄,比還治則,又以監兗州証右□暨監曲阜縣道僧縣尹孔思凱〔一〇〕分任其事,主簿王文中〔一一〕實左右之。上下相承,而人用勸,未幾,罅漏〔一二〕者,欹傾者起,腐敗者堅,漶漫〔一三〕者飾,煥然一復舊觀。若二公者可謂能祇承朝廷之德意也。惟夫子以神道設教,有天下國家者,咸取以為法,歷代崇奉未有若國家尊尚之至,迩者衍聖公請依前代故事〔一四〕,起圍牆四隅,建樓倣王宫之制,奎章閣以聞天子允為□省部以徐公勤敏,復檄公監督,功之成可指日而待,將有大書深刻頌其美於無窮者而比,特紀其事之一端耳。夫紀事尚實不尚文,故略其文而直書焉。

徐公名野仙,燕人。王公名存義,金臺人。

至順三年五月吉日,孔顏孟三氏子孫教授張翰〔一五〕記。奉議大夫〔一六〕前冀甯路〔一七〕忻州知州兼管本州諸軍奥魯勸農事〔一八〕東野濳〔一九〕書,五十四代孫文林郎〔二〇〕前陝西等處儒學提舉〔二一〕孔思逷〔二二〕篆,五十四代孫文林郎濟甯路曲阜縣尹兼本縣諸軍奥魯勸農事孔思凱立石,監造張友□、劉宗敬,都料〔二三〕郭□、石匠張世□〔二四〕。

【注釋】

〔一〕宣聖廟:孔廟的另一個名稱。漢平帝元始元年(1),追謚孔子爲“褒成宣尼公”。此後歷代王朝皆尊孔子爲聖人,詩文中多稱其爲“宣聖”。因此,祭祀孔子的廟宇又稱宣聖廟。

〔二〕聖天子:即元文宗孛兒只斤·圖帖睦爾,重視文治,在位期間,曾創建奎章閣,編修《經世大典》。

〔三〕濟甯路:元朝地方行政機構行中書省下有道、路、府、州、縣等行政級别。至元十六年(1279)陞濟寧府爲濟寧路,治今山東巨野縣巨野鎮,領巨野、鄆城、肥城、金鄉、碭山、虞城、豐縣等七縣及濟、兖、單三州。

〔四〕緡:古代穿銅錢用的繩子,引申爲計量單位。錢一緡,即一串銅錢,一千文(千文一貫)。一千個方孔銅錢用繩穿連在一起,就是一貫钱、一緡錢。

〔五〕徐亞中:未找到相關史料記載,據碑文所記,其名野仙,燕人。時任省部總管。

〔六〕王承事:未找到相關史料記載,據碑文所記,其名存義,金臺人。時任經歷承事。承事,文散官名,宋始置。

〔七〕董其役:監督勞作。

〔八〕周視計度:周視,仔細查看。計度,計算量度,有謀劃之意。

〔九〕庀工掄材:庀工,召集工匠。掄材,選擇材木。

〔一〇〕孔思凱:孔之全之孫,孔濟之子,時任曲阜縣尹。據《闕里誌》卷八“世襲知縣”載:“至治二年(1322),思凱由國子生襲縣尹。”曲阜很多碑刻,末皆署曲阜縣尹孔思凱立石。

〔一一〕王文中:時任主簿。

〔一二〕罅漏:裂縫和漏穴。

〔一三〕漶漫:模糊不清。

〔一四〕故事:舊事,先例。

〔一五〕張翰:時任孔顔孟三氏教授,任學正之職。曾撰書《泰定四年皇姊大長公主降香碑》,於元泰定年間謁孔廟。

〔一六〕奉議大夫:文散官名,正五品官。

〔一七〕冀甯路:元大德九年(1305)以地震改太原路置,治陽曲縣(今山西省太原市)。轄境相當今山西省中陽、孝義、昔陽以北,黄河以東,河曲、官寧武、繁峙以南及太行山以西廣大地區。明洪武元年(1368)改置爲太原府。

〔一八〕勸農事:應是掌握農業事務的職官。

〔一九〕東野潛:奉議大夫,曾任冀寧路忻州知州,時任本州諸軍奥魯勸農事。

〔二〇〕文林郎:文散官名。隋文帝置,在八郎中位第八。煬帝時置,唐爲文官第二十八階,從九品上。宋從九品上。元豐改制用以代留守、節察推官、軍監判官。後定爲第三十三階,金正八品上,元陞爲正七品。

〔二一〕儒學提舉:主管儒學事務的職官。提舉,原意是"管理"。

〔二二〕孔思逋:孔子第五十四代孫,元代恩州儒學教授,著有《雙節祠記》(《中順朝散二公殉節碑記》)。

〔二三〕都料:古代稱營造師,總工匠。唐柳宗元《梓人傳》:"梓人,蓋古之審曲面勢者,今謂之都料匠云。"漢、唐時期,掌握設計與施工的技術人員稱作"都料","都料"專業技術熟練,專門從事公私房設計與現場指揮,並以此爲生。一般房屋都在牆上畫圖後按圖施工。房屋建成後還要在梁上記下他的名字。"都料"的名稱直到元朝仍在沿用。

〔二四〕張世□:應爲當時比較著名的石匠。

(宋振中)

元統三年五十一世孫孔元正墓碑

此碑立於元統三年(1335),位於孔林。碑頭書"五十一世孔公墓碑",篆書。碑高2.42米,寬0.94米,厚0.23米。碑身楷書。

有元追封承事郎〔一〕濟寧路同兗州事孔公墓碑

奉議大夫集賢直學士崔詠譔。

朝列大夫〔二〕刑部員外郎〔三〕張進書。

朝列大夫禮部侍郎〔四〕韓鏞篆。

孔氏之子孫支派蕃衍〔五〕,世守廟宅者,惟兵部尚書諱仁玉〔六〕之後。尚書四子,其冣〔七〕少諱勗,生彦輔〔八〕,為國子博士〔九〕。博士上遡先聖四十有五世。公,博士六世孫也,諱元正,字直卿。曾大父諱端脩,進義校尉〔一〇〕。大父諱琇,進義校尉。父諱鼒,濟兗單宣課提領,提控〔一一〕監修祖廟,權主〔一二〕祀事。公性敦重,為學務實,不尚華藻,恬静寡嗜好,無進取意。左右圖書,惟教子,日為事。族處〔一三〕數百人,事其在上者,恭恪盡禮;撫其在下者，肅然而有恩。以至于隣里鄉黨遇事遜讓，惟恐有一毫聲色〔一四〕加於人。

大德元年十一月二十日卒，年七十有二，葬祖聖墓西北五十步。天曆二年，朝廷以其次子之祥官七品，追封承事郎濟寧路同知兖州事。再娶王氏，封宜人，寬裕端厚，克享成福〔一五〕，至順三年七月二十二日卒，年九十有二，祔〔一六〕公墓左。三子，長曰之彬，先娶李氏出也，次曰之强，今為淮安路臨淮縣尹，次曰之祥，終歸德府譙縣尹，皆王出也。二女，長適安陸府蒙古字教授劉瑛，次適恩州儒學教授王豫。孫五人，曰濼，早世；次曰濡，鄆城縣儒學教諭；曰澡、曰澧、曰浣。元統三年十月，之强將之臨淮斵石〔一七〕表墓〔一八〕，遣其子濡来京師求予銘，予學於孔氏，安敢固辤〔一九〕。銘曰：

生有隱德〔二〇〕，没而弥章。楷林鬱〔二一〕深，惟公所藏。聖人之澤，世其永昌。

元統三年八月吉日，男之强立石。

石匠黄敬祖刊。

【注釋】

〔一〕承事郎：文散官名，明朝爲正七品初授之階。

〔二〕朝列大夫：文散官名，明朝爲從四品初授之階。

〔三〕員外郎：原指正額之外的郎官。隋朝始在尚書省二十四司各置員外郎一人，爲各司次官。唐、宋、遼、金、元、明沿襲此制，以郎中、員外郎爲六部各司正副主官。

〔四〕禮部侍郎：禮部副長官。

〔五〕蕃衍：繁衍。

〔六〕仁玉：孔仁玉，字温如，孔子第四十三代孫，生於後梁太祖乾化二年，卒於後周世宗顯德三年。孔仁玉爲孔氏中興之祖，自他之後，留守曲阜的孔子後裔開始繁衍壯大。

〔七〕冣：古同"最"。

〔八〕彦輔：孔彦輔，字德甫，孔子第四十五代孫，兄孔道輔、孔良輔。

〔九〕國子博士：學官名，職責包括教授國子學生學業、政治咨詢、祭典顧問等。

〔一〇〕進義校尉：武散官名，南宋始置。

〔一一〕提控：掌管，管理。

〔一二〕權主：主持。

〔一三〕族處：一個家族聚居在一起稱爲族處。

〔一四〕聲色：疾言厲色。

〔一五〕成福：盛福，大福。

〔一六〕祔：合葬。

〔一七〕斵石：刻石。斵，古同"斫"，砍、削的意思。

〔一八〕表墓：在死者墓前刻石，以彰其善。

〔一九〕辤：同"辭"，推辭。

〔二十〕隱德：施德於人而不爲人所知。

〔二一〕欝：茂盛的樣子。

（張　慧）

後至元元年代祀闕里孔子廟碑

此碑立於元惠宗後至元元年(1335)年閏十二月,現位於孔廟十三碑亭院西南部,西起第2石。碑高1.93米(含篆書"代祀闕里孔子廟碑"8字碑頭0.35米),寬0.73米,厚0.18米。王思誠撰,周伯琦書。隸書。共21行,行45字。《寰宇訪碑録》卷十二有記:"《代祀孔廟碑》:王思誠撰,周伯琦八分書,後至元元年閏十二月。"《山東通志》卷十一之七有記:"《元代祀闕里孔子廟碑》,至元元年翰林院修撰王思誠",無落款:"翰林脩撰承直郎同知制誥兼國史院編修官臣王思誠文□□事郎翰林國史院編脩官臣周伯琦,大元至元元年歲已亥閏月日,從仕郎濟甯路曲阜縣尹權奉祀事孔克欽立石"。駱承烈《石頭上的儒家文獻——曲阜碑文録》著録此碑,個别字詞有誤。

《山東通志》:"命翰林"作"令翰林","㠯"作"以","齊于"作"齊於","灋服"作"法服","神畯"作"神餕","于燕申堂"作"於燕申堂","胞翟均隶"作"庖翟均隸","各處"作"各虔","㕥來"作"以来","竝为"作"並为","于闕里"作"於闕里","薌幣"作"香幣","竝刻"作"並刻","有皇聖元"作"有聖皇元","繼後"作

"繼序","執範"作"執範","允通允鼏"作"允迪允则"。

《石頭上的儒家文獻——曲阜碑文録》:"㠯"作"以","預敕"作"豫敕","齊于"作"齊於","翼日"作"冀日","竣事之旦"作"端事之旦","神貺"作"神餕","于燕申堂"作"於燕申堂","與祭者"作"於祭者","胞翟均隶"作"庖翟均隸","衎如"作"衎如","㕥來"作"以来","官考"作"官攷","聖配"作"聖妻","竝为"作"並为","于闕里"作"於闕里","薌幣"作"香幣","竝刻"作"並刻","無紀"作"無記","系"作"繫","有皇聖元"作"有聖皇元","繼後"作"繼述","九有以亡"作"九有㠯仁","翰林院□承宣部"作"翰林脩撰承直郎"。

代祀闕里孔子廟碑

翰林脩撰〔一〕文林郎〔二〕同知制誥〔三〕兼國史院〔四〕總脩官臣王思誠〔五〕篆額。

聖天子〔六〕嗣登大寶,當至元乙亥之初,命翰林臣思誠奉祀文函香詣曲阜,㠯〔七〕太牢〔八〕代祀孔子廟,從集賢請遵舊典也。思誠將命㠯閏十二月壬辰,抵兗州預敕有司蠲曰庀事〔九〕,丁未濟甯路〔一〇〕守土臣張仲仁〔一一〕、兗州判劉彬〔一二〕暨曲阜縣尹宣聖〔一三〕五十五代孫克欽〔一四〕,孔顔孟三氏子孫教授趙惟賢〔一五〕,率聖族清道肅儀,朝服郊御〔一六〕,魯諸生儒服〔一七〕前導,齊于祀所,翼日質明〔一八〕恪行祀事,思誠若仲仁、若彬咸服瀍服〔一九〕,攝三獻〔二〇〕官,克欽若惟賢等咸服朝服,司分奠,諸生駿奔走各處乃職,牲腯〔二一〕酒洌,禮備樂龢,祝史致詞,洋洋乎神明之格而歆也。竣事之旦,大享神貺于燕申堂〔二二〕。聖族陪位,與祭者咸在,少長齒坐,迭起行酒,其後秩如胞翟均隶亦既醉飽,其樂衎[二三]如燕畢。仲仁等請曰:代祀有記,所目紀昭代之盛典,不可闕也。竊惟自漢叺來,崇奉先聖,至我朝而極盛,加號大成[二四],改封官考為啟聖王[二五],聖妣若聖配竝為王夫人[二六]。遣使奉送制命于闕里,祭目太牢,其禮隆矣。太皇太后尋亦遣使奉薌幣致祭,竝刻諸石,矧[二七]茲盛禮可無紀乎。思誠謹述其事之本末,系目詩。其詩曰:

有皇聖元,奄有萬方。列聖[二八]相承,文教誕揚,皇明嗣服[二九],繼後不忘。眷言曲阜,素王[三十]之鄉。爰命詞臣[三一],册祝[三二]函薌。載臨闕里,爛其煌煌[三三]。蠲辰蕆事[三四],惟吉惟良。牲牢肥腯[三五],黍稷芬芳。禮備樂龢,神人悦康。於赫尼父[三六],執範百王。允通允鼎[三七],宗社[三八]隆昌。或巽或背,九有目亡。穆穆[三九]天子,茲率厥常,盛禮斯舉,敬誠是將。既欽既敕,惠澤其滂[四〇],矢詩頌美,億載休光[四一]。

翰林脩撰承直郎同知制誥兼國史院編修官臣王思誠

文□□事郎翰林國史院編脩官臣周(伯)(琦)[四二]。

大元至元元年歲已亥閏月日,(從)仕郎[四三]濟甯路曲阜縣尹權奉祀事孔克欽立石。

【注釋】

〔一〕翰林脩撰:官名。唐代史館有修撰,掌修國史的官臣,宋實録院有修撰官掌修實録,遼國史院與元、明、清翰林院皆有修撰官,明、清通常授予一甲第一名進士。一般於殿試揭曉後,一甲第一名進士(狀元)即授翰林院修撰。

〔二〕文林郎:文散官名。隋文帝置,在八郎中位第八。煬帝時置,唐爲文官第二十八階,從九品上。宋從九品上。元豐改制用以代留守、節察推官、軍監判官。後定爲第三十三階,金正八品上,元陞爲正七品。

〔三〕同知制誥:官名。唐翰林學士加知制誥者起草詔令,餘僅備顧問。宋除翰林學士,他官加知制誥者亦起草詔令,稱爲外制,翰林學士雖皆起草詔令而亦帶知制誥銜,稱爲内制。

〔四〕國史院:翰林國史院是元代掌管草擬詔令、纂修國史、兼備皇帝諮詢的中央機構。其前身是唐朝玄宗開元初年設立的翰林院。翰林國史院主要掌管纂修國史、典制誥、備顧問三項職責,設承旨六員,學士、侍讀學士、侍講學士、直學士各二員,屬於富有待制、修撰、應奉翰林文字、編修官等。

〔五〕王思誠(1291—1357):元兖州嵫陽人,字致道。天資過人,至治元年(1321)中進士,授管州判官。後召至京師任國子助教,累遷翰林國史院編修官、待制等職。至正元年(1341),陞遷爲奉議大夫、國子司業。次年任監察御史,屢上疏言時弊,朝廷多是其議。鞫獄松州、豐潤,多平反。出簽河南、山西道肅政廉訪司事。陝西行臺言欲疏通黄河三門,立水陸站,直通關陝,思誠度其不可,作詩歷敘其險。執政采之,遂寢其議。至正十二年(1352),召拜禮部尚書兼國子祭酒,不久出任陝西行台治書侍御史。又出守奉元,禦紅巾,召察罕帖木兒來援,關中解嚴。拜通議大夫、國子祭酒,卒謚獻肅。《元史》有記。

〔六〕聖天子:指元順帝(又稱元惠宗,惠宗爲元朝廟號,明朝謚號爲元順帝)孛兒只斤・妥懽帖睦爾。在位期間共使用四個年號,分别是:至順(1333),元統(1333—1335),至元(1335—1340)(元世祖時期有過至元年號,元惠宗時期再次使用此年號,通常稱爲後至元),至正(1341—1370)。

〔七〕㠯:"以"字之異體。

〔八〕太牢:古代帝王祭祀時,牛、羊、豕(豬)三牲全備稱爲"太牢"。《禮記》中"太牢"作"大牢"。

〔九〕庀事:辦事之意。唐白居易《除郎官分牧諸州制》:"雖典曹庀事,其務非輕,而恤隱分憂,所寄尤重。"

〔一〇〕濟甯路:元朝地方行政機構行中書省下有道、路、府、州、縣等行政級别。至元十六年(1279)陞濟寧府爲濟寧路,治今山東巨野縣巨野鎮。領巨野、鄆城、肥城、金鄉、碭山、虞城、豐縣等七縣及濟、兖、單三州。至正八年(1348)徙濟寧路治任城(今濟寧市市中區任城路兩側)。

〔一一〕張仲仁:時任濟寧路總管。

〔一二〕劉彬:時任兖州判官。

〔一三〕宣聖:指孔子。漢平帝元始元年謚孔子爲褒成宣公,此後歷代王朝皆尊孔子爲聖人,詩文中多稱爲"宣聖"。

〔一四〕克欽:孔子第五十五代孫孔克欽,時任曲阜縣尹。據《闕里誌》記載,至元四年(1267)孔克欽任曲阜縣尹。其任曲阜縣尹時創建了洙泗書院。《闕里文獻考》卷七十五有孔克欽的小傳,傳云篤志好學,"在職多善政",鋤强扶弱,重視教育,"洙泗間爲先聖講學舊地,因置書院,設山長,教育生徒"。

〔一五〕趙惟賢:時任孔顔孟三氏子孫教授。

〔一六〕朝服郊御:朝服,又稱爲"具服",是古代在大祀、慶成、正旦、冬至、聖節及頒詔開讀、進表、傳制等重大典禮時使用的禮服,其基本樣式是衣裳制,東漢以後的朝服包括梁冠、赤羅衣、白紗中單、青飾領緣、赤羅裳、青緣、赤羅蔽膝。

〔一七〕儒服:指儒家傳統上周朝到明朝的儒者服裝深衣,戴章甫之冠。魯國是儒家的發祥地,其國多儒士。

〔一八〕質明：天剛亮的時候。質，正。

〔一九〕瀍服：古代禮法規定的服飾。

〔二〇〕三獻：古代祀典時有三獻之禮，首次獻酒奠爵稱初獻，第二次獻酒奠爵稱亞獻，第三次獻酒奠爵稱終獻。

〔二一〕牲腯：供祭祀用的豬。

〔二二〕燕申堂：指祭祀孔子的祠堂。

〔二三〕衎：快樂。

〔二四〕大成：指元代對孔子的封號。大德十一年（1307），元武宗在宋代給予孔子至聖文宣王封號的基礎上，據孟子贊頌孔子始用"大成"一詞，對孔子加大成封號，加封孔子爲大成至聖文宣王。"大成至聖文宣王"被譽爲歷史上對孔子的最高封號。

〔二五〕啟聖王：元代追封孔子父親叔梁紇的封號，《元史》有記。

〔二六〕王夫人：元代追封孔子母親顔氏的封號为"啓聖王夫人"。

〔二七〕矧：況且。

〔二八〕列聖：指歷代帝王，諸皇帝。

〔二九〕嗣服：指繼承帝位。

〔三〇〕素王：指孔子。後來儒家稱譽孔子爲"素王"，這是真正的王。

〔三一〕詞臣：舊指文學侍從之臣，如翰林之類。唐劉禹錫《江令宅》詩："南朝詞臣北朝客，歸來唯見秦淮碧。"明徐光啓《疏辯》："以翰林而兼河南道，從來無此官銜；以詞臣而出典兵，從來無此職掌。"

〔三二〕册祝：把告神之言寫在册書上，讀以祝告神。亦指寫在册書上的祭告天地宗廟的祝詞或寫有祝詞的册書。

〔三三〕煌煌：明亮輝耀貌，光彩奪目貌。

〔三四〕蕆事：事情已辦理完成。

〔三五〕牲牢肥腯：牲牢，猶牲畜。

〔三六〕尼父：指孔子的父親叔梁紇。孔子，名丘，字仲尼。故尊稱孔子父爲尼父。

〔三七〕劚："則"字之異體。

〔三八〕宗社：宗廟和社稷，泛指國家。

〔三九〕穆穆：威儀盛大的樣子。

〔四十〕惠澤其滂：惠澤，惠愛與恩澤；滂，衆多之意。

〔四一〕休光：盛美的光華，亦比喻美德或勳業。休，美善之意。

〔四二〕周伯琦：缺字據《寰宇訪碑録》和《石頭上的儒家文獻——曲阜碑文録》中資料所記補全。周伯琦（1298—1369），字伯温，元朝饒州人，文士重臣。集賢待制應極之子，自幼隨父宦游京師，入國學爲上舍生。以蔭授南海縣主簿，後轉爲翰林修撰。至正間，元順帝令南士得居省臺，除兵部侍郎。周伯琦遂與貢師泰同擢陞監察御史，"眷遇日隆"或"寵遇隆渥"。至正十三年（1353），奉皇帝之命到平江祀海神天妃廟時，正是元順帝在上都水晶殿親自爲其舉行了隆重的專門歡送儀式。十四年（1354），起江東肅政廉訪使。甯國陷，改調浙西。十七年（1357），元朝江浙行省丞相達識帖睦爾承制假參知政事，招諭平江張士誠，周伯琦拜元朝江浙行省左丞，被張士誠扣留平江十餘年。周伯琦儀觀温雅，博學工文章，而尤以篆、隸、真、草之書法，擅名當時。至正年間，遷授經郎，元順帝命篆"宣文閣寶"，乃題扁於閣。又摹王羲之《蘭亭序》和智永《千字文》，刻石閣中。至正二十二年（1362），臨石鼓文册，現藏故宫博物院。

〔四四〕從仕郎:缺字據文意及《石頭上的儒家文獻——曲阜碑文録》的相關碑文,如《後至元五年御賜尚醴釋奠碑》《後至元五年孔思立祭孔碑》中落款對孔克欽的記載補全。從仕郎,文散官名,金始置。從八品下,元陞從七品,明爲從七品初授之階,清廢。

（宋振中）

後至元四年創建洙泗書院之記碑

此碑立於元後至元四年(1338),現位於曲阜洙泗書院大殿前階西首,碑高2.20米,碑寬1.04米。碑頭篆書"創建洙泗書院之記"。碑文正楷書寫,字多殘損。

駱承烈《石頭上的儒家文獻——曲阜碑文録》著録該碑,題名作"創建洙泗書院之記碑",字多空缺。今依日本京都大學人文科學研究所碑拓重新録入、整理、校注。

創建洙泗書院之記

鄆人宋元隆撰。

奉訓大夫社稷署令蔡思中書。

嘉議大夫益都路總管致仕東野潛篆。

至元後戊寅八月之邪終,宣慰東野潛,社稷署令蔡思中,薄鄧昌壽,偕五十三代孫、文學孔澈,具篚幣〔一〕詣元隆,曰:"世尹〔二〕,聖裔也。以斯道之故,聘子從遊也。久謂洙泗故基,為民所有,化為禾黍〔三〕,過者興歎。備己貲，市田貿材，經營量度，禮殿、講堂、門廡、齋庖，閱時告成，將勒諸石以記歲月。特徵文于予，予毋多讓。"

元隆筆力孱弱，辭不獲命。遂記之：

夫天地之運，有通復；日月之明，有晝夜；聖人之道，有否泰。非聖天子，則聖人之道不行；微吾夫子，則帝王之道不明。欽惟世祖皇帝平定區宇，列聖祖武，斯道之大明以行焉。乃詔天下郡縣，廟祀夫子，備王者禮樂，惟祖庭為盛。

洙泗遺址，斯文所基。歷代未復，荒頓幾二千載矣。一旦舉之，實我皇元闡文運、隆治化之盛典也。昔聖祖之講誨於是也，删《詩》、訂《書》、贊《易》道、修《春秋》，承道統之傳，以祖述憲章。上律下襲，皆鈞覆載之體，寒暑之時，服食之功，三綱五常，賴以不墜。而禮樂教化，以之而可度；典章文物，以之而可興；修己治人之德，以之而可成。洪纖〔四〕高下，各遂其性，形容夫性與天道之妙，以相授受，成就後學，施諸永世，傳諸方册。為天地立心，為生民立命，為萬世開太平。奚止土木之為哉？

然尹〔五〕之區區者，豈特共繼述之孝，將以奮國家典禮之至，尊崇斯道之極，誠臣子之至願也。庸思其先自有國之初，其祖元用〔六〕率孔族、招庶姓以降，尋以軍功歿於王事之全；暨治〔七〕僝功祖庭；其父思誠〔八〕拜師命于成均〔九〕。"四君子"〔一〇〕者，奕世象賢〔一一〕，皆不暇及，今能之，匪尹之所能為也，天也。天朝文明，聖治之化，被四表，格上下，洽之無窮，故千古廢墜，一時告新。我朝所以冠五帝、冕三王之盛者於是乎？

在方其經始，僉肅政廉訪司事楊文書訥按部[一二]至說，以予之尹之為力也易。尹，名克欽，字敬夫，考之世譜，宣聖五十五代孫也。謹記。

宣聖五十三代孫、儒學教諭孔澈等立石。

古邾常偉刊。

【注釋】

〔一〕篚幣：指禮物。

〔二〕世尹：世襲曲阜縣尹，指孔克欽。孔子第五十五代孫。

〔三〕禾黍：勝地廢圮貌。

〔四〕洪纖：大小巨細之謂。

〔五〕尹：即世襲曲阜縣尹孔克欽。

〔六〕元用：孔元用。首任衍聖公孔宗願的五世孫，孔元措的族弟。

〔七〕治：孔治，孔元用之孫，孔之全之子。

〔八〕思誠：孔思誠，孔子第五十四代孫，孔治之子，孔克欽之父。

〔九〕成均：古之大學，泛指官設最高學府。

〔一〇〕四君子：指孔元用、孔治、孔思誠、孔克欽。

〔一一〕奕世象賢：代代效法先人的賢德。

〔一二〕按部：巡視部屬。

（齊金江）

至正四年洙泗書院碑

此碑立於元惠宗至正四年(1344),現位於城東北八里洙泗書院内西側。碑高1.92米,寬0.82米,厚0.27米。孔克欽書。正書。《寰宇訪碑録》卷十二有記,《曲阜縣志》卷五十二有記。

洙泗書院

(孔 玥)

至正十年勅建端本堂記

此碑立於元至正十年(1350)。此碑原存曲阜城南白村,1978年,移入孔廟,現存漢魏碑刻陳列館東屋南間,北起第5石。碑高2.55米(含篆書"勅建端本堂記"3行6字碑頭0.45米),寬0.8米,厚0.18米。隸書。共17行,行57字。碑頭盤螭紋。

《石頭上的儒家文獻——曲阜碑文録》中缺字近三分之二,無法讀通全文,今重辨識抄録。

賜進士出身、承事郎、益都路同知楊州事彭廷堅〔一〕撰。奉政大夫、大都路涿州知州兼管本州諸軍奥魯〔二〕勸農事趙興宗書。賜同進士出身、將士郎、翰林國史院編脩官石晋篆。

朝廷天下之本,憲府〔三〕百司〔四〕之本也。朝廷正,則天下正。憲府正,則百司正矣。我朝自世祖皇帝以来二十二,憲府擇天下賢俊以居是官,以明達天子耳目于天下,百司以維持天下,千萬年之治美矣,盛矣!

至正己丑，□肯[五]賜進士及第、□□大夫，拜捧公，乃以監察御史出僉[六]山東東西道肅政廉訪司事。明年春行部[七]還至魯，曲阜縣尹孔克欽[八]峃[九]兆室，縣治北偏于以館部使者[一〇]之往返。公至即拜，而請名於公，公以為治人正物，莫先正己而自治，遂命之名曰："端本"[一一]，示百司先也。

公以至正壬午试天子大廷[一二]，為天下第一人。入司誥命[一三]，出理冤滞[一四]，敭[一五]曆台省，聲聞四達。以清醇之資，高明正大之學，灼知□践，心灑然如冰壺[一六]�[一七]，且無有豪髪[一八]口欲累。民胥願將手揭斯世以漫唐虞也。而猶勉勉[一九]不自足，進進無有窮已，克美光辉，睟面盎背[二〇]，有諸内形諸外者也，表端源潔。不特為百世勸，且將為天下後世勸。

繼而登斯堂者，因名以述義：知百司之本本乎身之正，其心欲率天下百司使歸于正，必自正其心，始則假此一体，人我一□，清流正景[二一]，固已潜乎[二二]，默感于不言之本□，岂待區木丘刑法之末哉。泗堂□誉，感中淵源，洙泗蕩絕，粗檝岱宗蒙嶧，聖人足昭于上。宔墓孫子，典章文物，祭然咸拜，又斯天王[二三]至潔之源本也。欲緘吾心戒懼[二四]慎獨，體道無有一豪人欲之□而。已耳陟降[二五]庭宇，嘆越拜天敬而無失，本必端源必潔也，尚何俟佗来乎？

凡屋堂房廚□□垒砌，黝垩藻繪，皆有法，悉尹所自爲，不後于民則肯此。十又五年公劝廉洁之政于是乎見，亦可謂端本者。

憲掾單克義、李宗義，奏差张亮實从僉。

憲速〔二六〕㞧十，澄徹〔二七〕皆于端本之旨有復云。時至正十年春三月□日立，郲〔二八〕常琳、黄从禮同刊。

【注釋】

〔一〕彭廷堅：福建崇安一帶的守護神。曾任崇安縣尹，平定盜賊屢建功勳。

〔二〕奥魯：蒙古國時期，男丁充軍出征，家屬和童僕按千户在後方或隨軍從事生産，經營畜群和其他産業，供應前方，稱爲奥魯。

〔三〕憲府：御史台。

〔四〕百司：百官。

〔五〕□肯：或爲人名。

〔六〕出僉：官員外放總管。

〔七〕行部：巡行所視察的地方。

〔八〕孔克欽：孔子第五十五代孫孔克，曲阜縣尹。

〔九〕㞧：同"會"。

〔一〇〕部使者：掌管督察郡國的官員。

〔一一〕端本：端正根本。

〔一二〕大廷：外朝之廷，在庫門内雉門外。

〔一三〕誥命：朝廷頒佈的命令。

〔一四〕冤滯：滯留未申的冤獄。

〔一五〕駁：改任。

〔一六〕冰壺：比喻人心光明純潔。

〔一七〕炑：火熾。

〔一八〕豪髮：毫毛和頭髮，比喻細微之物。

〔一九〕勉勉：力行不倦的樣子。

〔二〇〕睟面盎背：意思是指德性表現於外，而有温潤之貌，敦厚之態。指有德者的儀態。

〔二一〕正景：指正大光明。

〔二二〕潛孚：暗中信服。

〔二三〕天王：天子。

〔二四〕戒懼：戒慎恐懼。

〔二五〕陟降：升降。

〔二六〕逨：古同"來"，到來。

〔二七〕澄徹：心體澄徹，常在明鏡止水之中，則天下自無可厭之事。

〔二八〕邾：古地名，在今鄒城市。

【論説】

此碑年代久遠，雖漫漶難讀，終因保護妥善，好事者前後數蒞辨難，僅餘數字，其意漸通。"端本堂"原在何處，現已無處查考。此堂的建立應是當時元朝的一項國家重要工程，由朝庭下令撥款建設，竣工由巡撫大員親到拜祭命名，碑文由當朝進士撰寫、大夫書寫、翰林篆額，規格極高，顯示元朝尊孔重儒的現實要求，宣示當朝治國施政的基本綱領。文章典雅莊重，文辭優美，論理清澈，邏輯嚴謹，是一篇很好的論説範文，可以觀止。書仿漢隸，融入篆體，端凝穩正，蒼勁瘦硬，又不失隸之柔美，有很高的書法藝術價值和文史價值。

（孔　玥）

至正十七年奉議大夫同僉太常禮儀院事孔思迪墓碑

此碑立於至正十七年(1357),現位於孔林。碑文分上下兩部分,最上書“大元”,中間三列,從右到左,分别爲“奉議大夫同”“僉太常禮儀”“院事孔公墓”。碑高2.37米,寬0.86米,厚0.27米。碑文楷書。

大元奉議大夫〔一〕同僉太常禮儀院事〔二〕孔公墓

應奉翰林文字徵事郎同知制誥〔三〕兼國史院〔四〕編修官〔五〕孔任譔。

中奉大夫雲南行中書省参知政事徐槃題額。

中奉大夫陝西諸道行御史臺〔六〕侍御史〔七〕王思誠書丹。

公諱思迪,字凝道,才及下壽〔八〕,以至正三年癸未三月十三日，終于京師，斂後□歸葬，于□四月，遂葬祖塋先公中丞墓左，又十四年，其季子克光來都，以狀謁銘，任在史館[九]，□□□鉅人事業□著□，當得書□，公德業[一〇]聞望[一一]在所宜銘，固不得辭。

公儀狀[一二]安重[一三]，如洪河喬嶽[一四]，□□□□拔而渾乎其有容，其言淵如，其氣舒徐，其為政有惠愛在民，其執法務閎大體。方弱冠□□□□□□□為漢人首選。一□主膠西簿。再除安慶録事[一五]，三轉而尹，光山其民，不知絲纊[一六]之利，以為□□□□□□□公乃築縣□，結屋其中，名曰"豳風亭"，環亭為桑畦三百，蒔溉以時[一七]。不期年而柔□□□□□□□□楦鄉□文踰□而青陰□乎四境，民均蒙其利，遂為淮南樂土，致治為諸縣□一，時□□□□□□□□□□□□□四揚政化尋，拜公為西臺[一八]監察御史，任嘗道光山，以至安慶公去官也□□□□□□□□□□□□□□兒童父老談公不絶口，至有垂淚者。去安慶二十餘年，人猶立碑，以紀政績，可不謂□□□□□□□□臺□□□関陝[一九]饑民多流亡。公設法振救，所全活者甚眾，雲南省臣□□蜀拒命□□□□□□□□□□□軍□境方納欵。公两上章言隴蜀[二〇]，僻在西陲，方難作時，守正[二一]者被□□□者獲□□□□□□□□□□□□□朝廷嘉公癉惡[二二]，遂擢内臺御史[二三]。天歷[二四]間，父宗春幸護國仁王□汎龍舟游玉泉，公抗章[二五]馳奏，即廻宮，賜交綺[二六]一疋[二七]，謂□□□□□□□乎□兩轉，遷湖廣省都事[二八]，時廣西洞徭負固[二九]作亂，有司苦之，輿論以公才謀，命督大兵，徭民

□□□□□□□□□□，莫不畏服遁避。已而論功行賞，金繒[三〇]銀皿，錫賚[三一]尤多，居無何，以疾辭[三二]，歸家居浮□□□□□□□□□蔭樹下，相對閑談，畧不知為尊貴，而聲光日昭[三三]。至元[三四]六年，復起□太常禮儀院判，□□□□□□□□□□今上親享太廟，公於儀文[三五]禮樂多所增餝[三六]，未幾，陞同僉，雍容[三七]持論[三八]，不諂不黷[三九]，聞而猶□□□□□□□己門者，望之乍若可畏，而誨語懇到[四〇]，温然生物[四一]，使人意銷[四二]。廷論以太子□□□□□□醇□篤實，宜輔導朝夕，以翼厥德[四三]，事未及就，竟卒。

曾大父諱元石，大父諱之文，考諱淑，妣夏氏，昆□□二人，狀貌皆瑰偉，咸著官稱[四四]。公配王氏，封魯郡太君，三子，克昌，曲阜縣□，□光，在七品選，克祥尚幼，女二人，長適毛氏，季適進士揚庭。男孫三人，希毅、希允、希彧，女孫四人。銘曰：不耀其光，不閟其章，子孫承慶，永保不忘。

至正十有七年丁酉夏四月，□□、克昌、克□立石。

【注釋】

〔一〕奉議大夫：文散官名，金始置，正六品下，元陞正五品。

〔二〕太常禮儀院：官署名，掌重大禮樂事宜，祭祀宗廟社稷、封贈謚號等事。中統元年(1260)，始設太常寺，后陞爲院，再改爲寺。延祐元年(1314)，復改爲院。有院使、同知、僉院、同僉等官。屬官有奉禮部、協律部等，並轄太廟、郊祀、社稷、大樂四署。

〔三〕制誥：承命草擬皇帝詔令。

〔四〕國史院:元代掌管草擬詔令、纂修國史、兼備皇帝咨詢的中央機構,前身是唐朝的翰林院。元世祖中統二年(1261)先設翰林院,后設國史院。至元元年(1264)兩者合併,建翰林學士院,正三品。至元四年改爲翰林兼國史院,至元八年(1271)陞從二品。至元二十年(1283)與集賢院合併爲翰林國史集賢院,至元二十二年(1285)與集賢院分立,復爲翰林國史院。

〔五〕編修官:官名。宋始置,主要負責文獻修撰工作。宋代凡修前朝國史、實録、會要等,均隨時置編修官,負責編纂記述。

〔六〕御史臺:官署名。東漢至元設置的中央監察機構。秦漢以御史負責監察事務,御史所居官署稱爲御史臺,又稱蘭臺、憲臺。南朝梁陳、北魏魏齊時,稱御史臺。隋唐五代宋元歷代沿置,負責糾察、彈劾官員,肅正綱紀。

〔七〕侍御史:官名,秦始置,漢沿設,在御史大夫之下,接受公卿奏事,舉劾非法,有時受命執行辦案、鎮壓農民起義等任務。侍御史分掌令曹、印曹、供曹、尉馬曹、乘曹。魏晉南北朝時,曹數有增減,治書侍御史也分掌各曹。唐侍御史屬臺院,殿中侍御史屬殿院,監察御史屬監院,三者並列。宋元及明初侍御史祇設一二人,爲御史大夫、御史中丞的佐貳。

〔八〕下壽:古人將人的壽命分爲上中下三等。下壽有二説,一説六十,一説八十。《莊子·盜跖》:"人上壽百歲,中壽八十,下壽六十。"《左傳·僖公三十二年》:"中壽,爾墓之木拱矣。"孔穎達疏:"上壽百二十歲,中壽百,下壽八十。"

〔九〕史館:官署名。元置翰林兼國史院,翰林學士兼修國史。

〔一〇〕德業:德行與功業。

〔一一〕聞望:聲望,名望。

〔一二〕儀狀:儀容形狀。

〔一三〕安重:安詳穩重。

〔一四〕喬嶽:本指泰山,後泛稱高山。

〔一五〕録事:職官名。始置于東晉。晉代公府置録事參軍,掌總録衆官署文簿,舉彈善惡。后代刺史領軍而開府者亦置之。隋于中書省及門下省置録事,其他臺、省、寺、監及十二衛府亦置録事。唐宋因之,京府中改稱司録參軍。

〔一六〕絲纊:絲和絲綿。

〔一七〕環亭爲桑畦三百,蒔溉以時:環繞亭子種了三百畦桑樹,按時節澆養灌溉。

〔一八〕西臺:官署名,御史臺的通稱。陸遊《老學庵筆記》:"唐人本謂御史臺在長安者爲西臺,言其雄劇,以别分司東都,事見《劇談録》。本朝都汴,謂洛陽爲西京,亦置御史臺,至爲散地。以其在西京,亦號'西臺',名同而實異也。"

〔一九〕関陜:陜西古名關中,故陜西地區稱爲關陜。

〔二〇〕隴蜀:隴指隴右,蜀指西蜀。

〔二一〕守正:恪守正道。

〔二二〕癉惡:憎恨壞人壞事。

〔二三〕内臺御史:元御史臺别稱。

〔二四〕天歷:元文忠年號。

〔二五〕抗章:向皇帝上奏章。

〔二六〕交綺:指窗。

〔二七〕疋:同"匹"。

〔二八〕都事:官名。西晉、南北朝時設尚書都令史,爲左、右丞的輔助人員,處理尚書省日常事務。元中書省左右司、樞密院、御史臺、宣政院以及各行中書省均設,爲正七品或從七品。

〔二九〕負固:依恃險阻。

〔三〇〕金繒:黄金和絲織品,泛指金銀財物。

〔三一〕錫賚:賞賜。

〔三二〕居無何,以疾辭:没過多久,因病辭職。

〔三三〕畧不知爲尊貴,而聲光日昭:雖然别人不知道他原來很尊貴,不過他的聲譽也越來越好。

〔三四〕至元:元朝第一代皇帝元世祖忽必烈的年號,取《周易·坤·彖傳》"至哉坤元"之意,從公元1264年至1294年。

〔三五〕儀文:禮儀形式。

〔三六〕多所增餝:有很多增加、修飾。

〔三七〕雍容:文雅大方,從容不迫。

〔三八〕持論:提出主張,講出自己的意見。

〔三九〕不謟不黷:不超越本分,不輕舉妄動。謟,超越本分;黷,輕率,輕舉妄動。

〔四〇〕誨語懇到:言語懇至,懇切。

〔四一〕温然生物:温然,温和。

〔四二〕使人意銷:使先前"可畏"的感覺消失。

〔四三〕厥德:修養道德,品行。

〔四四〕貌皆瑰偉,咸著官稱:長得都很周正,做官名聲都很好。

(張 慧)

永樂十一年故承事郎曲阜知縣孔希範墓表

此碑立於明永樂十一年(1413)夏,現位於孔林西部明墓群南端,環林路西側,東臨五十七代衍聖公孔訥神道碑,環林路東側是五十四代孔思晦、五十五代孔克堅、五十六代孔希學衍聖公墓。孔希範墓表碑頭半圓形,淺浮雕雲紋,雲層間左右各一仙鶴叼銜陳登篆額"故承事郎曲阜知縣孔公墓表",碑身四周邊亦裝飾連理花枝飛鳥。碑石高2.45米(含半圓碑頭0.68米),寬1.17米。厚0.37米,正書,26行,行10—55字。《闕里文獻考》卷七十五有記。碑陰爲《輓詩》,小字漫漶嚴重,無法辨認。

朝議大夫、國子祭酒、兼修國史胡儼〔一〕拜撰。徵仕郎、中書舍人朱暉書。徵仕郎、中書舍人陳登篆額。

故承事郎〔二〕曲阜知縣孔希範者孔子五十六世孫也。歷官十有七年,以目眚〔三〕致仕,踰年而終,享年六十有五。既瘞之五年,其子詢寓書〔四〕奉狀〔五〕來徵墓文。

公字士則,元中奉大夫、襲封衍聖公、國子祭酒、諱克堅之子。嘉議大夫、襲封衍聖公、累贈通奉大夫、河南江北等處行中書省參知政事護軍,追封魯郡公,謚文肅,諱思晦之孫。累贈通議大夫、禮部尚書、上輕車都尉,追封"魯郡侯",諱浣之曾孫。曾祖妣李氏,祖妣張氏,皆追封"魯郡夫人",妣張氏,元濟甯路總管子仁之女,封"魯郡太夫人"。

公天資秀穎,器宇魁岸。自少侍中奉[六]讀書成均[七],精勤博涉,已為人所器重。元季[八]兵亂,侍中奉歸闕里。入國朝[九],王師下中原,有詔即闕里起中奉,公侍行。當是時,朝廷褒崇先聖,于中奉特加恩禮,而公之兄希學仍襲封"衍聖公"。族人復賢公,欲薦知曲阜[一〇],公曰"先聖德澤均被後胤[一一],吾兄弟豈得專其美。"于是讓其從叔父[一二]克,克卒,又讓其從兄[一三]希文,希文免而族人卒薦公,遂拜世襲之命,實洪武二十八年[一四]春二月也。公為政直道而行,于宗族、于鄉人不以私廢公,不以恩掩義,遠邇之間、小大親疎咸懷其惠。

邑嘗有豪强誣細民[一五]代戍邊者,其人上下關節[一六],民被鉗制[一七],受誣不能自直。公歎曰"吾為令,民枉而不理,非職也。"乃具本末,力辨于上官,由是細民得直,而罪其豪强,其它效尤者遂斂迹。

初,五季時,有外孔氏嘗冒聖緒,因亂肆毒,幾絶孔氏。至其子孫亦假托世胄,覬覦[一八]徭役。公曰"是亂吾宗。今不明,後世莫知矣。"乃力斥其非,絶不與通。遂以宗譜重刻石廟庭,本支源委,粲然别白,千百世之下,雖有昧冒〔一九〕不能紊也。

四代祖考〔二〇〕墓隧之碑闕，公皆建立，上以昭先德，下以詒孫謀〔二一〕，其志勤矣哉。凡族有喪不能舉，邑有窮獨死無後者，往往具棺斂以塟之。人有孤子女，貧無以嫁娶者，又給資裝，為之嫁娶。今襲封"衍聖公"，彦縉公之從曾孫也，初在襁褓而孤，公保育調護，俾克成立。歲時祭享，皆主于公，而事無大小，不避愛憎，一切視為已任。由是内外族姻，無不順適。賓禮往來，各得其宜。至于督修廟宫而著其功能，墾復土田而增其歲廩，衛先陵而申樵采之禁，贊公府而杜請謁之私，凡于宗家無不盡心焉。

乃以永樂十年十一月八日，終于正寢。是月丙午，塟祖林之原。孺人畢氏有賢德，克相其家，後公五年卒，其塟也祔于公墓。子男三人，曰訽、曰誠、曰訔。訔早夭，女四人，俱適賢士。孫男九人，公綱、公貞、公鎮、公欽、公温、公恕、公禮、公良、公元。孫女四人皆在室。

嗚呼！公之心純而正，行潔而方。才敏而周，政通而和。孝友忠信，出乎自然。高懷雅量，不見畛域〔二二〕。而又文以詩書，節以禮樂，雍容〔二三〕揖讓于其間，信乎神明之裔卓然〔二四〕不可及矣。而遺愛〔二五〕之在人者，詎可泯耶，謹論次其德善，用表諸墓，以告來者。

永樂十一年夏□月吉日，男：訽、誠，並孫男：公綱、公貞立石。

【注釋】

〔一〕胡儼（1360—1443）：字若思，江西南昌人。通曉天文、地理、律曆、卜算等,尤對天文緯候學有較深造詣。洪武舉人,華亭教諭。成祖時以翰林檢討直文淵閣,遷侍講。永樂朝累拜國子監祭酒。重修《明太祖實録》《永樂大典》《天下圖志》皆充總裁官。洪熙時進太子賓客,工書畫,善詩文,有《頤庵文選》《胡氏雜説》。

〔二〕承事郎:文散官名。宋始置,金正八品下,明陞爲正七品初授之階。

〔三〕目眚:眼病之一,目生翳。

〔四〕寓書:傳遞書信。

〔五〕狀:記述死者事蹟的文章。

〔六〕中奉:指其父孔克堅。

〔七〕成均:古代的大學。

〔八〕元季:元朝末年。

〔九〕國朝:舊時稱本朝爲"國朝"。

〔一〇〕知曲阜:做曲阜知縣。

〔一一〕後胤:即後裔。

〔一二〕從叔父:指的是叔祖父、伯祖父的男兒中比父親年齡小的。

〔一三〕從兄:指的是父親的親兄弟的兒子中比自己年齡大的。

〔一四〕洪武二十八年:公元1395年。

〔一五〕細民:小民,普通百姓。

〔一六〕上下關節:指上下活動打通關節。

〔一七〕鉗制:制止表達(如言語或動作的表達)。

〔一八〕蠲:免除。

〔一九〕昧冒:猶冒昧。

〔二〇〕四代祖考:孔求。

〔二一〕詒孫謀:爲子孫的將來善做安排。

〔二二〕畛域：比喻成見、偏見。

〔二三〕雍容：形容儀態温文大方。

〔二四〕卓然：卓越的樣子。

〔二五〕遺愛：指留於後世而被人追懷的德行、恩惠、貢獻等。

【論説】

孔家傳至四十三代孔仁玉，遭遇“孔末之亂”，僅存孑身。後唐長興年間，唐明宗下令誅殺孔末，孔仁玉主持祀事，任曲阜縣主簿，封“文宣公”。自此子孫繁衍，孔仁玉被尊爲“中興祖”。傳至四十六代，有六支，即聖佑、宗願、舜吉、宗翰、宗壽、宗瑴；聖佑絶嗣，還有五家，作“五位”。傳至第五十三代，除遷出曲阜世系另序外，長支孔宜以下有六家，即孔浣、孔沂、孔潾、孔治、孔澄、孔濟；四支孔勖以下有十四家，即孔淙、孔溋、孔演、孔淑、孔泗、孔濱、孔滋、孔浩、孔淋、孔滃、孔洵、孔汭、孔泾、孔灛。稱爲“二十派”。至孔氏五十三代“水”字輩、五十四代“思”字輩、五十五代“克”字輩、五十六代“希”字輩到五十七代“言”字輩，家族已繁衍爲六十家。稱爲“六十户”。

孔希範生子三人：孔詢、孔誠、孔誾，分别成爲第三户孟村户、第四户道溝户和第五户滕陽户第一代户主。孔希範以其德行功業，被後世子孫景仰懷念，建廟祭祀。二十世紀六十年代末，曲阜時莊街道前時村孔氏家廟裏還有孔希範的塑像，村里的孔姓都稱他爲“希範老祖”，廟里有家譜碑和蓋著大明皇帝御印的敕命碑等，廟前神道一直延伸到村南的小石橋，神道兩旁柏樹成蔭，粗可合抱，後來被拆除在廟基上蓋生産隊的牛欄屋養牛。聽老人講“希範老祖”還挺靈驗，有事到孔氏家廟裏燒香揖拜，有求必應，有時對小孩子還很嚴厲。有一次，一個小孩見廟里來了位塑像的師傅，對塑像脱落的腿部泥塊進行修補，用了很長時間也没有黏好，小孩子便譏说:“這師傅手藝還不如我呢,讓我摔個泥瓦屋就糊上了。”到了晚上,小孩子回到家裏叫唤腿痛,大人問“白天説怪話了没有?”小孩子一五一十地對大人講了白天發生的事。于是小孩被大人領著到孔家家廟里燒個香、磕個頭腿果然就不痛了。

1995 年春,四修《滕陽户支譜》竣工完成,在孔希範墓表碑北面五步處的孔希範墓前,以滕陽全户名義重立了一塊《至聖五十六代孫奉事郎曲阜世職知縣孔公墓》。落款爲孝男詢、誠、誾立石,裔孫慶班敬立。碑高 2.2 米,寬 0.8 米,厚 0.25 米。雖然碑式簡陋粗糙,字體略顯稚嫩,甚至還有些錯别字,但從這塊重立的碑中让我們知道,六百年後的今天依然有人在懷念“希範老祖”。

(孔　玥)

宣德元年孔公鑑誥命碑

此碑立於宣德元年(1426)，現位於孔林，碑頭高0.97米，總長3.09米，寬1.12米，厚0.34米。碑頭爲篆體“奉天誥命”四字，四周刻雲紋及雙龍逐日紋。正文楷體，兩宣德元年處並有篆文“制誥之寶”的印章。

奉天承運，皇帝制曰：孔子明堯舜禹湯文武之道，三綱五常之理，示法萬世，我國家遵用以安天下，故推恩其子孫者，所以隆崇報之禮焉，故襲封衍聖公孔鑑〔一〕乃宣聖五十八代孫，早紹封爵而弗永年，然克謹禮度，不忝先世，兹特恩推，追錫誥命，以著嘉念不忘之意，九原〔二〕有知，庶其歆服。

宣德元年二月十二日。

奉天承運，皇帝制曰：朕惟人子之賢雖本於父，而資於母德亦深矣，故國家之於群臣，皆有推恩之典焉，尔胡氏乃故襲封衍聖公孔鑑之配，而今彦縉之母，婦道〔三〕母則〔四〕,不忝于聖人之後,兹特封尔為太夫人,益茂訓慈,以裕尔嗣,欽哉。

宣德元年二月十二日。

【注釋】

〔一〕孔鑑:指孔公鑒,字昭文,《孔公鑒墓表》曰:"襲封之又明年,以疾終,庚辰四月五日也,年裁二十有三。"可推知孔公鑒生於洪武十一年(1378),卒於建文二年(1400),年二十三歲。《孔子世家譜》也記載"襲封,明年薨,年二十有三"。然《孔氏大宗譜》記載曰:"建文二年襲衍聖公,洪武十三年十一月十二日生,建文四年四月初五日卒,年二十三。"將卒年歸於襲封之年,實誤。

〔二〕九原:九泉,黄泉。

〔三〕婦道:爲婦之道。

〔四〕母則:爲母之準則。

(崔偉芳)

宣德九年重建金絲堂記碑

此碑立於明宣宗宣德十年(1435)八月,現位於孔廟後部西院故宅井西亭内西側。碑高1.97米(含日、雲紋及篆書“重建金絲堂碑記”7字碑頭0.43米),寬0.76米,厚0.19米,雲邊。孔公統立。裴侃書,正書。17行,行16字,中斷爲二,已修復。《曲阜縣志》卷五十二《金石》有原文及釋。

闕里有堂名金絲者,舊相傳也。按《孔氏祖庭廣記》載《圖經誌》,剏於大金世重脩闕庭,始有其制略〔一〕,無明文〔二〕可考。堂在齋廳之北,家廟之南,廟廷之东。歷世更變,岁久傾圮,僅存遺址。

宣德甲寅〔三〕冬,工部亞卿〔四〕、江右吉水〔五〕文江〔六〕周公忱〔七〕,以公務道经東魯,躬謁林廟,每事懇懇〔八〕,致向〔九〕禮也。因斯堂之未立,歉然爲缺典,遂召匹〔一〇〕計之,捐己俸資。貨材於江南,得大木而喜。使人相地〔一一〕廣袤,是斷是度,是尋是尺,脩之治之。水運以舟,陆輓以車。時議克〔一二〕合力相成之者,蘇州知府況侯鍾,通判邵侯謀也。

材木既具,越明年季夏壬寅,自至聖五十九代孫、襲封衍聖公孔彦縉召役事,興工經營,圖□安排布置,舉以法落成。是年秋八月庚子朔也。堂高二寻〔一三〕有二尺,由是制度宏雅,廉隅〔一四〕峻整〔一五〕,輪奂〔一六〕一新,卓越〔一七〕舊觀。僉議復於欞星門外西南隅,構屋三間計十有二楹,為祗謁更衣所,名曰“更衣亭”。其用心可謂勤矣。

嗟乎!遵軌而修世事,謂之址美。修事而有成,謂之合功,古之道也。今能址美矣,合功矣,是宜誌之。

愚嘗閲載籍,當景帝〔一八〕時,魯共王〔一九〕好治宫室,毁孔子舊宅而欲廣之,昇堂聞金石絲竹之聲,遂不敢壞。意今之家廟即其舊宅歟?斯堂即共王聞金石絲竹之所歟?舉金絲而言,則八音在其中可知矣。且天地假風霆以彰厥威,聖人託音樂以著其靈。大地變態無常,而四時成其序,聖人神明不測,而萬世蒙其教,天地風雨露霜之類無非教也。聖人禮樂刑政之屬得非教乎?矧樂者又所以移風易俗,比物飾節,崇和順而親附於民,所以蕩滌邪穢,消融渣滓〔二〇〕,莫善於是。故聖人雖没,而有不没之神存焉。何也,道德也,禮樂也。與天地相為始終,為萬世生民之所仰賴焉。名堂之義,意有在也。後之登斯堂者,不金石而金石,不絲竹而絲竹。想聖人之靈而景仰於千萬載之下,斯堂亦與有助焉。

時宣德十年岁在乙卯秋八月上浣〔二一〕日。孔顔孟三氏子孫教授司教授清江裴侃記并書。宣聖五十八代孫、曲阜縣世職知縣孔公鐣立石。梓人趙恭,鐫字匠馮禮、馮榮。

【注釋】

〔一〕制略:猶規模。

〔二〕明文:明確的文字記載。

〔三〕宣德甲寅:宣德九年(1434)。

〔四〕亞卿:少卿的别稱。

〔五〕江右吉水:今江西省吉水縣。

〔六〕文江:或爲其字號。

〔七〕周公忱:周忱。

〔八〕懇懇:誠摯殷切的樣子。

〔九〕向:或爲"問"。

〔一〇〕匹:或爲"匠"。

〔一一〕相地:勘測計量。

〔一二〕克:能。

〔一三〕二尋:古代的長度單位(一尋等於八尺)。

〔一四〕廉隅:棱角。

〔一五〕峻整:高峻整飭。

〔一六〕輪奂:形容屋宇高大。

〔一七〕卓越:超出。

〔一八〕景帝:西漢皇帝劉啓。

〔一九〕魯共王:漢景帝劉啓兒子。

〔二〇〕渣滓:指不好的思想品質。

〔二一〕上浣:上旬。

(孔　玥)

正統元年處士孔思楷墓碑

此碑立於正統元年(1436),現位於孔林。碑頭有鳳、鶴、雲浮雕,中篆書"闕里孔處士墓碣之銘"。碑身高 2.5 米(含碑頭 0.91 米),寬 1.23 米,厚 0.43 米。碑文楷書。

闕里孔處士墓碣銘

中奉大夫〔一〕、湖廣左布政使〔二〕、前翰林庶吉士〔三〕廬陵蕭寬撰。

承德郎〔四〕、户部主事〔五〕、前中書舍人〔六〕金何友書。

翰林院編脩、文林郎〔七〕、同脩國史寧陽許彬篆。

闕里孔處士既没〔八〕之三年,其子克曄等奉孔顔孟三氏子孫教授司學録王墉所述行實〔九〕詣〔一〇〕予,泣拜請銘。予以其先聖之系,遂弗辞。按状〔一一〕,處士諱思楷,字文道,興化路經歷元敬之曾孫,深澤縣教諭之僅之孫,翰林院檢閲涇之子。由處士而上距孔子凡五十四世,處士自少穎敏,嗜讀書,孝友出其性。檢閲君篤愛之,既長,德度坦豁不較，使人可畏而親。由是賢士大夫多樂與之游〔一二〕，處宗族和而有倫，御僮僕嚴而有恩，人有過，直言規勸不少諱，有為不義者不羞犯有司刑，而畏處士。知性好客，客至輒命酒為歡，暇則召子孫鼓琴或杖屨〔一三〕田里以自適。有仕族子吕博者流寓太原，以親故挈家〔一四〕走曲阜，託處士以存〔一五〕，乃以田宅處之，遂家焉〔一六〕。後博死，處士閔其女孤，撫而嫁之，其樂善好義類如此。昆季〔一七〕四人，長延道，次即處士，次壽道，桓道。延道先處士卒，處士悲感不已，竭力為營葬事，撫其遺孤如己出。執親丧哀甚，而禮不愆〔一八〕。宗黨賢之，襲封衍聖公彦縉〔一九〕以處士德之服衆推為族長，處士厳禮法以率下，内外尊卑秩然，用處士命也。居常勉其族之子弟力學制行，毋墜先業，衆服膺唯謹。永樂中，敕脩孔子廟告成，處士謀諸彦縉曰：聖廟嘉惠先世，吾族有光，盍請勒碑于廟以彰盛美，白執政，奏允之，多處士力也。

處士生洪武壬子六月二十七日。卒宣德癸丑正月十六日，得年六十有二。卒之日，鄉族咸哭致慟，遠近吊祭者不絶。魯王聞之，遣官賜祭，以其年三月七日葬先塋之側，配張氏有淑德，内助居多。子男三人，克曄，克安，克旻。克旻以學行薦為三氏子孫學録，餘讀書飭行〔二〇〕，能世其家。女二，長適劉瑜，一未行。孫男三，希玨，希璥，希璜。女孫三人。嗚呼！處士之賢可書也已。太史公曰："士之砥志礪行，苟不附青雲之士，烏能傳于後世？"予言不攵〔二一〕，何敢望其傳哉。特以處士之德之行在人耳目，有不可掩者。若此而可使□無傳乎？□乃為之銘曰：

猗[二二]欤處士,善積在躬。寬仁直義,維德之風。則而傚之,遠迩率徒。壽考而康,以令厥終。

祖林欝欝[二三],魯域之東。卜宅于幽,永固其封。委祉垂休,百世其同。勒銘墓道,用昭無窮。

大明正統元年歲丙辰冬十月上旬吉日,孔顔孟三氏子孫學録男克晏、克旻、孫希玨同立石。

【注釋】

〔一〕中奉大夫:文散官名,明代爲從二品。

〔二〕左布政史:明洪武九年(1376)撤銷行中書省,陸續分爲十三個承宣布政史司。明朝承宣布政使的轄區是國家以及行政區,全國府、州、縣分屬之,每司設左、右布政使各一人,爲一級行政區的最高行政長官。

〔三〕翰林庶吉士:明太祖洪武初年(1368)選進士於六部諸司及翰林院之下觀政,翰林院之下者稱庶吉士,六部之下稱觀政進士。庶吉士由進士中才華出衆者擔任,先在翰林院學習,然後再擔任官職。

〔四〕承德郎:文散官名。明朝正六品初授承直郎,陞授承德郎。

〔五〕户部主事:明朝户部下設浙江、江西、湖廣、陜西、廣東、山東、福建、河南、山西、四川、廣西、貴州、雲南十三清吏司。各司設郎中一到三人,正五品;員外郎一人,從五品;主事二到七人,正六品。

〔六〕中書舍人:明朝内閣中書科設中書舍人,掌書寫誥敕、制誥、銀册、鐵券等,爲從七品。

〔七〕文林郎:文散官名,正七品。

〔八〕没:殁,逝世。

〔九〕行實:言行記録。

〔一〇〕詣:到,特指到尊長那裏去。

〔一一〕按狀:即按照王墉所記録的行實。

〔一二〕游:交往,來往。"游"之俗字。

〔一三〕屨:古代用麻葛制成的一種鞋,這裏是步行之意。

〔一四〕挈家:攜帶家眷。

〔一五〕託處士以存:拜託處士以存身。託,拜託;存,存身。

〔一六〕遂家焉:於是在曲阜安家。

〔一七〕昆季:兄弟,長爲昆,幼爲季。

〔一八〕愆:錯誤,過失。

〔一九〕彦縉:孔彦縉,孔子第五十八世孫,襲封衍聖公,著有《書史會要》。

〔二〇〕飭行:使行爲嚴謹合禮。

〔二一〕予言不文:我的這些話沒有文采。

〔二二〕猗:美好盛大的意思。

〔二三〕彧:古同"郁"。盛、充盈的意思。

(張　慧)

正統二年孔希尹墓表

此碑立於明英宗正統二年(1437),現位於孔林。碑頭爲篆文"大明"二字,四周刻雲紋及雙鳳朝日紋,正文楷體。

故孝友處士孔公墓碣銘

宣聖五十九代孫襲封衍聖公、姪孫孔彦縉書丹。

孔顔孟三氏子孫教授司教授清江裴侃撰文。

孔顔孟三氏子孫教授司致仕學録東魯王墉篆額。

大明正統二年歲丁巳秋,孔君訨,字任伯,執前三氏教授、廣平張敏先生狀其先君行實,告余曰:訨先人遺業有年,其素行,先師張公知之甚悉,然未有銘刻,墓道是泯,吾先德慊孰甚焉,幸先生典兹教,是天不絶先德,以行訨之,素願幸文諸石,無辭。余重其請,按狀,公諱希尹,字士先,宣聖五十六代孫也。元通奉大夫、禮部尚書、輕車都尉、追封魯郡侯,諱浣,公之曾祖也。嘉議大夫,襲封衍聖公,累贈通奉大夫,河南北等處、行中書省桼知政事、護軍，追封魯郡公，謚文肅，諱思晦，公之王父〔一〕也。其顯考諱克堅，襲封衍聖公，同知太常禮儀院事、中臺治書、山東廉使、集賢學士、中書禮部尚書，西臺侍御史、國子祭酒。公昆季九人，行居八，天性聰敏，踈快〔二〕倜儻、丰儀偉度，好賔客，喜談論，與人謀事必盡心竭力為之，見人不平必直言正色拒之，是非辨析，不爽〔三〕毫髪。其善者，雖素讎必嘉；不善者，雖至親必不諱，人服其公平。鄉族稱之，九〔四〕有争競，人相趋以質其平，否則必相戒曰：時〔五〕。予之辜母令八翁知□，其見信於人者，率多類此。若夫孝親弟長，慈衆睦族之道，與夫勤學好問，禮賢丁士，乃公平居常事耳，故號曰孝友公。甞語廣平先生曰：吾平生不喜阿諛，毋見世之人，為誄文者，往往謬妄相高，隆虚名而病實德，倘吾不禄，煩以實書。先生不負公之志，狀其行實，如此可謂幽冥良友矣。永樂二十年〔六〕九月二十三日，嬰風疾，三日卒，是年十二月二十三日葬祖林先兄士和墓次，享年六十有二。配潘氏，前三氏學録潘士中之女，叔慎柔嘉，婦道母儀，足為閨範。子男三人，長曰譞，次託、詔，俱讀書，涉大義，頗有父風，詔於正統丁巳春，以疾卒。女四人，長適寧陽縣庠生張祐，次適沂州訓導房範，次適兵部主事楊復，次適淝城縣丞葛真男霳，皆名門子也。孫男九人，曰公智、公昭、公昇、公昂、公儒、公春、公宏、公魁、公高，孫女七人，曾孫男二人，曾孫女四人。嗚呼，公之處世不枉道以徇人，惟剛正以持己，是非不有其志，善惡不辟於私。心無愧怍，廣大寛平，所謂三代之所以直道而行者，公之謂與，其為神明裔而砥行立志，不混流俗，克紹家聲，以善其後，固不可掩也，宜銘之銘曰：

天生聖人，道高德厚，垂憲立教，克昌厥後，篤生我公，直道而行，不阿不諛，如矢如繩，丰姿偉度，倜儻踈快，心無愧怍，寬平正大，談論悫欵〔七〕，孝友純誠，争訟不决，來質其成，以是以非，精察詳審，善善惡惡，分毫弗隱，鄉稱正直，人服公平，禮賢下士，務聲其情，有尉祖林，迺丨幽宅，永播休聲，用刻貞石。

正統二年，歲在丁巳，十月十一日，男譞、託立石，馮禮鐫石。

【注釋】

〔一〕王父：祖父。

〔二〕踈快：明快爽朗。踈，通"疏"。

〔三〕不爽：不差，没有差错。

〔四〕九：通凡。

〔五〕時：伺也，等待。

〔六〕永樂二十年：公元 1422 年。

〔七〕欵：同"款"，誠懇。

（崔偉芳）

景泰五年孔希武墓表

此碑立於景泰五年(1454),現位於孔林,高358釐米,寬130.5釐米,厚36釐米。碑頭爲篆書"敕贈文林郎曲阜縣知縣孔君墓表",四周刻雲紋及雙鳳逐日紋,正文楷體,四周刻雲邊。

勑贈文林郎曲阜知縣孔君墓表

資政大夫、太子少師兼户部侍郎、翰林學士、知制誥兼脩國史、知經筵事、泰和蕭鎡〔一〕譔文。

奉政大夫、吏部郎中直〔二〕文淵閣兼經筵官、錢唐黄采書丹〔三〕。

徵仕郎、中書舍人直文華殿、永嘉任道遜〔四〕篆。

君諱希武〔五〕,字士繩,姓孔氏,宣聖五十六世孫也。永樂辛丑〔六〕五月廿五日以疾卒于家,春秋五十有七,既葬于祖林之西北原矣。越二十年,是為景泰改元之歲,乃以其子諤恩贈文林郎、曲阜世職知縣。明年春,諤述職京師,因介〔七〕其族人翰林撿討鐸奉君狀謁予,請曰:先人之没,宜得顯者表墓，久矣而遲佪至今者，非敢後也，顧念不肖孤叨承教誨，弗克沾一命〔八〕為親榮，不孝是以僶俛〔九〕祗懼〔一〇〕不敢自遑，無以慰且私心，今幸明天子特垂收録，又撰其所自，錫之寵□，而先人得家賴焉，捦是不有以表揚之不孝莫大，願竊有請也。嗟夫，諛之言如此，尚奚庸辭。按，君之曾祖諱澄，元翰林待制，曾祖妣〔一一〕劉氏，封夫人；祖思履，登仕郎、穰縣主簿，祖妣畢氏；父克伸，國朝曲阜世襲知縣，妣李氏，封孺人。君兄弟三人，捦次為苐二，為人秀穎，端重可愛，弱冠侍其父官舍，共效子職，恂恂然儉約自持，未嘗以門地驕人，父母没，喪祭盡其禮，與其兄士膺、弟士端，友愛篤至，平居賓客之會，尊酒笑談，昆弟之情驩〔一二〕如也。待女兄弟，恩意尤隆，暇日課〔一三〕童奴治農，率以植生業，歲計有餘，輒推以周貧乏，不能償者折其券。族姻鄉鄰多德之，君自少知篤學，愽聞强記，經傳子史、百家之言，靡不通析。然恬捦勢利，囂然自適泉石間，鄉人知其賢，争遣子弟從之游，君為教嚴而有方，各隨其材誘進之，凡經君指畫口授者，咸底造就，故君雖以布衣終其身，而人稱其為鄉先生者，無間言云。配胡氏，兖州府學訓道復禮之女，有賢行，封太孺人；子一人，諛也，辭業通敏，克承其家，正統乙丑，曲阜世職知縣員缺，襲封衍聖公彦縉偕族人薦授前職；女四人，皆適士族；孫男一人，公郁；孫女五人；曾孫男二人，彦禄、彦禟〔一四〕；曾孫女二人。君平生力為善，或者往往謂君之才不得一官自效，為可惜者，然君孝友著于家，問學淑諸其徒，惠澤被于州閭，鄰里聲聞，傳于人人，得非所謂是亦為政者與？

璽書賁臨〔一五〕，榮及丘壠，為善之報，至是而□，若譔拳拳，欲表其親，亦可謂克孝也已，因書之，俾刻于墓原。

景泰五年歲次甲戌二月吉日，文林郎曲阜縣世職知縣男譔立石。

【注釋】

〔一〕蕭鎡：字孟勤，江西泰和人，庶吉士，授編修，景泰二年（1451）入文淵閣。《明史》有傳。

〔二〕直：代理（官職）。

〔三〕書丹：古時刻碑，先用朱筆在石上寫所要刻的文字。後泛指書寫碑志。

〔四〕任道遜：字克誠，浙江永嘉人，工書畫，以書法供職宫廷。

〔五〕希武：《孔子世家譜》記載爲孔氏分支文獻户之支祖。

〔六〕永樂辛丑：永樂十九年（1421）。

〔七〕介：依靠，憑藉。

〔八〕沾命：亦作霑命，指受命。

〔九〕僶俛：亦作僶勉，努力、勤奮。

〔一〇〕祇懼：敬懼，小心謹慎。

〔一一〕妣：母親的統稱；祖母和祖母輩以上的女性也可稱妣。

〔一二〕驩：通"歡"，歡樂。

〔一三〕課：督促。

〔一四〕彦禟：《孔子世家譜》作彦禨。

〔一五〕賁臨：語本《詩經·小雅·白駒》："賁然來思。"朱熹《詩經集傳》："賁然，光才之貌也。"謂來者有所盛飾。后用"賁臨"表示光臨。

（崔偉芳）

景泰六年追贈孔承慶暨夫人聖旨碑

此碑立於景泰六年(1455),現位於孔林。碑頭盤踞一浮雕巨龍,篆書有“奉天誥命”。碑頭高1.11米,碑身高2.44米,寬1.16米,厚0.39米。碑文楷書。

奉天承運,皇帝制曰:朕惟積善〔一〕在躬,餘慶必垂扵後。顯榮扵國,寵命〔二〕必及其先,況為先聖之後人,其禮尤宜扵加等。爾孔承慶乃襲封衍聖公孔弘緒〔三〕之父,潛德〔四〕弗耀,為時善人,胡不永年,幸生賢嗣,子既襲扵封爵,爾亦宜有褒榮,是用追贈爾為衍聖公。嗚呼,生有善譽,没有榮名,尚克歆承,永光胤祚。

景泰六年十二月二十五日。

奉天承運,皇帝制曰:夫親之愛其子,與子之孝其親者,莫不欲貴之,斯皆本扵天性,是以君體其臣,必因所欲而推恩焉。爾王氏乃襲封衍聖公孔弘緒之母,淑善能教,以成厥子。今既榮爵,宜錫厚恩。兹特封爾為衍聖公夫人。服此休嘉〔五〕,永光閨闈〔六〕。

景泰六年十二月二十五日。

【注釋】

〔一〕積善:做好事,積累善行。

〔二〕寵命:加恩特賜的任命,舊時對上司任命的敬辭。

〔三〕孔弘緒(1448—1503):字以敬,號南溪。祖父孔彦縉在代宗景泰六年(1455)去世後,八歲的孔弘緒襲封六十一代衍聖公。孔弘緒少年得厚遇,又恃岳父是大學士李賢,所爲多"過舉",濫殺無辜,憲宗成化五年(1469)被廢爲庶人,孝宗弘治十一年(1498),地方官員稱其"遷善改行",又復冠帶。去世后,其子孔聞韶承襲六十二代衍聖公。

〔四〕潛德:不爲人知的美德。

〔五〕休嘉:美好嘉祥。《漢書·禮樂志》:"佻正嘉吉弘以昌,休嘉砰隱溢四方。"顔師古注:"休,美也;嘉,慶也。"

〔六〕閨闈:古代指婦女居住的地方。

（張　慧）

成化七年封贈孔公恂夫婦聖旨碑

此碑立於成化七年(1471),現位於孔林。碑頭浮雕二龍,篆書"奉天誥命"。碑高 3.29 米(含碑頭 1.05 米),寬 1.19 米,厚 0.4米。碑文楷書。

奉天承運,皇帝制曰:朝廷推恩扵臣而必及其配者,所以厚風化之原,重人倫之始也。豈以存歿而有間〔一〕哉?南京詹事府少詹事〔二〕孔公恂妻贈孺人〔三〕。樊氏克謹婦道以相其夫,夫既顯榮,爾乃早歿,嘗因夫貴已受贈矣。夫今進秩〔四〕特加贈爾為恭人〔五〕,承此懋〔六〕恩,永賁泉壤〔七〕。

成化七年五月二十六日。

奉天承運,皇帝制曰:國家設詹事府以輔道春宮〔八〕,其長貳者皆以儒臣處之,必得學行端謹之士乃克稱焉。爾南京詹事府少詹事孔公恂,發身科第,給事〔九〕殿庭院,陞職於春宫，復平刑〔一〇〕於大理〔一一〕，賔詹〔一二〕再溢，諭德由兼〔一三〕，出握郡章〔一四〕，進遷兹任〔一五〕，歟歷〔一六〕史久，嘉績良多，宜有褒恩，用昭國典，兹特進爾階中憲大夫〔一七〕，錫之誥命〔一八〕，以為爾榮〔一九〕，爾其益端乃心〔二〇〕，益勵乃行〔二一〕，以副〔二二〕朕委任之意，欽哉。

成化七年五月二十六日。

奉天承運，皇帝制曰：君推恩於臣而婦從榮於夫者，重大倫，遵舊典也。南京詹事府少詹事孔公恂繼室余氏，克勤内助，嘗受褒封，夫既進官，爾宜偕顯。兹特加封為恭人，祗服〔二三〕榮恩，益敦儆戒。

成化七年五月二十六日。

【注釋】

〔一〕有間：有所不同。

〔二〕少詹事：少詹事爲詹事之副貳。

〔三〕孺人：明清時爲七品官母親或妻子的封號。

〔四〕進秩：進陞官職，增加俸禄。

〔五〕恭人：明清四品官員母親或妻子的封號。

〔六〕懋：古同"茂"，盛大。

〔七〕泉壤：泉下，地下，指墓穴。

〔八〕春宫：古代太子居住的宫室。

〔九〕給事：供職。

〔一〇〕平刑：公平地處理案件，斷案。

〔一一〕大理：大理寺，掌管刑獄案件審理，明朝爲正三品。

〔一二〕賔詹：東宫屬官太子賓客和太子詹事的並稱。

〔一三〕諭德由兼：諭德，官名，掌管對皇太子的教諭道德。兼，兼任。由墓主兼任諭德。

〔一四〕出握郡章：出則掌管郡印做太守。郡章，郡太守的印璽，借指郡太守。出，指出京城。

〔一五〕進遷兹任：進則陞遷到這個職位。

〔一六〕歘歷：仕宦的經歷。

〔一七〕中憲大夫：文官名，明朝爲正四品。

〔一八〕誥命：皇帝封贈官員的專用文書。明朝封贈一品至五品官員授以誥命。

〔一九〕以爲爾榮：以作爲你的榮耀。

〔二〇〕益端乃心：你要愈加端正内心。

〔二一〕益勵乃行：你要更加砥礪言行。

〔二二〕副：符合，配得上。

〔二三〕祗服：敬謹奉行。

（張　慧）

成化十年褒崇先聖禮樂記碑

此碑现位於孔廟奎文閣東掖門北之東側,南石,面西。该碑立於明憲宗成化十二年(1476)。碑高1.64米,其中碑头高0.5米,寬0.88米,厚0.29米。碑頭鳳紋,花邊。王獻書,正書。共27行,行66字,共965字。骆承烈《石头上的儒家文献——曲阜碑文録》、孟繼新《孔府孔廟碑文楹聯集萃》(上册)著録該碑。

駱承烈《石頭上的儒家文獻——曲阜碑文録》漏掉"之""慱"2字,漏掉"臣"字兩次,漏掉"師其教而圖"5字,漏掉"樂舞之增,器數之加,未告弗敢先,既告弗敢後,肅乎帝心之對越也""成化十三年歲次丁酉閏二月丁巳"兩句,"六佾"誤作"之佾","春祀"誤作"春秋祀","香幣"誤作"香印","祼"誤作"裸","澄霽"誤作"瞪霽","歆"誤作"韶","趍"作"趨","永世"誤作"永久","張珩"誤作"張埒","杜鉉"誤作"杜鉛","歷代"誤作"而代","膺"誤作"朕","識"誤作"議","則"誤作"故","極"誤作"報","聿"誤作"事","俾"誤作"仰","後"誤作"君"。

孟繼新《孔府孔廟碑文楹聯集萃》(上册)漏掉"之""慱"2字,漏掉"臣"字兩次,漏掉"師其教而圖"5字,漏掉"樂舞之增,器數之加,未告弗敢先,既告弗敢後,肅乎帝心之對越也”“成化十三年歲次丁酉閏二月丁巳”兩句,“六佾”誤作“之佾”,“春祀”誤作“春秋祀”,“香幣”誤作“香印”、“祼”誤作“裸”、“澄霽”誤作“璒霽”、“纖雲”誤作“織雲”、“歆”誤作“韶”、“趍”作“趨”、“永世”誤作“永久”、“張珩”誤作“張圻”、“杜鉉”誤作“杜鈆”、“歷代”誤作“而代”、“得”誤作“行”、“有”誤作“活节”、“膚”誤作“朕”、“識”誤作“議”,“則”誤作“故”、“極”誤作“報”、“聿”誤作“事”、“俾”誤作“仰”、“後”誤作“君”。

褒崇先聖禮樂記

皇帝嗣登大寶之十有二年冬,詔天下孔子廟祀加六佾為八,籩豆十二,爰用遣官恭行昭告於是,太子少保〔一〕兼吏部尚書兼文淵閣大學士臣商輅,以春祀前一日詣文廟行釋菜禮〔二〕,告翰林院學士臣王獻乘傳詣闕里行釋奠禮,告使命必簡文學之臣,重其事也。祀禮雖有隆殺之殊,一乎誠也。祝辭出自聖製,香幣頒之内帑,儼乎天顔之俯臨也。樂舞之增,器數之加,未告弗敢先,既告弗敢後,肅乎帝心之對越也。祼將之夕,星月澄霽,纖雲不興,昭乎神明之歆格也。禮既告成,襲封衍聖公臣弘泰率諸族人少長趍列稽首,言曰:聖天子褒崇先聖禮樂等之祀天饗地,誠曠古之罕聞,斯文之大慶,豈得臣一家之私榮而已哉。宜有記述以垂永世,時山東按察司副使臣陳相、臣張珩、僉事臣畢瑜、布政司參議臣杜鉉、都司都指揮僉事臣金榮聞命駿奔,恪共祀事,亦猥申前請不可辭,臣獻竊惟吾夫子之道,如天之高,無不覆幬。如地之厚,無不持載。如日月之代明,如四時之錯行。其法具於父子、君臣、夫婦、長幼、朋友,其功著於《易》《書》《詩》《禮》《樂》《春秋》。所以立生民之極,開太平之運。歷代人主賴之,咸致尊崇。然未有禮明樂備如今日者也。嗚呼,盛哉!或曰堯舜禹湯文武皆聖人也,祀饗之禮,不得視郊社。孔子有德無位,寵用斯禮,得無過乎?且成王以周公有大勳勞,特用天子禮樂。君子譏之。以孔子之聖,豈復有加於周公者哉。嗟夫!此我國家甚盛之舉,固非膚於聞見者所能測識之也。當周之衰,王政陵夷,彝倫攸斁。使天下不生孔子,則天下貿貿焉莫知所適,孰知所以為堯舜禹湯文武之道者耶。夫惟不知故不行,不行則不流於夷狄禽獸不止,所以維持斯道永久而弗墜者,果孰之力歟,周公之功,人臣之分也。孔子之聖,萬世帝王之師也,師其教而圖其所以為報,雖極天下之尊禮之至也。傳曰:夫子之道,不啻天地也。又曰,其功反有賢於堯舜禹者,豈不信哉。仰惟皇上德位隆大,克當制作禮樂之任,自祖宗列聖以人文化成天下,於茲百年,又當聿興禮樂之時,而講正修明,自孔子始可謂知所本矣,臣獻竊禄於朝,於禮樂大端,漫不之省,誤膺渙命,夙夜祇惕,思所以副皇上尊師重道之盛心,尚當慱稽古典入對黼座。俾明廷大制作,前無所遺,後無所議,以昭一代文明之治,顧不偉歟。嗚呼,臣愚何足以知之。謹記。

成化十三年歲次丁酉閏二月丁巳。

賜進士第翰林院學士奉政大夫兼修國史經筵講官錢塘王獻書。

【注釋】

〔一〕太子少保:中國古代的官職,主要是負責教導太子的官員,此官制在漢代始置。

〔二〕釋菜禮:古人拜師,以“釋菜、舍菜”爲禮,表明有忠信之行。秦以後遂成制度。唐代已發展爲成熟的太學開學典禮儀式,即設“酒、芹、棗、栗”等蔬果菜羹祭獻孔子及顔淵等賢哲。《禮記·月令》“(仲春之月)上丁,命樂正習舞,釋菜”,鄭玄注“將舞,必釋菜于先師以禮之”;又鄭玄注《禮記》“釋奠”曰“釋菜,奠幣,禮先師也”。

(孔祥安)

成化十七年封孔希敬暨夫人聖旨碑

此碑立於成化十七年(1481)，現位於孔林。碑頭浮雕有二龍，二龍相對，中間書“奉天敕命”，篆書。碑身刻有龍紋，碑文楷書。

奉天承運，皇帝敕曰：國家推恩臣下，必及其親者，所以重本而勸孝也，而何間於存没哉？爾孔希敬乃山東兖州府曲阜縣知縣燮之父，忠信孝友，延譽〔一〕厥宗，訓子才賢，克舉其職。子今膺于褒典，而爾云没有年〔二〕，特推所自，贈爾為文林郎山東兖州府曲阜縣知縣，尚克承之，永賁泉壤〔三〕。

敕曰：母以訓子為慈，以顯親〔四〕為孝肆，朝廷推恩臣下必體其心，而有褒榮之典焉。爾鮑氏乃山東兖州府曲阜縣知縣孔燮之母，慈惠善柔，克敦母道，有子能官，由爾善訓所致。兹特封爾為太孺人，服此隆恩，益綿壽祉。

成化十七年十二月初九日。

【注釋】

〔一〕延譽:播揚聲譽,傳揚好名聲。

〔二〕有年:多年。

〔三〕泉壤:泉下,地下。

〔四〕顯親:使雙親榮顯。

(張　慧)

成化二十年河南按察司僉事孔諤墓表

此碑立於成化二十年(1484),現位於孔林。碑頭有字兩列,從右至左分别爲"故奉議大夫河南按""察司僉事孔公墓表",篆書。碑頭刻有麒麟、鳳凰、雲紋,碑身刻花草紋。碑高 2.1 米(含碑頭 0.88 米),寬 1.04 米,厚 0.34 米。碑文楷書。

明故奉議大夫〔一〕、河南按察同僉事〔二〕孔公墓表

通議大夫〔三〕、刑部右侍郎〔四〕、前副都御史〔五〕魏紳撰文。

通議大夫、都察院右副都御史、門生王珣篆額。

孔顔孟三氏子孫教授司學録姪男公璜書丹。

公諱諤,字貞伯,宣聖五十七代孫,曾祖思晦〔六〕,襲封衍聖公,贈魯郡公、河南江北行中書省叅知政事〔七〕。祖克堅〔八〕,襲封衍聖公、國子祭酒〔九〕、儀曹尚書。父希麟,字士祥,别號和節處士、贈文林郎、監察御史,前母〔一〇〕李氏,母張氏,繼母高氏,俱贈太孺人〔一一〕。配王

氏,封宜人〔一二〕,繼娶翟氏、郭氏、王氏、穆氏,子六人,女一人,孫男十三人,孫女十五人,曾孫男二十八人,曾孫女十六人,生而穎敏,丰儀偉秀,宗族長者見之,皆稱其不凡,及長,入三氏學,治葩經〔一三〕,日記千餘言。後入兖州郡庠〔一四〕,攻舉子業〔一五〕,造詣日深,恒以魁解〔一六〕自負。永樂六年以儒士舉山東鄉進士第十三,公意不滿,明年春,會試南京禮闈〔一七〕,擢乙榜第一,時太宗文皇帝〔一八〕行在〔一九〕北京,仁宗昭皇帝〔二〇〕以太子監國事,聞謂近臣曰:"我朝孔門子孫,未有出仕者。今有此一人,何不取進士?"對曰:"考試至公,雖□子不容私。"吏部除教官。公年二十有五,仁宗召見曰:"孔諤年少俊偉,務著中進士。"命冠帶〔二一〕,送國子監肄業,未幾,會左春坊〔二二〕中允缺員,仁宗顧謂東宫官曰:"春坊中允幾品?"對曰:"正六品。"曰:"着孔諤做左春坊左中允。"教皇子諸王,又賜第宅一區,并器皿等件,恩寵之隆,皆出異數。公輔導講讀,嚴正不阿,後轉大理寺評事,詳讞〔二三〕大獄,多所平反,又改監察御史,巡按〔二四〕江西遼東,所至風裁凜然,九載滿,陞河南按察僉事,剛明果斷,一如監察。

嘗督學,所至輒諭諸生以聖賢之道,講明臣子忠孝之大節,詞氣激昂,聞者歎服。居官四十餘年,廉正為國,終始一致,居家事親克孝,内外無間,親歿,棺槨衣衾極其豐腆〔二五〕,喪葬祀薦,皆依禮度。公於昆弟七人居長,友愛諸弟尤篤,處宗族和易親睦,見長者退然謙敬,而忘其爵位,自奉甚清素,而於濟人利物,恒若不及。嘗歲饑,公發麥千餘斛,以賙〔二六〕宗族之貧,不望其報。孔俗萋重美棺，公每病其莫之致也，會歸，舟至湖南見江客以蜀栢版貨者，木直稱，因盡出俸餘易之，得百具，每遇宗長之喪亡不能備棺者，遠邇[二七]輙周之。其行義大率類此。

公平生嗜性理之學，而於詩賦尤工，所著有《中庸補註》三卷，繕寫進呈，上嘉之，賜《五經》《四書》各一部，又有《舞雩春詠集》二十卷。作字筆力清勁，有晉風。公之詞翰，有得一篇一幅者，皆珍藏以貽厥後，至雜著、碑銘、序、記、顯額，載諸孔廟林墓貞珉者，兹不盡書也。享年六十九歲，生於洪武乙丑二月初六日，卒於景泰癸酉十月八日。

成化二十年春三月吉日，男公恪、公怡、公忱、公悦謹立石。

【注釋】

〔一〕奉議大夫：文散官名，明朝爲正五品。

〔二〕按察同僉事：官名，明朝爲正五品。

〔三〕通議大夫：文散官名，明朝正三品初授嘉議大夫，陞授通議大夫。

〔四〕刑部右侍郎：刑部副長官。

〔五〕副都御史：官名，明始置，爲督察院左右都御史的副職，正三品。

〔六〕思晦：孔思晦，字明道，孔子第五十三代孫。

〔七〕条知政事：元朝在行中書省丞相、平章、左右丞下設条知政事。明初行省沿元制設平章政事、左右丞、条知政事。洪武九年(1376)，廢行省平章政事、左右丞，改条知政事爲布政使，以条知政事爲布政使副職。

〔八〕克堅：孔克堅，字璟夫，孔子第五十四代孫，孔思晦之子。

〔九〕國子祭酒：學官名，爲國子學或國子監的主管官。

〔一〇〕前母：繼室所生的子女對父親前妻的稱呼。

〔一一〕太孺人：古時稱大夫的妻子爲孺人，明朝爲七品官母親或妻子的封號。因子孫功績而封孺人的，前面加"太"字。

〔一二〕宜人：明朝五品官母親或妻子的封號。

〔一三〕葩經：韓愈《進學解》説："《詩》正而葩。"後世因此稱《詩經》爲"葩經"。

〔一四〕庠：古代稱學校爲庠。

〔一五〕舉子業：即舉業，爲科舉考試而準備的學業。語出《朱子語類》："小兒子教他做詩對，大來便習舉子業。"

〔一六〕魁解：明清鄉試也稱解試，中式的舉人第一名稱魁解，也稱解元。

〔一七〕禮闈：指科舉考試中的會試，因其爲禮部所辦，故稱禮闈。

〔一八〕太宗文皇帝：即明成祖朱棣，明朝第三位皇帝，年號永樂。

〔一九〕行在：皇帝出行暫住的地方。

〔二〇〕仁宗昭皇帝：即明仁宗朱高熾，明成祖朱棣長子，年號洪熙。

〔二一〕冠帶：帽子與腰帶，比喻封官。

〔二二〕左春坊：明朝詹事府内部機構之一，内設左庶子、左諭德、左中允等職。

〔二三〕讞：審判定罪。

〔二四〕巡按：唐寶年間始派官巡按天下風俗黜陟官吏，巡按之名始此。明朝正式確立御史巡按制度，設十三道監察御史，再從中選派巡按御史，分赴各道巡視，考察吏治。巡按御史品級雖低(監察御史爲正七品),但各省、州、縣長官皆爲其考察對象,因此事權頗重。

〔二五〕豐腆:豐厚。

〔二六〕賙:接濟,救濟。

〔二七〕遠邇:遠近。

(張　慧)

成化二十一年錢永德書党懷英詩碣

此碑碣現鑲於孔廟西齋宿東牆，南起第14石。明憲宗成化二十一年(1485)三月二十四日，由宣聖六十一代襲封衍聖公孔弘泰立。該碑碣爲方形，花邊。碑高0.77米，寬0.76米。跋由金党懷英題寫，錢永德書。跋8行，行30字；正文5行，行13字。行書。因風雨侵蝕，絶大部分文字現已不清晰，難以辨認。現根據駱承烈《石頭上的儒家文獻——曲阜碑文録》著録該碑。

魯國遺跡墮渺茫，獨餘林廟歷城□。梅梁分曙霜棲影，松牖回春月□光。老檜曾霑周雨露，□碑猶是漢文章。不須更問傳家久，泰岱參天汶泗長。

右金党懷英〔一〕所題。

孔林廟詩，淪落於滋陽民舍，為植帛石，破壞不完。至聖五十七代孫信、五十八代孫公鐘，贖而補葺，置諸故處。永樂甲午冬十月朔，三氏學教授〔二〕文時中識。成化己巳三月既望，予□歷山拜孔林，迴駐蹕亭，慨其慘缺，不可讀其文。六十代公謂余曰：子為我重録一過，俾翻刻何如。故書。錢永德。

成化二十一年春三月二十四日，宣聖六十一代襲封衍聖公孔弘泰〔三〕立。

【注釋】

〔一〕党懷英(1134—1211)：字世傑，號竹溪，北宋太尉党進十一代孫，金朝文學家、書法家、史學家。金朝大定十年(1170)中進士，官至翰林學士承旨，修《遼史》未成，卒，謚號文獻。工詩善文，兼工篆籀。著有《竹溪集》十卷。

〔二〕三氏學教授：即孔顔孟三氏學教授。魏文帝黄初二年(221)，宗聖侯孔羡始創建家學，未設學官。宋真宗祥符二年(1009)，就廟建學，設立學官。乾興元年(1022)，孫宣公請以楊光輔爲講書轉奉禮郎。宋哲宗元祐元年(1086)，建學於孔廟東南隅，並置教授一員，教訓孔氏子孫或鄉鄰願從學者；元祐四年(1089)，又設學録一員。元世祖中統元年(1260)，依舊典立曲阜廟學，選師儒充任孔顔孟三氏子孫教授、學正、學録各一員，訓其子弟。此後，三氏教授、學正、學録，或孔氏任，或異姓任。明太祖洪武元年(1368)，奉旨設孔顔孟三氏子孫教授一員、學録一員；二年(1369)，改三氏學爲孔顔孟三氏子孫教授司，並增設學司一名。

〔三〕孔弘泰：字以和，孔子六十一代孫，成化十二年(1476)代兄孔弘緒襲封衍聖公，其卒後由孔弘緒之子聞韶襲封衍聖公。著有《東莊稿》等。

(孔祥安)

成化二十三年陳宣謁陵廟文歌碣

此石碣現鑲於孔廟西齋宿東牆,北起第 14 石上之南。明憲宗成化二十三年(1487)曲阜縣知縣孔希永立。石碣爲方形,花邊。高 0.42 米,寬 0.68 米。正書。共 17 行,行 9 字,共 139 字。駱承烈《石頭上的儒家文獻——曲阜碑文録》著録該碑。

工部主事東嘉陳宣〔一〕謁先聖廟文並歌

天可無乎?無天吾何覆。地可無乎?無地吾何載。夫子可不知乎?不知夫子吾何立。宣雖日頌其詩,讀其書,而私淑艾焉者,豈若親歷夫子之邦,拜夫子之墓,而想像其當時,不重有感也耶。迺從而歌之曰:泰山之高兮,而高可程。泗水之清兮,清可濯纓。夫子之道德兮,窮天地莫之與宗。

成化丁未陽復後,

曲阜縣知縣孔希永〔二〕立。

【注釋】

〔一〕陳宣（？—1509）：字文德，號潛齋。明成化十七年（1481）中進士，授工部都水主事，分司徐州沽頭等閘河。弘治元年（1488）陞爲虞部員外郎，不久，改爲刑部陝西司郎中。弘治十五年（1502）陞任雲南布政司左參政。弘治十七年（1504），陳宣乞休回老家，自號四南居士，以讀書著述爲務。著有《潛齋集》。

〔二〕孔希永：孔子五十六代孫，成化八年（1472）任曲阜知縣。

（孔祥安）

弘治七年聖祖林廟落成紀功碑

此碑立於明弘治七年(1494),規格大小及現存位置不詳。孔弘幹續修《闕里誌》卷十、孔尚任《闕里誌》卷二十二輯録全碑。

碑文據孔弘幹續修《闕里誌》卷十。孔尚任《闕里誌》卷二十二"蒙"誤作"業"、"其崇重之典"誤作"崇重之典"、"何聳四方"誤作"何以聳四方"、"莅"作"涖"、"父廟居西"誤作"父居廟西"、"棲"作"栖"、"而重其門於内外"誤作"而復重其門於内外"、"拱"誤作"珙"、脱"孔顔孟三氏子孫教授司教授河汾王拱撰"。

林廟之建,其來遠矣,而規模弘壯,氣象鼎新,未有盛於今日者。豈偶然哉? 由上有聖天子之作興〔一〕,下有賢宗子以祗承〔二〕之,所以克成厥美也。

粤〔三〕自鴻蒙肇判〔四〕之後,伏羲、神農、黄帝、堯、舜、禹、湯、文、武以道相傳而治天下。至於周末,世衰道微,幸有吾夫子者出,鍾太和元氣〔五〕於一身,具太極妙理〔六〕於一心,道德高厚,繼往開來。自是而後,人極〔七〕立,天地位,萬物育,吾夫子再造功也。有此莫大之功,以享無窮之祀。

自漢以下，用其道以為治者，無不建廟以祀之。然廟貌之規制，祀享之禮樂，未有如我朝之盛者，其崇重之典至矣。在大宗子〔八〕衍聖公〔九〕之心，猶以為未也。乃謂聖祖雖廟祀天下〔一〇〕，然闕里〔一一〕乃天下文教本源也。使廟不極其壯麗，將何聳四方之觀瞻，起後學之尊仰，而展吾祀享〔一二〕之敬乎？乃於成化癸卯〔一三〕，封章請重脩廟宇。皇上允之，特命方面重臣督營造之役，出公帑〔一四〕貨財爲營造之需，命匠掄材〔一五〕，鳩工〔一六〕伐石。衍聖公日親莅之，區晝〔一七〕指授，甚有規度。且於匠役惓惓慰勞，凡事於斯者，率守法信度，趨事赴工，未幾而大役告成。

抑斯廟也，據山川形勢之盛，合陰陽向背之宜，梁棟榱桷，圓中規而方中矩，平中準〔一八〕而直中繩〔一九〕，柱石鏤以龍鳳之形，輪奐繪以金碧之色。聖賢之像以新，章服之制以正。宫殿幽然，其深邃也；廊廡翼然，其端拱也；樓閣巍然，其高大也。父廟〔二〇〕居西，從殷制耳，家廟〔二一〕居東，依故宅耳。他如金絲堂、延賓齋、庫廚、門牆之類，亦皆焕然一新。

廟貌既壯麗矣。又思洙泗書院乃聖祖設教之地也，亦增新其廟宇之制也。聖父聖兄皆葬於防，近為水所圮，其墓幾乎危矣，公因學録〔二二〕公璜〔二三〕稟白而完固之，實爲萬世無疆之休。尼山毓聖之地，古有廟宇以棲神也。近爲風雨所摧，不堪矚目，公委舉事公往督工，重脩葺之。先是版築孔林圍墻千百餘堵，手植神道檜柏數百餘株。今又重脩帝王駐蹕之亭〔二四〕，創造聖祖享祀之殿〔二五〕。

以神門[二六]隘陋也,架以樓觀[二七],而重其門於内外。以石橋[二八]卑小也,琢以欄杆而復兩其翼於左右。

至於顏氏聖舅、張氏外祖祀事久廢,公悉舉行之無替,非惟能上答祖澤,抑且下恤族人。每遇歲荒,上遣廷臣設法賑濟,公歷言請,救活族甚多。尼山有田,贍廟學也,久爲豪民兼并,公委世尹彦士遍歷踏勘,民自輸服,舊物復焉。三氏[二九]師生均沾其惠。公尊祖恤族多類此。是則今日之事,誠昭代[三〇]盛典也,孔門盛事也。族長、舉事暨闔門孔氏,僉謂當慶成以謝吾大宗,因命拱[三一]記之。

予惟聖祖乃古今天下第一大聖也,孔氏乃古今天下第一大家也,惟其有此大聖所以成此大家,肇造積累二千年於茲矣。今又有此賢宗子挺生,孕元氣之正脈,承家學之正傳,掌廟庭之宗祀,且能增新廟貌,以爲展敬[三二]之地,是能振作家門使之益盛矣,非起家以來第一大宗乎?芳聲美譽,自當書之汗青也,奚待予言而後顯哉!雖然,族人頌德報功之意自不容已。

時維仲秋望日,設宴齋庭,相與稱觴拜慶。陳俎豆,行家庭禮也。奏金絲,用家庭樂也。講詩禮,申家庭教也。衣冠濟濟,禮度雍雍,音樂陶陶,情意何其浹洽乎。自茲以往,吾知爲宗子者,玉帶緋衣,永享上公之爵。爲族屬者,匪征匪徭,安享太平之福。然此亦誰之賜歟?君之恩,祖之澤也。然欲報之,在乎忠與孝焉耳。忠孝兩盡,以之保家門,不與天地同其悠久乎。邵子[三三]曰:孔子以萬世爲家。信哉!今襲封衍聖公乃宣聖六十一代孫,名弘泰,字以和,東莊其號也。謹記。

弘治七年秋八月既望,孔顔孟三氏子孫教授司教授河汾王拱撰。

【注釋】

〔一〕作興:發起,推動。

〔二〕祗承:猶祗奉,敬奉。

〔三〕粤:助詞。用於句首。表示審慎的語氣。

〔四〕鴻蒙肇判:鴻蒙,宇宙形成前的混沌狀態。肇判,初分。

〔五〕太和元氣:太和,天地間沖和之氣。《易·乾》:"保合大和,乃利貞。"大,一本作"太"。朱熹本義:"太和,陰陽會合沖和之氣也。"元氣,指天地未分前的混沌之氣。

〔六〕太極妙理:太極,宋代理學家則認爲"太極"即是"理"。妙理,精微的道理。

〔七〕人極:綱紀,綱常。社會的准則。

〔八〕大宗子:古代宗法制度稱大宗的嫡長子。泛稱嫡長子。

〔九〕衍聖公:孔子後代的封號。漢稱褒成侯,魏稱宗聖,晉稱奉聖,北魏稱崇聖,北齊稱恭王,均爲侯爵。北周及隋封鄒國公。唐初封褒聖侯。開元二十七年(739),追謚孔子爲文宣王,稱其後裔爲文宣公。宋仁宗至和二年(1055),因後裔不宜用祖謚爲號,改封衍聖公。後相沿不改,到1935年,才廢止不用。

〔一〇〕廟祀天下:廟祀,立廟奉祀。孔子去世後,孔子弟子及再傳弟子因宅爲廟,是爲夫子廟之始。漢高祖十二年(前195)劉邦過闕里以太牢祭孔子。元始元年(1)平帝追謚孔子爲"褒成宣尼公"後,孔廟愈受重視,歷經魏晉南北朝隋多次重修增建。唐太宗貞觀四年(630)下詔"州縣以下皆立孔廟",先後出現上千座孔廟,形成"自天子至郡邑守長,通得祀而徧天下者,惟社稷與孔子焉”(《唐文粹》卷五十一)的局面。

〔一一〕闕里:孔子故里,在今山東省曲阜市。這裏借指曲阜孔廟。

〔一二〕祀享:祭祀供獻。

〔一三〕成化癸卯:成化十九年(1483)。

〔一四〕公帑:公款,國庫。

〔一五〕掄材:選擇材木。

〔一六〕鳩工:聚集工匠。

〔一七〕區畫:亦作區劃,籌劃,安排。

〔一八〕中準:符合水準。

〔一九〕中繩:符合墨線。

〔二〇〕父廟:指啓聖王殿,又名啓聖祠,奉祀孔子父親叔梁紇的專祠。

〔二一〕家廟:孔子長孫家祭的專祠,奉祀孔子夫婦、孔鯉夫婦、孔伋夫婦和中興祖孔仁玉夫婦。

〔二二〕學録:指孔顔孟三氏子孫教授司學録。學録始設於宋元祐四年(1089),時爲廟學,後增顔、孟子孫改稱孔顔孟三氏學,明洪武元年(1368)改三氏學爲孔顔孟三氏子孫教授司,明萬曆十五年(1587)改爲四氏學。主要職責是協助教授教學,掌管執行學規,教育衍聖公胄子。

〔二三〕公璜:字黼文,明成化十三年(1477)授孔顔孟三氏子孫教授司學録。《續修曲阜縣志》卷三十九、卷九十二有記。

〔二四〕駐蹕之亭:位於孔子墓東側,宋真宗大中祥符元年(1008)、清聖祖康熙二十三(1684)、清高宗來曲阜親祭孔子墓。後人爲紀念建有宋真宗駐蹕亭、聖祖仁皇帝駐蹕亭和清高宗駐蹕亭各一。

〔二五〕享殿:祭祀時設置香壇的地方。原孔子祖孫三代墓前各有一座。明弘治七年(1494)衍聖公孔弘泰在現位置創建。

〔二六〕神門:宣聖林神門,元至順二年(1331)始建。見《元至順二年宣聖林神門記》。

〔二七〕樓觀:明弘治七年(1494)衍聖公孔弘泰在宣聖林神門上添建。

〔二八〕石橋:洙水橋,始建年代不詳,金代孔元措《孔氏祖庭廣記》"孔林圖"中已有此橋。

〔二九〕三氏:指孔顔孟三氏。

〔三〇〕昭代:指政治清明的時代。常用以稱頌本朝或當今時代。

〔三一〕拱:王拱,河汾人,稷山舉人,明成化二十三年授孔顔孟三氏子孫教授司教授,《續修曲阜縣志》卷三十九有記。

〔三二〕展敬:祭拜,省候致敬。

〔三三〕邵子(1011—1077):指邵雍,字堯夫,謚號康節,自號安樂先生、伊川翁,後人稱百源先生。北宋哲學家、易學家,有内聖外王之譽。

(孟　坡)

弘治八年重立檜圖銘記碑

此碑原立於明太祖二十二年(1389),明孝宗弘治九年(1496)重立,現位於孔廟十三碑亭院東南部西區南,中排西起第1石。碑高2.08米,寬1米,厚0.2米。碑頭篆刻"檜圖銘記"四字。右爲檜樹圖,不清晰;左爲孔涇所作記,楷書,字多已模糊難辨。碑陰爲"闕里圖",首有"重修祖庭記",下爲圖,皆已不清晰。《曲阜縣志》卷五十二《金石》第21頁有原文。駱承烈彙編的《石頭上的儒家文獻——曲阜碑文録》中著録此碑。

《曲阜縣志》中缺少"童亦知其然,夫天之運化,晝夜相□""言之有□,因以記之""今按吾聖祖卒于周敬王四十一年壬戌,至弘治九年丙辰,凡一千九百七十五年,下逮辛巳二十五年,則二千年矣。檜之重發已二百三年"三句話。《石頭上的儒家文獻——曲阜碑文録》中缺"童亦知其然,夫天之運化,晝夜相□""言之有□,因以記之"兩句。

祖聖手植檜記

按祖(檜)[一](前)修記,枯榮異常,因有感焉。蓋天地之(否)泰,日月之(薄)(蝕),聖教(之)興衰,(世)(道)之(理)(亂),今(昔)(皆)然矣。木之□□春榮秋枯,四(時)(常)(理),童亦知其然。夫天之運化,晝夜相□。(獨)(手)(植)(檜)(歷)(周)、(秦)、(漢)、(晉)幾千歲。(至)(懷)(帝)(永)(嘉)三年已巳而枯。(枯)三百九年,至(隋)(恭)(帝)(義)(寧)(元)(年)丁丑復生。生五十一年。(至)(高)(宗)(乾)(封)二年(丁)(卯)再枯。(枯)(三)(百)七十有三年。(至)(宋)(仁)宗康定元年庚辰再榮。至金宣宗貞祐二年甲戌,(罹)(於)(兵)(燹)〔二〕,枝干(無)(遺)。後八十一歲甲午,(為)(元)世祖至元三十一年,故根重發。(至)我皇朝洪武二十二年(已)(巳),凡九十六年。其(高)三丈有(奇),圍僅四尺。根本(枝)(葉)(凌)(雲)(而)(盛)。紋理復左旋,與故本無異。詳其理似有關於世道之理亂。豈惟宗枝之攸繫〔三〕哉!言之有□,因以記之。

五十三代孫前翰林檢閱涇〔四〕謹識。

今按吾聖祖卒于周敬王四十一年壬戌,至弘治(九)年丙辰,(凡)一千(九)(百)七十五年,(下)(逮)(辛)(巳)二十(五)年,則二千年(矣)。檜之重發已二百三年。

【注釋】

〔一〕括號内殘字據乾隆甲午新修《曲阜縣志》補足,下同。

〔二〕兵燹:兵亂中縱火焚燒。

〔三〕攸繫:相關聯。

〔四〕涇：即孔涇，孔子後裔，曾爲元翰林院檢閱官。明洪武元年，明太祖因孔涇齒行俱尊，特命還鄉，命爲孔氏族長，並賜藤杖，令他世守主領孔氏宗族事務。

（孔　麗）

弘治九年重立加封文宣王夫人制詔碑

此碑立於元至順二年(1331),明孝宗弘治九年(1496)重立,現位於孔廟同文門以東,東排,南起第5石。碑高1.3米,寬0.76米,厚0.2米。碑頭高0.48米,刻有篆文"加封文宣王夫人制詔碑",雕龍紋。碑文正書,孔弘緒立。碑陰爲"萬曆元年張孟男致祭先師孔子碑"。駱承烈彙編的《石頭上的儒家文獻——曲阜碑文録》中著録此碑。

《石頭上的儒家文獻——曲阜碑文録》中"因自流風於殷禮"誤作"自流風於殷禮","功言邈若"誤作"工言貌若","褘衣之象"誤作"褘衣之像","命鼎之銘"誤作"命鼎之名","前襲封衍聖公"缺少"前"字。

元封文宣王夫人制詔[一]

上天眷命,皇帝聖旨,我國家惇典禮以彌文[二],本閨門而成教,乃睠[三]素王之廟,尚虚元媲[四]之封。有其舉之,斯為盛矣。大成至聖文宣王妻亓氏來嬪聖室,垂裕〔五〕世家，籩□出房，因自流風於殷禮。琴瑟在御，存燕樂於魯堂。功言邈〔六〕若於遺聞，儀範儼乎其合德，作爾禕衣〔七〕之象，稱其命鼎之銘。噫，秩秩彝倫，吾欲廣《關雎》《鵲巢》〔八〕之化。皇皇□治，天其興河圖鳳鳥〔九〕之祥。可特加封大成至聖文宣王夫人。主者施行。

至順二年九月日。

皇明弘治丙辰中穐日，六十一代孫前襲封衍聖公弘緒等建。

【注釋】

〔一〕制詔：皇帝的命令。

〔二〕彌文：理想化的古代禮制。

〔三〕睠：眷顧。

〔四〕媲：配偶。

〔五〕垂裕：爲後人留下業績或名聲。

〔六〕邈：久遠，渺茫。

〔七〕禕衣：王后從王祭先王的俸祭服。

〔八〕關雎鵲巢：出自《詩經·國風》中的《關雎》《鵲巢》篇，指夫妻好合，家庭和睦。

〔九〕河圖鳳鳥：《周易》有《鳳鳥龍馬卦序河圖》，簡稱《河圖》，被認爲是《周易》之源。《論語·子罕》中又言："鳳鳥不至，河不出圖，吾已矣夫。"這裏指天降吉祥的徵兆。

（孔　麗）

弘治十年陳璚謁林廟題名碣

此碣石立於弘治十年(1497),現位於孔廟西齋宿北牆,東起第2石。石高0.48米,寬0.47米。碑文正書,爲兖州知府龔弘所立。駱承烈彙編的《石頭上的儒家文獻——曲阜碑文録》中著録此碑。

《石頭上的儒家文獻——曲阜碑文録》中"同事"誤爲"司事"、"紀"誤爲"記"。

弘治十年春正月十有七日,大理寺右少卿長洲陳璚〔一〕奉命湖廣,便道祗謁〔二〕先聖陵廟。同事者錦衣衛指揮鳳陽郭良,謹此以紀歲月是時。

兖州府知府龔弘〔三〕立。

【注釋】

〔一〕陳璚:字玉汝,號誠齋,成化十四年(1478)進士。博學工詩,著有《成齋集》。歷官庶吉士、給事中、南京左副都御史等。

〔二〕祗謁:恭敬地謁拜。

〔三〕龔弘：字元之，明成化十四年(1478)進士。他斷案大小九百五十余件，皆公允。后升爲文選司郎中，出任兖州知府。在職期間，上奏免去百姓欠糧萬石，嚴督部屬，政績卓異。

（孔　麗）

弘治十七年孔聞韶記修孔廟敕文碑

此碑立於明孝宗弘治十七年(1504),現位於孔廟同文門西,南起第3石。碑高1.7米,厚0.21米。碑頭篆書"祝文"兩字,周圍雕有雲龍圖案,高0.28米。碑文正書,爲孔子六十二代孫襲封衍聖公孔聞韶立石。11行,行23字。駱承烈彙編的《石頭上的儒家文獻——曲阜碑文録》中著録此碑。

《石頭上的儒家文獻——曲阜碑文録》中"燬於回禄"作"毁於回禄","先師"誤作"先聖"。

勑文。

勑太子太保户部尚書兼謹身殿大學士李東陽,比因闕里文廟燬於回禄〔一〕,爰命有司〔二〕重建。厥功既成,兹遣卿往彼祭告。夫先師道德萬世之所宗,鼎新廟庭,一代之盛典,以故禋告之禮,特委輔弼之臣卿其精白一心寅恭〔三〕將事〔四〕。務期〔五〕聖靈昭格〔六〕,以副朕隆師重道之懷。事畢即星馳回京,欽哉。故勑。

弘治十七年閏四月初七日,孔子六十二代孫襲封衍聖公臣孔聞韶立。

【注釋】

〔一〕回禄:相傳本爲火神之名,后引申指火災,又寫作“回陸”。

〔二〕有司:主管某部門的官吏,泛指官吏。

〔三〕寅恭:恭敬。

〔四〕將事:從事某項任務或工作,此處指祭祀孔廟告成之禮。

〔五〕務期:一定要。

〔六〕昭格:祭祀。

(孔　麗)

弘治十七年孔聞韶記修孔廟祝文碑

此碑立於明孝宗弘治十七年(1504),現位於孔廟同文門西,南起第4石。碑高1.7米,寬0.9米,厚0.21米。碑頭篆書“祝文”兩字,周圍雕有雲龍圖案,高0.28米。碑文正書,11行,爲孔子六十二代孫襲封衍聖公孔聞韶立石。駱承烈彙編的《石頭上的儒家文獻——曲阜碑文録》中著録此碑。

《石頭上的儒家文獻——曲阜碑文録》中“頃罹災變”誤作“傾罹災變”、“予衷”誤作“予喪”、“永享□禋”誤作“永享禋祀”,“孔子六十二代孫襲封臣衍聖公孔聞韶立”一句缺“臣”字。

祝文。

維弘治十七年,歲次甲子,閏四月辛酉朔,二十七日丁亥,皇帝謹遣太子太保、户部尚書兼謹身殿大學士李東陽〔一〕,致祭于先師大成□聖文宣王。

維我先師,代天立□。禮嚴報祀,四海攸同。

嶽降〔二〕在兹,廟貌自古。頃罹〔三〕災變,□□予衷。

爰勅有司,命工重建。越既五載,厥功告成。

棟宇□□,器物咸備。光昭儒道,用妥聖靈。

特遣□臣,遠將祭告。尚祈〔四〕歆鑒〔五〕,永享□禋〔六〕。

謹告。

孔子六十二代孫襲封臣衍聖公孔聞韶〔七〕立。

【注釋】

〔一〕李東陽:字賓之,號西涯,祖籍湖廣長沙府茶陵人。天順八年(1464)中進士,後爲光禄大夫、吏部尚書,華蓋殿大學士等,清節不渝,富有文采。

〔二〕嶽降:對誕生或誕辰的贊辭。

〔三〕頃罹:不久以前遭遇。

〔四〕尚祈:真誠希望。

〔五〕歆鑒:監察,多用於鬼神。

〔六〕禋:祭名,指誠心祭祀。

〔七〕孔聞韶:孔子六十一代孫,明弘治十六年(1503),襲封衍聖公。

（孔　麗）

正德元年周伯琦書蘇天爵詩碣

此石立於明正德元年(1506),現鑲嵌於孔廟西齋宿東墻,北起第16石。石高0.64米,寬1.04米。明孔公璜正書,共29行。石已經變色,有些字模糊難辨。駱承烈彙編的《石頭上的儒家文獻——曲阜碑文録》中著録此碑。

《石頭上的儒家文獻——曲阜碑文録》中"至正五年"誤爲"至正二年","共歌"誤爲"共語","雲罍"誤作"雲櫐","刻于石"作"刻於石","可賜香酒以告。惟孔子"缺"以告惟"三字。

曲阜文廟落成詩并序

嘉議大夫〔一〕江北淮東道肅政廉訪使〔二〕蘇天爵〔三〕撰。

至正五年尚在行都,秋七月乙亥,御洪禧殿〔四〕。御史大夫臣别理怯不花等奏:向者曲阜脩孔子廟,記工告成,欽惟陛下特勑詞,臣著録,□□成績,可賜香酒以告。惟孔子五十四世孫思立〔五〕今待罪,御史如遣思致祭於國家之禮,亦宜制可。臣天爵□之淮憲,伏聞其事,不勝欣□,謹裁五言十韻,與逢掖之士共歌焉。

世皇初偃武[六],中國已脩文[七]。禮樂先東魯,衣冠自有殷。

素宫嚴祀事,封豨[八]表殊勳。景鑠[九]□金石,銘章麗典墳[十]。

雲罍[一一]頒佳醑,寶盒薦蘭熏[一二]。入廟神如在,升階樂共聞。

尊崇元后德,獻享孝孫勤。道統隆今古,儒風披幅員[一三]。

靈光方燁燁,元氣亦氤氳。淮海臣多幸,陳詩祝聖君。

蘇公在淮東,既賦此詩,傳至東魯。今年秋,予奉詔來闕里釋奠上丁。五十五世家嫡璟夫[一四]請書,以刻於石,遂書以貽之。公字伯脩,真定人。由國學釋褐敭歷翰林□臺,以文學行業名於時,今為吏部尚書。

至元六年歲在庚辰八月十日,翰林院脩撰周伯琦[一五]識。

右蘇吏部詩,周内翰書,予曾祖大宗祭酒所藏。刻諸石,可謂三絶。孔氏賓之不啻□璧。朝廷重修廟貌,成化間董役者、濟寧州判汝寧王澄壞其石,予兒時嘗誦,遂重刻于石云。

明正德元年孔公璜[一六]識。

【注釋】

〔一〕嘉議大夫:古代官職,爲文散官名。金時設置,爲正四品下，元代陞爲正三品，明代爲正三品初授之階，清時廢除。

〔二〕肅政廉訪使：職官名，元代全稱肅政廉訪使，主管監察事務。

〔三〕蘇天爵：字伯修，號滋溪先生。出生於世代爲學的家族，曾任職史官，參與元史編撰。他在文學上有一定的成就，詩文平易温厚，樸實無華。篤信理學，爲元代後期著名的儒臣，其政治思想中有濃厚的儒家思想成分。

〔四〕洪禧殿：元朝皇帝經常設酒宴的地方。

〔五〕孔思立：據《元史》記載，御史大夫納麟誣陷參政孔思立受賄，或欲連累衍聖公孔思誠。

〔六〕偃武：停止武事。

〔七〕脩文：振興文教。

〔八〕封豨：封豕，指殘暴的侵略者。

〔九〕景鑠：盛美，盛明。

〔十〕典墳：三墳五典的略語，泛指各種書籍。

〔一一〕雲罍：飾有雲朵花紋的酒壺。

〔一二〕蘭熏：蘭之馨香，常喻人德行之美。

〔一三〕幅員：疆域。

〔一四〕璟夫：即孔克堅，孔思晦之子，孔子第五十六代孫，襲封衍聖公。

〔一五〕周伯琦：字伯温，元代書法家、文學家，尤善篆、隸、真、草。

〔一六〕孔公璜：明朝人，孔子後裔，擅長詩賦。

（孔　麗）

正德六年魏紳王珙陪祀詩碣

此石刻立於明武宗正德六年(1511)孟冬,現鑲於孔廟奎文閣東碑亭内,南牆西石。该石高0.33米,寬0.65米。行書。共18行,行10字。駱承烈《石頭上的儒家文獻——曲阜碑文録》輯録該碑。

駱承烈《石頭上的儒家文獻——曲阜碑文録》將"王珙"誤作"王拱"。

陪祀詩

大舉明禋祀上丁,春雲閣雨曉寒輕。盛時禮樂今全備,闕里衣冠尽老成。主獻精誠金石貫,在天靈爽日星明。鄉人便道叨陪祀,疏淺何堪一幸榮。

刑部右侍郎曲阜魏紳〔一〕。

庭燎瑩煌祀仲丁,金爐香爇瑞煙輕。禮陳俎豆終三獻,樂奏蕭韶〔二〕至九成。主鬯宗祧歸衍聖,褒榮吾道籍皇明。相維喜有天朝客,孔廟增輝士類榮。

三氏教授河汾王珙。

正德辛未孟冬吉日，曲阜縣世職知縣孔承夏〔三〕命工刊。

【注釋】

〔一〕魏紳（？—1506）：字廷佩，山東曲阜人。成化十七年（1481）進士，授刑部主事，廣西有冒外戚者，事覺被逮，皆避不敢訊問，魏紳一審而得其假冒情狀。弘治十一年（1498）二月遷右僉都御史巡撫山西，改撫應天，遷右副都御史。弘治十八年（1505）七月召回任刑部右侍郎。正德元年（1506）正月二十七日卒於官。

〔二〕蕭韶：又名《九韶》《韶》，虞舜舜時代的樂舞《大韶》，采用原始編管樂器排簫作伴奏。《論語・述而》載："子在齊聞《韶》，三月不知肉味。"孔子曾對《韶》給予"盡美""盡善"的評價。

〔三〕孔承夏：孔子六十代孫，曲阜縣世職知縣。

（孔祥安）

正德八年趙璜昭告碑

此碑立於明武宗正德八年(1513),現位於孔廟同文門東之東排,南起第1石。碑高1.84米,寬0.98米,厚0.28米。其中,碑頭高0.63米,篆刻“祝文”兩字,雲紋圖案。碑文正書,10行。孔聞韶立石。碑陰有題名,爲正書。《曲阜縣志》卷二十九《通編》有原文。駱承烈彙編的《石頭上的儒家文獻——曲阜碑文録》中著録此碑。

《曲阜縣志》中“盖嘗申命”作“蓋嘗申命”,“式還舊觀”誤作“式還舊制”、“仰慰明神”誤作“仰慰神明”。《石頭上的儒家文獻——曲阜碑文録》中“謹遣巡撫山東都察院”誤作“謹遣山東都察院巡撫”、“聖靈昭布”作“聖靈昭佈”、“兼飭有司”誤作“兼錫有司”,“盖嘗申命”作“蓋嘗申命”。

祝文。

維正德八年歲次癸酉正月辛未朔越十二日壬午,皇帝謹遣巡撫山東都察院右僉都御史趙璜〔一〕,敢昭告於先師孔子大成至聖文宣王。曰:

比歲[二]盜起北方[三],肆行東郡,屢經闕里,侵犯廟廷。蓋嘗申命[四],將官分兵守護。聖靈昭布[五],竟保(安)(全)。逆亂既平,儀文斯舉,聿嚴祀事,兼飭有司,灑掃汙萊[六],修(葺)損壞,式還舊觀,仰慰明神,尚祈鑒歆,永佑邦國。謹告。

孔子六十二代孫襲封衍聖公臣孔聞韶立。

【注釋】

〔一〕趙璜:字庭實,號西峰,明弘治三年(1490)進士。正德年間官遷右僉都御史,鋭意釐革。

〔二〕比歲:連年。

〔三〕盜起北方:這裏指正德五年,劉六、劉七在霸州發動的農民起義,轉戰山東、河南、湖廣等地區。在曲阜時,他們曾攻闕里孔廟,造成一定毀壞。

〔四〕蓋嘗申命:指正德七年(1512),衍聖公孔聞韶與山東巡撫趙璜等奏請將曲阜縣城從舊縣遷移至闕里周圍。得到許可,以城衛廟,保護闕里孔廟。

〔五〕昭布:明白地公佈。

〔六〕汙萊:荒地。

(孔　麗)

嘉靖元年林俊謁廟詩碑

此碑立於明世宗嘉靖元年(1522),現位於孔廟十三碑亭南排西起第二亭内,東南石。整統碑高1.3米,寬0.7米,厚0.2米。王謳書,行書,雲邊。正文6行,行約25字。《闕里誌》卷十二著録有第二首詩。駱承烈彙編《石頭上的儒家文獻——曲阜碑文録》著録全碑。

《闕里誌》"古木風雲會"誤作"古来風雲會";《石頭上的儒家文獻——曲阜碑文録》"道風行有截"誤作"道風行有載"、"為邦備一王"誤作"為邦猶一王"、"晚酬天獨借"誤作"晚列天獨借"、"古木風雲會"誤作"古木風雲會"、"筆誅餘亂賊"誤作"從誅餘亂賊"、"拜書"誤作"拜題"。

謁廟用韻〔一〕

即次處分席,依光愜下堂。道風行有截〔二〕,教思入無疆。繫易連三聖〔三〕,為邦備一王。晚酬天獨借,數仞見宫墻。

古木風雲會，乾坤僅此祠。直於堯舜上，自可帝王師。魯相席曾暖，齊田蹟許奇。筆誅餘亂賊，未謂不逢時。

嘉靖記元春三月下浣〔四〕後學蒲見素林俊〔五〕拜書。

【注釋】

〔一〕《闕里誌》卷十二著録莆田林俊次韻一首：物理有代謝，人事多故新。皇王與帝霸，在眼今誰存。兩楹久夢奠，手植猶廟門。紀年繫衰周，歷却經暴秦。九泉絶根曲，松柱非其群。李趙盛兩見，鬱爾蒼雲屯。萌葉百年内，左紐還舊文。默運自元化，一體氣焉分。鬱攸適爲虐，此酷能前聞。枝葉化灰燼，禍比林木均。猶餘根與幹，周視還百巡。蘇枯諒斯在，脉理關天人。剛貞候芽茁，怒長相嶙峋。

〔二〕有截：齊一貌，整齊貌。

〔三〕三聖：伏羲、周文王、孔子。三聖因《易》而聯繫起來。伏羲氏畫八卦，周文王演繹八卦，孔子發揮易學精義。

〔四〕下浣：下旬的别稱。

〔五〕林俊（1452—1527）：字待用，號見素，云莊，莆田人。成化十四年（1478）進士，歷任雲南按察副使，南京右僉都御史，湖廣、四川巡撫，工部尚書，刑部尚書等職，嘉靖元年（1522）加太子太保，卒於嘉靖六年（1527）。隆慶元年追贈爲少保，謚貞肅。爲成化、弘治、正德、嘉靖四朝老臣。著有《林見素文集》二十八卷，被收入《四庫全書》。

（劉　敏）

嘉靖三年清約處士孔公恬墓碑

此碑立於嘉靖三年(1524),現位於孔林。碑頭篆書有"宣聖公五十八代孫清約處士孔君公恬字静文之墓"。碑高2.09米(含碑頭0.57米),寬0.79米,厚0.23米。碑文楷書。

大明故清約處士孔君墓碑銘

孔顔孟三氏子孫教授司學録孔公杰撰并書。

翰林院世襲五經博士孟公肇篆額。

君諱公恬,字静文,至聖五十八代孫也。高祖諱思晦,字明道,襲封衍聖公,贈河南江北等處行中書省參知政事〔一〕、護軍〔二〕,謚文肅,追封魯郡公。曾祖諱克堅〔三〕,字璟夫,襲封衍聖公,國子祭酒。祖諱希麟,字士祥,謚和節,以子顯,贈監察御史。祖妣張氏,繼高氏,俱封孺人。考諱譽,字名伯,謚莊肅。妣顔氏,繼王氏,閫儀〔四〕母道,有足稱〔五〕者,君賦質〔六〕淳朴,天性孝友,世居魯城之南終吉〔七〕祭酒公之别墅也。君蚤〔八〕失恃〔九〕,事父與繼母克勤〔一〇〕不怠，時年十六，值歲歉，嘗百里召粟〔一一〕，以供其養，逾二十餘年，以父母之命，始析居焉〔一二〕，而其晨昏定省，供奉甘旨〔一三〕無異。平日且於養親之暇，躬勤儉，以率其暇，肅恭謹以齊其家，故其日用頗足，亦由内相得其人也。遭父母喪，哀毀踰禮〔一四〕。與夫含殮〔一五〕之具，一遵其制。長兄公璿，先父卒。次兄公璧，字珙文。君事之如嚴父，每食飲，起息罔不承候〔一六〕安否。盖其天性孝友固如此。親戚有急難者，必救之。鄉鄰有貧乏者，必賙之。歲時薦祭，竭其誠敬〔一七〕，若事生者，凡所交游，皆賢人君子，不妄接庸輩人，或以非禮加之，乃含容〔一八〕而不報，由是鄉黨宗族，愈加敬重，咸以忠厚長者稱之。

君生於宣德辛亥四月十二日午時，卒於弘治癸丑十二月十一日戌時，享年六十有三。前三氏學録北窓先生，素敬稔君之德者，而以清約〔一九〕謚之，良有以也〔二〇〕。盖謂之清，以其制行高潔而不流於卑污〔二一〕，謂之約，以其事循禮度，而不過於奢侈，誠名實之相須〔二二〕也。配馮氏，繼張氏，有賢行，子四人，長彦珪，馮出，亦卒，次彦部、彦丹、彦生，張所出，彦生備三氏弟子員。積學〔二三〕脩行〔二四〕，迥出〔二五〕人右，它日所就未可量。女二人，長適亞聖孫孟淮，次適李智，孫男十二，孫女七人。曾孫男四人，芝蘭玉樹〔二六〕，森秀〔二七〕庭階，非自祖宗以來，積德累仁〔二八〕，安得子孫之盛之若是哉。君没時，彦丹方九歲，彦生方七歲，賴母氏撫育，教以耕，守君之業也，教以讀，繼君之志也。嗚呼，克盡母道，善治其家，為法於宗門，可傳於後世，是又見君身，脩家齊之徵也。張氏生於正統乙丑五月初二日未時,卒於嘉靖壬午正月十六日辰時,得壽七十有八,是年二月十三日,合葬祖塋西北六十步許。

彥生於予有師弟之雅,承母遺命,乃泣血為狀,屬銘於予。予雖不敏,義不容辭,而為之銘,銘曰:

於維孔君,神明之胄。詩禮家傳,魯邦之秀。優游〔二九〕桌梓〔三〇〕,不利不名。耕讀生業,罇俎忘情〔三一〕。孝友著聞〔三二〕,遠承先志。豸史司承,家聲弗墜。芝蘭欝欝,足繼書香。異時〔三三〕褒贈〔三四〕,鳳誥龍章〔三五〕。魯城之北,泗水之濱。妥靈〔三六〕玄室〔三七〕,億萬斯春〔三八〕。

嘉靖三年春二月清明之吉,男彥部、彥丹、彥生,孫承柱、承蓁、承莆、承鎬等立石。

【注釋】

〔一〕參知政事:唐宋時的臨時官銜,中級官員可憑此職銜行宰相權。貞觀年間,唐太宗爲削弱相權,加强皇權,爲其他非宰相官員加封參知政事、同平章事、樞密使、樞密副使等,使其能夠參加宰相的政事堂會議,共議國政。宋代沿用唐代政事堂制度,參知政事與宰相同議政事,開寶年間,參知政事的職權、禮儀開始和宰相差不多,宰相出缺時,由參知政事代行宰相之職。元豐改制,廢參知政事之名,南渡後又恢復,參知政事和門下、中書侍郎,尚書左、右丞,以及樞密使、副使,知樞密院事,簽樞密院事等,統稱執政,與宰相合稱"宰執",相當於常務副宰相。遼、金沿襲宋制。元中書省設參政,在行中書省于丞相、平章、左右丞下設參知政事。明初行省沿元制設平章政事、左右丞、參知政事。洪武九年(1376),廢行省平章政事、左右丞,改參知政事爲布政使,以參政爲布政使副職。

〔二〕護軍：古代軍事掌管官名。

〔三〕孔克堅：孔子五十五代嫡長孫，生於元仁宗延祐三年(1316)，卒於明洪武三年(1370)。少聰敏，能日誦千言，通《左傳》，工樂府。元惠宗至元元年(1335)襲封衍聖公，授嘉議大夫，至正八年(1348)晉中泰大夫，賜二品銀印，十五年(1355)，爲同知太常禮儀院使，攝太常卿，十九年(1359)，遷禮部尚書，累官國子祭酒。

〔四〕闈儀：婦女的容止。

〔五〕足稱：值得稱道。

〔六〕賦質：天賦資質。

〔七〕終吉：終吉村，位於曲阜市東南部。

〔八〕蚤：年少。

〔九〕失恃：指死了母親。

〔一〇〕克勤：能勤勞。

〔一一〕嘗百里召粟：曾經從百里之外帶來粟米。

〔一二〕始析居焉：開始和父母分開居住。

〔一三〕甘旨：養親的食物。

〔一四〕哀毁踰禮：傷心地超過了禮數。

〔一五〕含殮：古時將珠寶放入死者口中入棺，後以泛稱入殮。

〔一六〕承候：侍奉問候。

〔一七〕誠敬：誠懇恭敬，忠厚端肅。

〔一八〕含容：容忍，寬恕。

〔一九〕清約：清廉簡約，清静自守。

〔二〇〕良有以也：是有來由的。

〔二一〕卑污：卑鄙骯髒。

〔二二〕名實之相須：名實相配，名副其實。

〔二三〕積學：積累學問。

〔二四〕脩行:修養德行。

〔二五〕迥出:高出,超過。

〔二六〕芝蘭玉樹:比喻有出息的子弟。也用作對別人子弟的贊美詞。

〔二七〕森秀:清秀,秀異。

〔二八〕積德累仁:積累功德與仁義。

〔二九〕優游:悠閒地居住其中。

〔三〇〕桒梓:《詩經·小雅·小弁》:"維桑與梓,必恭敬止。"家鄉的桑樹和梓樹是父母種的,對它要表示敬意。後用來借指故鄉。

〔三一〕罇爼忘情:飲酒忘情,祭祀忘情。

〔三二〕著聞:名氣很大,遠近皆知。

〔三三〕異時:曾經,他時。

〔三四〕褒贈:嘉奬死者或贈予其官爵。

〔三五〕龍章:龍紋,龍形。

〔三六〕妥靈:安放亡靈。

〔三七〕玄室:墓室。

〔三八〕億萬斯春:過去億萬年也不朽。

(張　慧)

嘉靖三年宣聖五十八世孫恭儉處士孔府君墓碑

此碑立於嘉靖三年(1524),現位於孔林。碑頭楷書"大明",碑身正中楷書"宣聖五十八世孫恭儉處士孔府君墓",碑頭高0.54米,碑身高1.98米,寬0.78米,厚0.23米。碑頭刻有雲鶴紋,碑身四周刻有纏枝蓮紋。碑文楷書,殘三字,碑陰模糊。

宣聖五十八世孫恭儉處士孔府君墓

故恭儉處士孔君墓表。

直隸保定府深澤縣儒學訓導[一]張敏撰并書。

士君子立身天地間,所貴乎多壽多福多男子耳。要其高壽考[二],樂福澤[三],子姓振振森列于庭階[四]者,孔君其統有焉。君諱公恢,字大文,恭儉其謚也,係宣聖五十八代孫。高祖諱思晦[五],字明道,襲封衍聖公,贈河南江北等處行中書省參知政事、護軍,謚文肅,追封魯郡公。

曾祖諱克堅,字璟夫,襲封衍聖公,國子祭酒〔六〕。祖諱希麟,字士祥,謚和節,以子貴,贈監察御史。祖妣〔七〕張氏,繼高氏,皆贈孺人。考諱譽,字名伯,謚莊肅,妣顔氏,復聖之後。継王氏〔八〕,衢州府太守古兖王公之女也。

君幼時丰姿俊偉,端謹純誠,及長,遊〔九〕三氏學〔一〇〕,每見重扵師友,君勤扵詩書,凡諸子史,靡不涉獵〔一一〕。屢試科場不第,乃尋樂田園,有先人之風,居家處事,率皆循循雅飭〔一二〕,教子孫以義,方其衣服飲食皆有節制,不至侈用。扵周人之乏,濟人之難,常恐不及,歲時奉祀,有事死如生〔一三〕之誠。遇朔望,聖廟行香〔一四〕,雖寒暑不避焉。

君生扵宣德甲寅六月初四日,卒扵正德五年七月二十三日,享年七十有二,配孟氏,亞聖〔一五〕後,潞州二守希達之姊也。性行温雅,閑扵婦道。生扵正統二年七月二十二日,卒扵正德十四年七月二十二日,享年八十有三。子三人,長彦昭,次彦旺,季彦時,皆善扵継述者也。女一人,適鄒邑李經。孫男九人,孫女八人,曾孫三人。扵戲〔一六〕,福壽後胤〔一七〕,君皆有之,所謂作善降祥〔一八〕,仁者必壽,其有驗〔一九〕扵斯乎。昭與予有締姻〔二〇〕之好,請予為文以識之〔二一〕,予辭弗克〔二二〕。據君姪彦生狀而述之如此〔二三〕,庶垂之于永久云。

嘉靖三年歲次甲申二月二十一日,男彦昭、彦時,孫承乾、承駕、承坤、承牡等同立石。

【注釋】

〔一〕儒學訓導:官名,明清時期,於府、州、縣中設置儒學訓導，輔助教授、學正、學諭教導生員。

〔二〕壽考：年高，長壽。

〔三〕福澤：福禄。

〔四〕庭階：庭院。

〔五〕思晦（1267—1333）：孔思晦，字明道，元朝人，孔子第五十三代孫。

〔六〕國子祭酒：古代學官名，爲國子學或國子監的主管。

〔七〕妣：稱死去的母親。

〔八〕継王氏：繼室爲王氏。

〔九〕遊：同"遊"，游學。

〔一〇〕三氏學：專門爲孔顔孟三姓子孫設立的學校。

〔一一〕靡不涉獵：没有不涉獵的。

〔一二〕雅飭：言行符合禮制，典雅嚴謹，美而不俗。

〔一三〕事死如生：對待死者，如同其活著一樣。

〔一四〕行香：明清時官吏每至朔望入文廟或武廟（即孔廟、關帝廟）焚香叩拜，或新官赴任後舉行入廟焚香儀式。

〔一五〕亞聖：孟子。

〔一六〕扵戲：嗚呼。

〔一七〕後胤：即後裔。

〔一八〕作善降祥：舊時指平日行善，可獲吉祥。

〔一九〕驗：應驗。

〔二〇〕締姻：聯姻，結成婚姻。

〔二一〕請予為文以識之：請我寫文章以記録下來。

〔二二〕予辭弗克：我推辭卻不能如願。

〔二三〕述之如此：如此記録下來。

（張　慧）

嘉靖三年重修洙泗書院之記碑

此碑立於明嘉靖三年(1524)。碑頭篆書"重修洙泗書院之記"。該碑今不見。

《石頭上的儒家文獻——曲阜碑文録》未著録該碑。今依日本京都大學人文科學研究所碑拓爲底本重新録入、整理、校注。《吕柟集·涇野先生文集》收録該文,題爲《重修洙泗講壇記》,該文"吕參政經督完其事"作"吕參政經繼完其事";"昔夫子衣不及時"作"昔夫子眠不及時";"禹、雄"作"禹雄";在"故夫子所講之道鮮矣"之後,有"故佛氏或得而議我也,故老氏或得而笑我也,故治日常少亂日常多也。然則洙泗講壇之修,將斯道可由是而明乎! 將夫子之靈其真在於斯乎",而無"故在於斯乎? 將諸君子之舉,其亦有志也乎? 是役也,總理者,同知姚文端;督理者,訓導吕應祥。將亦與有聞乎"。

重修洙泗講壇記

賜進士及第翰林院修撰。

高陵吕柟撰文。

賜進士出身刑部尚書邑人孟鳳書丹。

賜進士出身都察院右副都御史濟甯劉澤篆額。

洙泗講壇在孔林東一里,乃夫子與其徒講道之地也。自夫子歿,子貢輩築場〔一〕之後,人專事孔林,此地鞠為茂草二千餘年。

至元戊寅,宣慰東野潛,偕孔澈,嘗修復焉,明興,猶新。正德中,盜火其門,殿廡亦敝。嘉靖改元,巡按山東李御史獻暨吴副使山、孟參議洋,乃議增治而未成。吕參政經督完其事,使使問記。

修撰吕柟曰:嗟乎!昔夫子衣不及時、食不及日,與其徒棲棲皇皇,思以救天下、教萬世者,此地正其本根。乃後之人,忽不知事,雖廣建墓石,繁植宰木〔二〕,豈夫子所欲者乎?或日:夫子之道固雖格于後世,周以來稱盛時者,非漢、魏、隋、唐、宋、元邪?斯其代,不盡講而見用者,則為蕭、曹、房、杜〔三〕;不見用而能講者,則為董、王、程、朱〔四〕;且講且用而行其私者,則為禹、雄、林甫、安石〔五〕。

曰:嗟乎!是謂:講者未必用;用者未必講;且講且用者,未必于夫子之道益也。且夫子之道,何道也?伏羲之卦爻、炎帝之耒耜、軒轅氏之衣裳、堯之中、舜禹之精之一者也。可以生人,可以秀人,可以阜人,可以壽人。是故,能反回〔六〕之仁,能屈賜〔七〕之敏,能怯由〔八〕之勇,能實師〔九〕之莊,斯道之講于學者也。取時于夏,取輅于殷,取冕于周,取韶于虞,斯道之講於政者也。子思子曰:萬物並育而不相害,道並行而不相悖,小德川流,大德敦化。

此其實乎?

後世見用於時者,或後立而先權,是故道敝于權矣;能講於下者,或後權而先立,是故道細於立矣。且講且用而為之害者,既非共學,猶難適道,故權、立俱喪矣!今夫子之道猶大路也,途亦可通,巷亦可通,有能為方駕之軌者亦可通。夫子之道猶大海也,罌亦可取,瓶亦可取,有能為萬石之瓠者亦可取。是故以容教子桑〔一〇〕則可,以容教子張〔一一〕則不可;以言教子騫〔一二〕則可,以言教子我〔一三〕則不可。何者?主静非不善也,施于陸氏〔一四〕之門,益其禪也。務博非不善也,施于王氏〔一五〕之門豐其蔀〔一六〕也。故夫子所講之道鮮矣。故在於斯乎?將諸君子之舉,其亦有志也乎?

是役也,總理者,同知姚文瑞;督理者,訓導吕應祥。將亦與有聞乎?

嘉靖三年歲次甲申冬十一月吉旦,六十二代孫、襲封衍聖公孔聞韶立。

【注釋】

〔一〕子貢輩築場:指子貢廬墓事。

〔二〕宰木:在墳墓上栽植的樹木。

〔三〕蕭、曹、房、杜:指蕭何、曹參、房玄齡、杜如晦。

〔四〕董、王、程、朱:指董仲舒、王通、二程、朱熹。

〔五〕禹、雄、林甫、安石:指張禹、揚雄、李林甫、王安石。

〔六〕回:指顔回。

〔七〕賜:指端木賜,字子貢。

〔八〕由:指仲由,字子路。

〔九〕師：指顓孫師，名師，字子張。

〔一〇〕子桑：指子桑伯子。

〔一一〕子張：指顓孫師。

〔一二〕子騫：指閔損，字子騫。

〔一三〕子我：指宰予，字子我，亦稱宰我。

〔一四〕陸氏：指陸九淵。

〔一五〕王氏：指王陽明。

〔一六〕豐其蔀：典出《周易・豐》，此處意爲增其遮蔽。

【論説】

洙泗書院在曲阜故城的東北部，靠近洙泗，因以得名。洙泗書院的歷史斷代可分爲三個時期，一是孔子之前，乃至孔子歿後，直至宋代以前，可以稱爲"傳聞"性質的孔子及門弟子"授受""修道"地域的"泛區域"觀念時期；二是宋末明初，"家乘"與"方輿"性質的孔子及門弟子"删述典籍"地域的"先聖學堂""定位區域"觀念時期；三是在"先聖學堂"舊址上創建書院，始命名"洙泗書院"，是爲書院時期。本文即以此爲主題，探究洙泗書院"傳聞史"的起源、流傳及其變化。

一、孔子及門弟子"授受""修道"地域的"泛區域"觀念時期

早初的"洙""泗"是作爲洙、泗兩條"自然"水系概念而存在的。《尚書・禹貢》記載："泗濱浮磬。"《春秋左傳・莊公九年》記載："冬浚洙。"這兩條河在曲阜故城東北部交匯，構成了與曲阜南部迥異的風景，加之齊、魯兩個諸侯國的往來交流經由此地，"洙泗之間""洙泗之上"成爲先秦和兩漢時期的重要區域概念。

"洙泗之間"的説法，收録在《禮記》記載的、孔門兩大弟子曾子（曾參）和子夏（卜商）的對話中。據《禮記・檀弓上》，"曾子怒曰：'商，女何無罪也？吾與女事夫子于洙泗之間，退而老於西河之上,使西河之民疑女于夫子,爾罪一也。……'子夏投其杖而拜,曰:'吾過矣!吾過矣!吾離群而索居亦已久矣。'”東漢時鄭玄注曰:“言其有師也。洙、泗,魯水名。”陸德明釋文:“洙、泗,二水名。”鄭玄“言其有師”之意,便是曾子(曾參)和子夏(卜商)同在孔子師門,應當終身履行“弟子入則孝,出則弟,謹而信,泛愛衆,而親仁,行有餘力,則以學文”(《論語·學而》)的師徒之訓,所以,“吾與女事夫子”和“於洙泗之間”,便不僅僅是特指當年一起在“洙泗”那個地方學習,而是暗指他們應該具有共同的志向。這樣的話,“洙泗”合稱就由開始衹是一個“純粹地理”概念上陞爲一個“文化地理”概念。子夏由“事夫子于洙泗之間”的“洙泗”之學到“退而老於西河之上”的“西河”之學,其間發生了什麼事情?以至於曾子怒曰:“使西河之民疑女于夫子,爾罪一也。”孔穎達在此條疏文中指出:“云'疑女于夫子'者,既不稱其師,自爲談説,辨慧聰睿,絶異於人,使西河之民疑汝道德與夫子相似。”在這裏,“洙泗之間”與“夫子之門”陞格爲道德問題,與師道尊嚴聯繫爲一體,足以顯現“孔門教誨”的特殊性。

“洙泗之上”的説法,見於《鹽鐵論·論儒》:“孔子修道魯衛之間,教化洙泗之上,弟子不爲變,當世不爲治,魯國之削滋甚。”文中提到“魯衛之間”和“洙泗之上”,在這裏,“之間”與“之上”没有實質性的區别,衹是泛指某一區域而已。前文《禮記·檀弓上第三》篇中提到的“之間”與“之上”亦同此理。

《水經注疏》記載:

西南過魯縣北。泗水又西南流,逕魯縣,分爲二流,水側有一城,爲二水之分會也。北爲洙瀆。《春秋·莊公九年》經書:冬,浚洙。京相璠、杜預並言:洙水在魯城北,浚深之,爲齊備也。南則泗水。夫子教於洙、泗之間,今於城北二水之中,即夫子領徒之所也。《從征記》曰:洙、泗二水,交於魯城東北十七里。……《國語》:宣公夏濫於泗淵,里革斷罟棄之。韋昭曰:泗在魯城北。《史記》、《塚記》、王隱《地道記》咸言,葬孔子于魯城北泗水上。

除此以外,與"洙泗"相關的延伸含義還有"子在川上曰"的川逝之感嘆、"知者樂水、仁者樂山"的山水之比喻和"孔子卒,葬魯城北泗上"靈魂之寄託等。孟子繼續以水爲喻,發展了儒學思想中"本原"與"聲聞"的關係學説。在《孟子·離婁下》中,徐子曰:"仲尼亟稱于水,曰:'水哉,水哉!'何取于水也?"明代王亨《捐俸重修宣獻夫人廟記》説:孟子之學"雖成於洙泗師友之傳,實本於三遷慈母之教",確實不是虚言。南宋朱熹用詩情畫意表達出上述思想。朱子有兩首詩:"勝日尋芳泗水濱,無邊光景一時新。等閒識得東風面,萬紫千紅總是春。""半畝方塘一鑒開,天光雲影共徘徊。問渠那得清如許,爲有源頭活水來。""勝日尋芳泗水濱""爲有源頭活水來",可謂準確刻畫了朱子對於孔子和洙泗文脈淵源的神往和依戀。

二、"家乘""方輿"性質的"删述典籍"地域的"定位區域"觀念時期

"洙泗之間""洙泗之上"這種"傳聞"性質的孔子及門弟子"授受""修道"地域的"泛區域"觀念一直持續,到宋孔傳撰《東家雜記》和金孔元措編撰《孔氏祖庭廣記》,才轉化爲"先聖學堂"的"家乘"與"方輿"性質的孔子及門弟子"删述典籍"地域的"定位區域"觀念。宋孔傳撰《東家雜記》之"廟外古跡"條記載:廟北五里曰"先聖學堂"。周敬王三十六年,孔子自衛反魯,於此删《詩》、序《書》、定《禮》《樂》、繫《周易》。至周敬王三十八年,魯人西狩獲麟,而作《春秋》。……作《春秋》……作《孝經》,二經既成,孔子於此堂下齋戒,面北斗而拜,告備於天。今學已廢,遺址存焉。此處"先聖學堂"即爲今"洙泗書院"。同一地點,兩年之後又作《春秋》於此"先聖學堂"。《六經》加《孝經》,《七經》皆於此完成。金孔元措編撰《孔氏祖庭廣記》之"廟外古跡"條記載:"先聖學堂"在廟北五里。周敬王三十六年,先聖自衛反魯,於此删《詩》、序《書》、定《禮》《樂》、繫《周易》。至三十九年,魯人西狩獲麟,而《春秋》絶筆。同一地點,時間延長一年之後,"作《春秋》"改爲"《春秋》絶筆"。地點同爲此"先聖學堂"。

關於孔子及門弟子"授受""修道"的地點的討論,"家乘"與"方輿"系統定位得到公府和官方認可,是一個漫長的過程,而且,"傳聞"系統的過程也如影隨行般地發生著演變。概括起來,關於孔子及門弟子"授受""修道"的地點的討論主要有以下諸形態的展現形式:

從"孔子講堂"到"先聖學堂"的"洙泗"説。從"孔子講堂"到"先聖學堂"的"洙泗"説,在"家乘"與"方輿"性質的孔子及門弟子"删述典籍"地域的"定位區域"觀念逐漸佔據了主導地位。"孔子講堂"説主張:據《皇覽》載,東漢時,光武帝東巡過魯,傳説曾在此處停留。"漢時諸弟子房舍、井甕尤存,光武帝擊破董憲於昌慮還,過魯,坐孔子講堂,顧指子路室詣左右曰:'此吾太僕之室也。'"(孔繼汾《闕里文獻考》)"先聖學堂"説主張:"廟北五里曰"先聖學堂"。周敬王三十六年,孔子自衛反魯,於此删《詩》、序《書》、定《禮》《樂》、繫《周易》。……作《春秋》……作《孝經》,二經既成,孔子於此堂下齋戒,面北斗而拜,告備於天。今學已廢,遺址存焉。"(孔傳《東家雜記》)

從"緇帷之林"到"杏壇之上"説。《莊子》的"杏壇"進入今孔廟圍牆區域之内。《莊子·漁父》:"孔子遊乎緇帷之林,休坐乎杏壇之上。弟子讀書,孔子弦歌鼓琴。奏曲未半,有漁父者,下船而來……"《莊子·天下》:"其在於《詩》《書》《禮》《樂》者,鄒魯之士、縉紳先生,多能明之。"

“孔子始教學於闕里”説。《孔子家語·七十二弟子解》“顔由,顔回父,字季路,孔子始教學于闕里而受學,少孔子六歲。”《水經注》記載:“闕里背洙面泗……北門去洙百步餘。”

“孔子葬弟子及魯人往從塚而家者百有餘室”之“孔里”或“孔家”説。據《史記·孔子世家》,孔子葬,弟子及魯人往從塚而家者,百有餘室,因命曰“孔里”。《水經注》記載:……後漢初,闕里荆棘自辟,從講堂至孔里。……今泗水南有夫子塚。《春秋孔演圖》曰:鳥化爲書,孔子奉以告天,赤爵銜書上,化爲黄玉,刻曰:孔提命,作應法,爲赤制。《説題辭》曰:孔子卒,以所受黄玉葬魯城北,即子貢廬墓處也。譙周云:孔子死後,魯人就塚次而居者百有餘家,命曰孔里。《孔叢》曰:夫子墓塋方一里,在魯城北六里泗水上。諸孔氏封五十餘所,人名昭穆,不可復識。有銘碑三所,獸碣具存。《皇覽》曰:弟子各以四方奇木來植,故多諸異樹,不生棘木刺草,今則無復遺條矣。

“魯昌平鄉陬邑”説。司馬遷在《史記·孔子世家》開篇即曰“孔子生魯昌平鄉陬邑”,在《孔子世家》結篇的太史公贊語中,司馬遷曰:《詩》有之:“高山仰止,景行行止。”雖不能至,然心嚮往之! 余讀孔氏書,想見其爲人! 適魯,觀仲尼廟堂、車服、禮器,諸生以時習禮其家! 余祗回留之,不能去云! 天下君王至於賢人衆矣,當時則榮,没則已焉! 孔子布衣,傳十余世,學者宗之。自天子王侯,中國言《六藝》者折中於夫子,可謂至聖矣! 司馬遷當時“心嚮往之”,“適魯”實地考察、田野考古,看到了孔子“廟堂、車服、禮器”,是在哪里? “余讀孔氏書,想見其爲人!”“諸生以時習禮其家! 余祗回留之,不能去云!”這個“其家”是不是陬邑? 陬邑是不是從孔子的五世祖木金父到孔子的父親叔梁紇的世居故宅? 孔尚任編訂的《新闕里志》中認定此“陬邑”爲孔子童年遷居闕里之前的故居,而且是孔子周遊列國之後返回魯國的晚年定居地。

尼山是陬大夫叔梁紇的别業。《新闕里志·遊覽》篇還表明:"陬邑"是魯城通往尼山的必經古道。孔子六十八歲時自衛反魯,結束了長達十四年的周遊列國生涯,進入他人生的晚年。在其最後五年,這位曾任大司寇的"國老"將全部精力投入到整理典籍中。司馬遷曾經在曲阜考察孔子遺跡,他對"陬"字的使用可謂惜字如金。然而,我們從中看到的卻是疑點重重:從孔子"生魯昌平鄉陬邑",到"厄陳、蔡,作《春秋》",再到"乃還息乎陬鄉",似乎是互不相關,也似乎嫋嫋有一線相連。《史記·孔子世家》載:"孔子生魯昌平鄉陬邑。"《史記·太史公自序》載:"孔子厄陳、蔡,作《春秋》。"《史記·孔子世家》載:"孔子既不得用於衛,將西見趙簡子,至於河而聞竇鳴犢、舜華之死也。臨河而嘆曰:'美哉水,洋洋乎!丘之不濟此,命也夫!'子貢趨而進曰:'敢問何謂也?'孔子曰:'竇鳴犢,舜華,晉國之賢大夫也。趙簡子未得志之時,須此兩人而後從政;及其已得志,殺之乃從政。丘聞之也,刳胎殺夭則麒麟不至郊;竭澤涸漁則蛟龍不合陰陽;覆巢毀卵則鳳皇不翔。何則?君子諱傷其類也。夫鳥獸之於不義也尚知辟之,而況乎丘哉!'乃還息乎陬鄉,作爲陬操以哀之。而反乎衛,入主蘧伯玉家。"《集解》載王肅曰:"陬操,琴曲名也。"《索隱》:"此陬鄉非魯之陬邑。《家語》云作'槃操'也。"《春秋演孔圖》曰:"得麟之後,天下血書魯端門曰:趍作法,孔聖没。周姬亡,慧東出。秦政起,胡破術。書紀散,孔不絶。子夏明日往視之,血書飛爲赤鳥,化爲白書,署曰演孔圖,中有作圖制法之狀。"《春秋感精符》曰:"孔子受端門之命,制春秋之義,使子夏等十四人求周史記,得百二十國寶書,九月經立。"(安居香山、中村璋八:《緯書集成》,河北人民出版社1994版,第578頁、745頁。)

明陳鎬纂修《闕里誌》記載:"年譜"條:六十八歲。……孔子乃歸魯。……魯終不能用孔子,孔子亦不求仕。乃敘《書》、傳《禮記》、删《詩》、正《樂》、序《易》彖繫象説卦文言、修《春秋》、制《孝經》，時弟子三千，身通六藝者七十二人。“年譜”條：七十一歲。……作《春秋》，絶筆於獲麟。所感而起，所以爲終也。“古跡”條：孔子春秋臺，在曲阜縣南十里。一郭景純注《述異記》。明吕兆祥撰，明清遞修本《東野志》“魯國舊跡”：“十臺”：望父臺，郊臺，舞雩臺，兩觀臺，泮水臺，莊公臺，昭公臺，鬥雞臺，季武子臺，觀魚臺。未言及“春秋臺”。

清顧祖禹《讀史方輿紀要》，記載曲阜“七臺”，含“春秋臺”。書雲臺，亦曰“泮宫臺”。季武子臺。襄仲臺。周公臺。莊公臺。昭公臺。“縣南十里有孔子春秋臺。”

孔祥林等校注：《孔尚任新闕里志校注》，吉林人民出版社2004年版）：“息陬。先聖……晚年退息於陬，今尚有息陬村。春秋臺：在曲阜縣南十里，夫子作《春秋》於其上。”

清孔尚珥有《息陬乃魯陬邑碑》。1934年，馬場春吉《孔子聖跡志》（昭和九年，大東文化協會發行）在《孔子聖跡志》第八章“曲阜城南外的歷史遺跡”第八節“春秋書院”中寫道：“書院大門上有第六十八代襲封衍聖公孔傳鐸書寫的‘春秋書院’匾額。”按：孔傳鐸（1673—1732），當爲孔子六十七代孫。

“孔子作春秋處”碑（清乾隆三十六年刻立）。據乾隆三十九年（1774），潘相《曲阜縣志》“乾隆辛卯，聖裔立石以記之”。

清乾隆三十九年（1774），潘相《曲阜縣志》：“春秋書院即春秋臺。”“在城南十里西鄒村，土人又謂息陬。”“任昉《述異記》云：孔子作《春秋》於此。”“宋時立祠設像，以本村市税爲祭祀之用。以廟學官主其祭，後人隨時修葺。”

清乾隆五十三年春秋書院“茲以祀事”碑。清《孔府檔案》春秋書院管理糾紛案卷九宗。孔祥霖輯《曲阜碑碣考》云：“春秋臺刻石，正書，乾隆辛卯三十六年，春秋臺。”

孔祥林主編的《孔子志》説:"春秋書院位於曲阜城東南的息陬村内,在相傳孔子作《春秋》的春秋臺前。宋代就有祠廟塑像奉祀孔子,以本村集市交易税作爲祭祀資金,以孔氏學官主祭。但春秋書院一名始見於清乾隆三十七年(1772)成書的《曲阜縣志》。1934年改辦明德小學,後因年久失修,建築全部倒塌,乾隆三十六年(1771)刻立的"孔子作春秋處"石碑也被當做基石砌入牆内,1987年重立於原址。"(《齊魯諸子名家志·孔子志》,山東人民出版社2009年版。)

忽略具體"記載地點"位置的"删述典籍"説。忽略"記載地點"的"删述典籍"説,實際上是一種重道重心、略跡的士風和思潮,孔子"自衛反魯然後樂正""丘治六經""書六經""孔子删定六經"等皆屬此類。明邵以仁《萬曆二十年邵以仁聖跡殿記》中藴涵的"聖跡觀"即是其中的代表:

> 余觀于孔子蓋厚德之至云。固亦流光萬世,與天地相無窮也。然究其所以無窮者,心也,非跡也。人之心以天地萬物爲體,以生生不息爲用。引之無始,需之無終,放之無涯,卷之無倪。廓徹圓通,靈明虚湛。實生人之本。千聖之基也。顧其體至妙,其用神操而存之,爲智爲賢。舍而忘之,爲愚爲不肖。此危微精一之訓,開萬世道統之源,而孔子得統於堯、舜以心也。顔之克復,曾之忠恕,子思之慎獨,孟子之求放心,皆是也。是孔子之所以法當時而傳後世者也。如以跡而已耳,則五老之降,素王之稱,近乎語神矣。商羊指水,萍實許霸,近乎語怪矣。乘田委吏不爲卑,司寇攝相不爲尊。誅少正卯,墮郈費、溝昭墓,不爲專。化中都,卻萊夷,歸三田,不爲功。行可於桓際,可於靈公,養於孝,不爲絀。伐樹於宋,見圍於匡,絶糧於陳,不爲困。適齊適楚,如衛如陳,不爲狗。見南子,之公山,往中牟,不爲辱,孔子何庸心於其間。

故善觀孔子者,當識其所謂仁,所謂一,而孔子之聖在是。求之克復、忠恕、慎獨、求放心,而學孔子在是舍是則跡矣。夫孔子之跡,孰有大於贊《周易》,删《詩》《書》,修《春秋》,定《禮》《樂》乎。今觀《易》之時,《詩》之性情,《書》之中,《禮》之敬,《樂》之和,《春秋》之經世,固在吾心,而出乎象數之辭之外也。不求諸吾心,六經何莫非跡邪。況身之經歷與其所不語者邪。莊周之言曰孔子見老聃而陳之經,聃曰先王之陳跡也,子之所言猶跡也。跡者履之所出,跡豈復哉。以跡觀孔子者可繹思已,雖然孔子之跡克遂泯乎。世謂豪傑之士無文王而興,中人一下恒感發而動也,以及門之賢。如子貢之敏,猶以言語求聖人,況後世乎。余不佞産於黔,距孔子之邦八千餘里,恨莫出睹其宫牆。辛卯冬,奉簡命,備兵東魯,乃登杏壇,涉洙泗,徧觀宗廟之美,顧學之心駸駸然倍往昔。

忽略"記載地點"的"删述典籍"説作爲一種"重'道'、重'心'、略'跡'"的士風和思潮,或重視路徑線索,如《論語·子罕》:"吾自衛反魯,然後樂正,雅頌各得其所。"或重視經典内容,如《論語·述而》:"子所雅言,《詩》、《書》、執禮,皆雅言也。"或重視時間階段,如司馬遷《史記》"孔子晚而喜《易》,序《彖》《繫》《象》《説卦》《文言》,讀《易》韋編三絶,曰:'假我數年,若是,我于《易》則彬彬矣。'孔子以《詩》《書》《禮》《樂》教弟子,蓋三千焉,身兼六藝者七十有二人"。

"删述典籍"之中,"六經"是儒家的基本典籍。《莊子·天運篇》:"孔子謂老聃曰:丘治《詩》《書》《禮》《樂》《易》《春秋》六經。"《韓詩外傳》:"儒者,儒也,儒之爲言無也,不易之術也,千舉萬變,其道不窮,六經是也。"《抱朴子·内篇》:"儒者,周孔也,其籍則六經也,蓋治世存正之所由也,立身舉動之準繩也,其用遠而業貴,其事大而辭美,有國有家不易之制也。"

三、在"先聖學堂"舊址上創建書院,命名爲"洙泗書院"時期

元初,"孔子講堂"慘遭毀壞,僅存遺址,後至元三年(1337),孔子第五十五代孫孔克欽任曲阜縣尹,在舊址上創建書院,始命名"洙泗",並任命山長奉祀,書院的功能也從此發生了改變。明代是洙泗書院管理完善和建築修繕的重要時期。弘治七年(1494),孔子第六十一代孫、衍聖公孔弘泰和五十八代孫孔公璜對書院進行重新修葺。正德六年(1511),劉六、劉七起義軍損毀書院,焚燒堂門。嘉靖三年(1524),山東巡按御史李獻捐資重修。孔子第六十二代孫、衍聖公孔聞韶在門前神道上立"洙泗書院"石坊,神道兩旁栽植檜柏等,書院的規模得到了充實擴大。清代各朝相繼整修書院,其規模延續至今。

據元宋元隆《創建洙泗書院之記》記載:

後至元三年(1337)八月,東野潛、蔡思中、鄧昌壽、孔澈等拜訪鄆人宋元隆元隆曰:洙泗故基……化爲禾黍,過者興歎。……微吾夫子,則帝王之道不明。欽惟世祖皇帝平定區宇,列聖祖武,斯道之大明以行焉。乃詔天下郡縣,廟祀夫子,備王者禮樂,惟祖庭爲盛。洙泗遺址,斯文所基。歷代未復,荒頓幾二千載矣。一旦舉之,實我皇元闡文運、隆治化之盛典也。昔聖祖之講誨於是也,删《詩》、訂《書》、贊《易》道、修《春秋》,承道統之傳,以祖述憲章。上律下襲,皆鈞覆載之體,寒暑之時,服食之功,三綱五常,賴以不墜。而禮樂教化,以之而可度;典章文物,以之而可興;修己治人之德,以之而可成。洪纖高下,各遂其性,形容夫性與天道之妙,以相授受,成就後學,施諸永世,傳諸方册。爲天地立心,爲生民立命,爲萬世開太平。奚止土木之爲哉?

據明吕柟《重修洙泗講壇記》記載:

洙泗講壇在孔林東一里,乃夫子與其徒講道之地也。自夫子殁，子貢輩築場之後，人專事孔林，此地鞠爲茂草二千餘年。至元戊寅，宣慰東野潛，偕孔澈，嘗修復焉，明興，猶新。正德中，盜火其門，殿廡亦敝。嘉靖改元，巡按山東李御史獻暨吴副使山、孟參議洋，乃議增治而未成。吕參政經督完其事，使使問記。修撰吕柟曰：嗟乎！昔夫子衣不及時、食不及日，與其徒棲棲皇皇，思以救天下、教萬世者，此地正其本根。乃後之人，忽不知事，雖廣建墓石，繁植宰木，豈夫子所欲者乎？

明姚文炤有《謁洙泗書院》曰："道出乾坤外，院留洙泗間。麟蹤不可見，鳳翼幾時還？禮樂嗟新定，詩書憶舊删。百川紛坎赴，正派在曾顔。"清孔尚任《新闕里志》："觀臺井，在曲阜縣東北高阜上，周敬王三十六年，孔子繫《易》於此。講堂，即今洙泗書院也，在孔林東北二里，舊名孔子講堂。昔孔子設教洙泗之上，弟子從者三千。今建書院，爲子孫講習之所。"清乾隆皇帝曾在巡遊洙泗書院之後御制《洙泗書院》詩一首："鑾音辭闕里，欲去更遲遲。泗水瞻書院，春風想聖師。自從傳鳳躅，誰敢設皋比？南望林廬近，神靈來往時。"清乾隆潘相《曲阜縣志》卷七《圖考》云："洙泗書院在縣城東北八里。泗水經其北，洙水帶其南，廟制大成殿無間，祀先聖、四配、十二哲。東西廡各三間。前爲講堂三間。又前爲書院門三間。四周繚以重垣。有石碑曰'洙泗書院'。"

今洙泗書院現存古碑有二：一爲"元後至元四年（1338）創建洙泗書院之記碑"；二爲"明天啓五年（1625）重修洙泗書院記碑"。在這二百八十七年中間，洙泗書院發生了什麼變化？其中，重要的事件的時間節點是1504年（明弘治十七年）9月9日，是日"王陽明至曲阜，謁孔子廟、周公廟，有詩詠"。（束景南著：《王陽明年譜長編》，上海古籍出版社2017年版，第325頁。）束景南《陽明佚文輯考編年》云："故其至曲阜必當首謁孔子廟，次乃周公廟。

惜陽明謁孔子廟所作詩亡佚,今無從得知其詳矣。”王陽明《謁周公廟》:“守仁祗奉朝命,主考山東鄉試,因得謁元聖周公廟。謹書詩一首,以寓敬仰之意云爾。時弘治甲子九月九日。我來謁周公,嗒焉默不語。歸去展陳篇,詩書説向汝。”(吕兆祥《東野志》卷二,陽明文集失載)束景南從方志、碑拓等當中輯出大量的王陽明佚文佚詩,其中,有王陽明《謁周公廟》。(束景南:《陽明佚文輯考編年》,上海古籍出版社,2012年。)王陽明《山東鄉試録序》(《王文成公全書》卷二十二)云:

山東,古齊、魯、宋、衛之地,而吾夫子之鄉也。嘗讀夫子《家語》,其門人高弟,大抵皆出於齊、魯、宋、衛之葉,固願一至其地,以觀其山川之靈秀奇特,將必有如古人者生其間,而吾無從得之也。今年,爲弘治甲子,天下當復大比。山東巡按監察御史陸偁輩以禮與幣來請守仁爲考試官。……又況夫子之鄉,固其平日所願一至焉者,而乃得以盡觀其所謂賢士者之文而考校之,豈非平生之大幸歟!雖然,亦竊有大俱焉。……蓋昔者夫子之時,及門之士嘗三千矣,身通六藝者七十餘人。其尤卓然而顯者,德行言語則有顔、閔、予、賜之徒,政事文學則有由、求、游、夏之屬。……夫今之山東,猶古之山東也,雖今之不逮於古,顧亦寧無一二人如昔賢者?夫子嘗曰:“魯無君子者,斯焉取斯!”顔淵曰:“舜何?人也。予何?人也。有爲者亦若是。”夫爲夫子之鄉人,苟未能如昔人焉,而不恥不若,又不知所以自勉,是自暴自棄也,其名日不肖。……斯無愧於是舉,無愧於夫子之鄉人也矣。

時隔王陽明“至曲阜,謁孔子廟、周公廟”之後二十年,明嘉靖初年吕枘撰《重修洙泗講壇記》。今洙泗書院記憶體古碑,“元後至元四年(1338)重修洙泗書院記碑”,在大殿臺階下西側;“明天啓五年(1625)重修洙泗書院記碑”,在大殿臺階下東側。吕柟撰文《重修洙泗講壇記》之“明嘉靖三年(1524)重修洙泗書院之記碑”今不見。

從元後至元四年(1338)創建洙泗書院,到王陽明1504年(明弘治十七年)至曲阜、有詩詠,再到明嘉靖三年(1524)重修洙泗書院,又再到明天啓五年(1625)重修洙泗書院,我們可以看到洙泗書院在創建和一次次重修過程中,大家對於各自“洙泗之間”“孔子講堂”的一次次遞進式的闡釋和演繹:王陽明“吾夫子之鄉”之“山川之靈秀奇特”“寓敬仰之意”和“無愧於夫子之鄉人”的期許;吕柟“洙泗講壇”“乃夫子與其徒講道之地”,“自夫子歿,子貢輩築場之後,人專事孔林,此地鞠爲茂草二千餘年”的感慨與惋惜,“昔夫子衣不及時、食不及日,與其徒棲棲皇皇,思以救天下、教萬世者,此地正其本根”的認可與判斷;“明天啓五年(1625)重修洙泗書院記碑”“昔夫子退老洙泗之上,及門弟子删述六經,以垂憲萬世。於是……有孔聖講堂焉”的繼續闡發與驕傲。由此可以繼續推論,面對坐落在洙泗之上這處書院,應該做的研究和整理工作還不少,關於洙泗書院的歷史與文獻研究有相當漫長的路要走。

（齊金江）

嘉靖五年宣聖五十九代孫清慎處士孔君墓碑

此碑立於嘉靖五年(1526),現位於孔林。碑頭書"大明",碑身正中書"宣聖五十九代孫清慎處士孔君墓",分兩列,每列7字。碑頭刻雲鶴紋,碑身四周刻纏枝蓮紋。楷書。

大明宣聖五十九代孫清慎處士孔君墓

曲阜縣西忠社訓蒙〔一〕儒士孔彦笙書丹。

君諱紋,字朝理,生而秀爽〔二〕,愛好讀書,志甘自樂,隱居不仕,謚清慎處士,乃五十九代孫也。曾祖希先,字士昭,蒙古侍衛教授,擢清河縣尹〔三〕。祖孔誦,字詠伯。父公爵,字貴文,謚孝友,冠帶〔四〕俱隱,德弗耀。君生於正統丙辰十月二十三日,享年六十四歲,卒於弘治己未七月二十二日。

配李氏,性賢明,生於宣德乙卯五月十三日,享年六十歲，卒於弘治甲寅七月十一日。有子五人，長承信，倫、俊、侃、住。女二人，孫九人，於是兄弟切念〔五〕，水木尚有本源，況人靈於萬物，而忘乎祖？慮其父母墓前缺石，恐其年久泯没，故刻石以紀之，可謂篤於慎終追遠〔六〕，誠孝子之意矣，故書之。

嘉靖五年春二月吉日，男倫、侃、住，孫男滋等立石。

【注釋】

〔一〕訓蒙：教導初入學的人或兒童。

〔二〕秀爽：秀美爽朗。

〔三〕縣尹：縣長官。

〔四〕冠帶：比喻封爵、官職。

〔五〕切念：渴想，急切想念。

〔六〕慎終追遠：《論語·學而》："曾子曰：'慎終追遠，民德歸厚矣。'"

（張　慧）

嘉靖五年修治洙河碑

此碑立於明嘉靖五年(1526),現位於曲阜書院街道五泉莊村北二里的洙水源頭。此處是魯國故城的東北角,於2013年底建成魯國故城遺址公園,《浚復洙河碑》竖立於八角敞亭中重点保护,碑石高2.3米,寬1米,厚0.34米,“浚復洙河”四個篆書大字占據碑面中間,上下爲楷書小字,下款有幾個字已不可辨認。

浚〔一〕復洙河〔二〕

(以下碑文上款)

明嘉靖五年丙戌,總理河道〔三〕都御史〔四〕章公拯修治洙河碑。

(以下碑文下款)

按洙河自元明以來,淤□不一,是碑立自有明中葉,款識俱無。國朝乾隆八年孔公繼汾、繼涑再次之,今巡丁公寶楨又三浚之,因補題是碑時代銜名於左。大清光緒二年歲次丙子四月吉旦,二品顶戴布政使復山东遇缺題奏道山陰陳錦謹志。

【注釋】

〔一〕浚:疏通,挖深。

〔二〕洙河:指曲阜洙水河,又名洙水,古水名,據《水經注》,源出今山東新泰東北,西流至泰安東南,折西南至泗水縣北與泗水合流,西至曲阜城東北又與泗水分流,西經兖州至濟寧合洸水,折南注入泗水。今洙水河源頭在孔林東五泉莊。

〔三〕總理河道:官名,簡稱總河。明設總河侍郎。

〔四〕都御史:專門行使監督職權的機構——都察院,都御史即爲都察院的長官。都御史職專糾劾百司,辯明冤枉,提督各道,爲天子耳目風紀之司。

【論説】

《漢典》載:"《前漢·地理志》'洙水,出泰山郡蓋縣,臨樂子山,西北入泗'。《水經注》泗水自汴會於洙水。""泗水自汴會於洙水"讓人有了一個當時"洙水大於泗水"的概念。《一統志》"臨樂山在今蒙陰縣東北"。《太平寰宇記》"艾山一名臨樂山,在新泰縣東北三十里"。按《曲阜志》"洙源在泗水縣東北闕山,爲費縣蒙山之麓"。《一統志》元明清朝爲之,《太平寰宇記》爲宋樂史撰,皆爲古志書善本,記載可信。由以上可知洙水源頭先沂水、次蒙陰、又次新泰、又次費縣、又漸次曲阜五泉莊。

酈道元所記古洙水在今泗水縣境會合泗水,因此有"洙泗異源同流"之説。流至曲阜北,分爲二水,洙在北,泗在南。"自北魏後,洙泗亂流,至縣(曲阜)境不復分"。魏晉之後,據《漢典》詳解,上流(指泗水以東)源頭在泰安東南改道西流北入汶水,今爲小汶河上游，遂與泗水隔絶。

疏浚洙水河。最早記載見於《春秋·莊公九年》"冬，浚洙（杜預注：洙水在魯城北，浚深之，爲齊備也）"。《乾隆十年重浚洙水碑記》載："乾隆八年冬，孔子之裔孫有繼汾、繼涑者……具畚箕、率作興、事經營……長流遂通，合沂入泗，故道是循。"《乾隆五十四年重浚洙水碑》載："惟洙水源壅流淤，積壤墳起，幾與橋平。蓋湮廢已不知幾經年所矣。"故又浚之。《民國十七年重浚洙源記碑》載："我國文化發源地洙泗並稱，而洙水源頭久經湮没。自乾隆五十四年、光緒二年，兩次重修後，迄未大修。間亦興工，而旋通旋涸，河流壅塞，已曆有年所矣。"《洙浥五泉碑》文載："歲戊辰（1928）……沙泥淤積，幾與橋平。……因與聖族孔印秋等計議，以工代賑，急爲修浚。"

2010 年 10 月，魯國故城考古遺址公園被國家文物局列入"國家考古遺址公園"立項名單。2012 年 5 月開工建設東北角城牆遺址，洙河泉池遺址赫然在列。2013 年底，洙水河遺址已修飾一新。明嘉靖五年所立《浚復洙河碑》被安放在公園中央最顯眼處，並建八角敞亭加以保護。洙河泉池深浚數米、直徑十餘米大池，並以石砌堅固池壁，暮春泉流涓涓，夏天雨季五泉迸湧、洙水橋畔清流潺湲，成爲一處勝景。

明嘉靖五年（1326）距今近七百年。由"浚復洙河"四字可知，七百年前此碑所在魯故城東北角處的洙水河還是一段比較像樣的河道。而章公之後經四百又十九年到了乾隆十年（1745），"五泉"被孔繼汾、繼涑兄弟倆浚成洙水的源頭。可知近代的洙水河從魯故城東北角徹底斷流，當發生在章公後的這四百又十九年之間的某年。而五泉莊成爲洙水的源頭，從孔繼汾、繼涑浚洙算起至少已有二百六十九年的歷史。

（孔　玥）

嘉靖七年淳簡處士孔彦肅墓表

此碑立於嘉靖七年(1528),現位於孔林。碑頭"大明"爲篆體,"淳簡處士孔公之墓"爲楷體,正文亦爲楷體,碑頭及碑身四周刻雲邊。

淳簡處士孔公墓表

承直郎、浙江湖州府通判、邑人張永禎撰并篆額。

孔顔孟三氏學生員、族姪孔承傳書丹。

魯東有善人曰淳簡處士孔公,既卒之數年,其子承惠謁余,泣而請曰:先君子没,塟且久,惟墓上之石未樹,恐無以見於世,孤之罪也,先生幸為表之。余哀其志,乃摭其行而敘之曰:公諱彦肅〔一〕,字朝威,宣聖五十九世孫,而淳簡處士則鄉評之私謚也。高祖以上代有聞人,曾祖諱希毅,字士弘,任陝西鄠县教諭,轉陞米脂縣令,有惠政及人;祖諱諮,字詢伯;考諱公謹,字敬文,皆隱居弗仕,有聞於鄉。母顔氏,復聖苗裔,以宣德庚戌六月四日生公。

公生而端謹,自幼不好嬉戲,及長,循循稚餙,有善人風,晚歲益知所趋向,遇族黨之婚喪,量力而賙恤,每歲鄉射飲,邑大夫敦請為賔。一日得疾即戒子承惠曰:吾死整祭用朱文,公禮慎,勿用浮屠。語畢,溘然而逝。時正德丁丑十月二十五日也,享年八十有八。配劉氏,同邑名家女,婦道〔二〕母儀〔三〕,内外稱焉,少公三歲,先公八年卒。子男四人〔四〕,長承悊,三氏學生;次承恕、承惠、承忠,多謹愿世家,而承悊、承恕、承忠亦先公卒。女一,適同邑陰陽訓術吴倫。孫男三人,弘軾、弘試、弘佐〔五〕,弘軾、弘試則承悊子,弘佐則承惠子,余之婿也。曾孫四人,俱尚幼,争爽兢秀,可異以成。噫,若公者,其可謂没世而有令名者歟?余故表其墓使後之人知聖裔之多賢,盖不獨名位之顯赫者焉。

時嘉靖七年歲次戊子春三月吉日,孝男孔承惠泣血立石。鐫字人馮永道。

【注釋】

〔一〕孔彦肅:據《孔子世家譜》,爲古城户支派。

〔二〕婦道:爲婦之道。

〔三〕母儀:爲母之道。

〔四〕《孔子世家譜》記公男二人,無承恕、承忠。或爲承恕、承忠早卒,故家譜不載。

〔五〕《孔子世家譜》中"弘"字作"宏"。

(崔偉芳)

嘉靖九年應良釋菜題名記碑

此碑立於明世宗嘉靖九年(1530)七月,今見於孔廟奎文閣旁東掖門南,東側北石,面西。整統碑高1.9米,其中碑頭0.44米,有淺雕麒麟、祥雲圖案。碑寬0.86米,厚0.25米。碑身正書,雲邊,由提督學政台仙居應良立。正文23行,行約50字。碑身左下方和右下方損毀,現已修復。《石頭上的儒家文獻——曲阜碑文録》著録全碑。

《石頭上的儒家文獻——曲阜碑文録》"良以職事"後誤添一字"事"、"以是月二十一日"闕一字"以"、"魯齊之學"誤作"魯齋之學"、後誤添一"諸"字、"學録公杰"作"學録公傑"、"教諭鈔奇"誤作"教諭抄奇"、"訓導崔鯉"誤作"訓導崔里"、"六十二代"後闕一字"孫"、"孟承禮"誤作"孟永禮"、"肅恭趨事"誤作"隸恭趨事"、"若對天地"誤作"若封天地"、"有感思至泣下"誤作"有感恩至泣下"、"于以見聖道"作"於以見聖道"、"杞縣楚儼"誤作"杞縣楚嚴"、"張鳶"作"張鸞"、"張銮"作"張鑾"、"於潛"作"于潛"、"金壇徐鋹"誤作"金壇徐張"、"扬州張寔"誤作"楊州張寔"、"淶水薛廷璋"誤作"涞水薛延璋"、"遵化張鏜"誤作"遵化張德"、"趙州楊通”誤作“趙州楊道”、“台仙居”作“臺仙居”。

嘉靖九年秋七月，良以職事至魯。以是月二十一日謹帥魯齊之學官諸生合二千餘人，祗謁宣聖，行釋菜禮。時行人聊城田濡奉詔諸藩適至。良主獻，濡獻東哲，五十八代孫學録〔一〕公杰獻西哲，曲阜學教諭〔二〕鈔奇、訓導〔三〕崔鯉分獻東西廡。六十二代孫衍聖公孔聞韶，六十代孫曲阜縣知縣承震以家事不與，五十八代孫山西僉事〔四〕致仕〔五〕公才及三氏學諸生孔承論、顔重清、孟承禮百四十人□畢，遂祗謁周廟、顔廟。是日晨雨，有事而霽〔六〕，訖〔七〕事復大雨。唯諸師儒肅恭趨事〔八〕，若對天地，瞻依父母，若容聲有聞，有感思至泣下者。于以見聖道在人，秉彝〔九〕良知在人，萬古一日云，宜紀歲月，列人與地於左方。

兖州府推官〔一〇〕張濟。泗水縣知縣袁磔。曲阜縣丞沙緒。典史孫弘。學正教諭訓導共七十四員。江都葉如欒。祥符胡琦。上海沈雲。金谿徐逵。儀直沙稷。泰和王貞吉。嘉定甘元雋。南通州黄河。莆田林大道。嶺南陳煒、陳時康。九江蔡綱。江陰卞槐。杞縣楚儼、傅術、侯汝賢。盧龍劉金。耀州馮伸、李奎、張薦、張鑾、劉尚古。安陽周臣。安陽劉忭、胡編、高崗。饒平陳瑚。鄭縣徐璋。貴州謝秉秀。唐山賈瑁。江寧許伸、於潛、林鳳梧。金壇徐鋹、馮謙、李經。寶應周官。安陽祝得中。平陽李文禎。扬州張寔、賀汝耕。淶水薛廷璋。清河王佑。南宫李蓁。合肥袁濂。代州黄金。安東周鎬。永年趙昱。大同趙逵。無為州夏謐。遵化張鏜。錢塘朱應元。寶應丁惠。無為州劉貴。鄭縣金采。大同陳清。唐縣劉鐸。衛輝劉增。蕭縣郭翀。祥符董彥宗。□□□□。平宁□□。趙州楊通。狄道陳謨。清江王隆。南皮孟璽。襄陵王延弼。汲縣李時。蓬州毋志。□□□□。豐城金璽。三河禹鐸。分水陳增。刑台崔瑋。

兖郡學諸生百四十人。泗水諸生八十一人。嶧諸生六十二人。費諸生七十一人。定陶諸生七十四人。鉅野諸生五十五人。□□□□□□□□□□□□□□□□□。滋陽諸生七十四人。鄒諸生七十一人。寧陽諸生八十二人。郯諸生五十九人。曹縣諸生百四人。鄆城諸生百十二人。□□□□□□□□□□□□□□□□□□。曲阜諸生六十五人。滕諸生百四人。沂諸生七十八人。曹諸生百四十三人。嘉祥諸生五十九人。□□□□□□□□□□□□□□□□□□□□□□□□□□□□□□□。

大明嘉靖九年秋七月,山東按察司副使奉敕提督學政台[一一]仙居應良[一二]謹識。

【注釋】

〔一〕學録:文官官職名,配置於國子監等官學機構,掌執行學規,考校訓導。

〔二〕教諭:學官名,元、明、清縣學均置,掌文廟祭祀,教育所屬生員。

〔三〕訓導:輔助教諭的助手。

〔四〕僉事:明代提刑按察使司屬官,無定員,分道巡察,相當於現在的副職或者助理等職。

〔五〕致仕:退休,交還官職,辭職歸家。

〔六〕霽:雨後或雪後轉晴。

〔七〕訖:事情完結。

〔八〕趨事:侍奉。

〔九〕秉彝:持執常道。

〔一〇〕推官:明代各府的佐貳官,即輔佐官,掌理刑名,贊計典。

〔一一〕提督學政台:學官名,簡稱"學政",亦稱"督學使者",俗稱"學臺"。提督學政是中央派各省主持鄉試之官。掌學校政令,歲、科兩試。巡歷所至,察師儒優劣,生員勤惰,陞其賢者能者,斥其不帥教者。

〔一二〕應良(1480—1549):字原忠,一作元忠,號南洲,浙江台州仙居人。舉正德三年(1508)會試,因劉瑾擅國事而避歸。正德六年(1511)始赴廷試,選庶吉士。其後,師從王陽明、湛若水,是仙居爲數不多的王陽明弟子之一。後爲了孝養雙親,辭職還鄉,講學山中者將十年。這十年期間,與黄綰(1480—1554,浙江黄岩人)一道在浙南台州一帶弘揚陽明心學。嘉靖初年,以編修之職再度入仕。在"世議大廟禮"事件中,曾因服闕争而遭廷杖。嘉靖八年(1529),由翰林院編修升爲山東按察司副使。嘉靖十二年(1533),陞任廣西布政使司右參政。嘉靖十三年(1534),陞任廣東右布政使。嘉靖二十八年(1549)謝世。應良一生著述頗豐,梓行者有《孝經正誤》《顔氏家訓》《海道經》《聞善録》《闡微録》《旌忠録》,還訂正了《魯齋遺書》《遜志齋集》《西山應氏家乘》等。另有詩文集《間存集》,惜今不傳世。

(劉　敏)

嘉靖十一年至聖五十九代孫孔君彦畧墓碑

此碑立於嘉靖十一年(1532),現位於孔林。碑頭楷書"大明",碑身正中兩列大字,右側一列楷書"至聖五十九代孫孔君",左側一列楷書"諱彦畧字朝商之墓"。碑頭刻有雲龍紋,碑身四周刻花草紋。碑文楷書。

至聖五十九代孫孔君諱彦畧字朝商之墓

孔顔孟三氏子孫教授司録孔公杰書。

君諱彦畧,字朝商,至聖五十九代之孫。宋襲封文宣公,贈兵部尚書,諱仁玉[一],號中興祖者,君之十六世祖也。曾祖諱希英,字壬彦,元濟寧路教授。祖諱誨,字從伯,考諱公□,字博文,□天□,妣單氏,□吕氏,繼鮑氏,側劉氏、徐氏、□氏,子男十一,長承德,次承業、承敬、承聰、承旻、承舍、承新、承淳、承□、承□、承蓋。子女二,長適兖州護衛舍人仲欽,次適邑庠廪膳生孫世英。孫二十四人,弘琚、弘道、弘□、弘儀、弘方、弘羲、弘祥、□□、弘啓、弘洞、弘立、弘海、弘河、弘濟、弘汲、弘源、弘派、弘敖、弘周、弘□、弘淮、弘湘、弘濬、弘流。曾□□□,聞鏘、聞鐸、聞鏞、聞鈺、聞翰、聞林、聞昌、聞慶、聞芝、聞蘭。

君生於正統五年二月初四日,卒□□□十三年三月十四日,得壽六十有一。今季子承新慨然以報本爲念,顧其力之可逮,乃□□□之前礱石〔二〕為碑,是可謂克盡厥孝矣。故自五代一及子孫,特摭其大槩而書之,俾垂之□□。

嘉靖十一□□□月清明吉旦男承新、孫弘濟同立石。鐫字左□。

【注釋】

〔一〕仁玉:孔仁玉,字温如,孔子四十三代孫。生於後梁太祖乾化二年(912),卒於後周世宗顯德三年(956)。唐末五代時期,宦官亂政,藩鎮復起,戰亂不休,社會動蕩,唐朝皇室對孔氏家族的優待和重視遠不如以往,孔子族裔因外任做官和躲避戰亂,多數流散在外,定居曲阜故地的已相當少,没有了家族内部管理的體制。後唐明宗封孔仁玉爲文宣公,此後孔子世家得以中興,綿延不斷,因此,後世族人尊孔仁玉爲"中興祖"。

〔二〕礱石:墓碑,礱通"壟"。

(張　慧)

嘉靖十三年追思碑

此碑立於嘉靖十三年(1534),現存孔林,高269釐米(含碑头78.5釐米),宽108釐米,厚27釐米,碑頭篆書"追思碑",碑文楷書,殘損一字。

追思碑記

孔顔孟三氏子孫教授司教授前成安縣鄉進士古任〔一〕李若愚撰文。

孔子五十八代孫孔顔孟三氏子孫教授司學録孔公鋐篆額。

承事郎直隸河間交河縣知縣鄉進士古任朱鳳儀書丹。

追思碑孰立也?先師夫子五十六代孫族長竹林之所立也。竹林,諱希瑄,字士輝,竹林乃其别號。立自何年?大明嘉靖十有三載冬十月二十有七日穀旦也。胡以〔二〕

追思名也耶？思其親而弗見，故竪碑以□思，盖與古之存南國之棠、植雷陽之竹，同一思也。雖然，彼之思，思賢也；此之思，思親也。親為誰？厥考諱克旻，字舜夫，號樂庵，厥妣諱樂氏。旻公卒于天順八年十二月初九日，距今七十一年矣。樂氏卒于成化二十年二月十八日，距今五十一年矣。夫二親歿久，而音容罔復覩記，此竹林之所以戚戚其心也，此追思碑之所由立也。

其子嘗聞旻公捐舘〔三〕之後，樂氏厭粧之餘，徐君瀾者，公之賢坦也，為浙之聞人，官兖之倅，仰公之德，恐其姓名泯泯。一日，倩工鐫石，勒其平生之賢，竪扵公之墓前，以昭示無窮。今揭其題三氏學録孔君墓誌銘是也，讀其文可知其始末矣夫。徐以半子之義，猶有鐫石之舉，竹林意，不曰：吾公之子也，受罔極之恩，可無一石之竪乎？此追思碑之所由立也。

竹林亦曰：吾父歿時，尚在襁抱；母歿之日，亦是垂髫，于時虽虽，莫知所慟也，且有長兄希瑶在，亦罔敢自專也。今吾年已七十餘，頗有知矣，子姓〔四〕滿前，而生産日裕矣，先任舉事而復為族長矣。况哭姊尚有歌，孔門十事，亦有藁矣，顧扵吾親，獨惜一石之費而罔追思乎？此追思碑之所由立也。

或有議之曰：孝子扵親，終之久也，不越齋以致思，居處也，笑語也，志意也，庸思而已，故祭之日，入室也，如見乎其位，出户也，如聞乎其聲。一念感通，精神冥契，不猶愈扵碑之竪乎？予告之曰：齋而思之，固宜矣，然歲時展拜其墓，庸詎恝然，而無思乎，思其棺則朽矣，思其衣冠則冷矣,思其肌膚則上侵矣,思其傍則狐兔宂矣,其下則黄泉及矣,思其上,則荊棘莽然矣,於人子之心獨無恔乎?此追思碑所由立也。

言未竟,竹林涕即兩行下,且泣且拜而言曰:希瑄之心,先生得之矣,遂為之記。

大明嘉靖十三年甲午冬十月十有六日吉辰,孝子希瑄,同子詡、謦、譱、謨,孫公仁、公化、公俌、公儒、公儼、公係、公僖、公僑泣血拜立。

【注釋】

〔一〕古任:古任城。

〔二〕胡以:何以。

〔三〕捐館:逝世。

〔四〕子姓:子孫。

(張　慧)

嘉靖十六年胡纘宗謁闕里詩碑

此碑立於明世宗嘉靖十六年(1537)四月,現位於孔廟奎文閣前東碑亭(洪武碑亭)内,北側東石,面西。整統碑高1.4米,寬0.8米,厚0.19米,座高0.32米。胡纘宗撰,草書。正文共包含胡纘宗謁闕里詩五首。15行,行約40字,落款51字。左下方題記3行,行約20字。《闕里誌》卷十二著録第一、二、五首詩,其中第一、二首命名爲《杏壇》,第五首命名爲《手植檜》。《石頭上的儒家文獻——曲阜碑文録》著録全碑。

《闕里誌》"巖巖東岱高"誤作"巖巖泰山高"、"混混洙泗源"誤作"混混洙泗深"、"空憶尼父吟"誤作"空懷尼父吟";《石頭上的儒家文獻——曲阜碑文録》"東芹湛桂醑"誤作"東芹諶桂糈"、"瞻顧徒洋洋"誤作"晤顧清洋洋"、"闔户忽無將"誤作"闔户思無將"、"空憶尼父吟"誤作"定憶尼父吟"、"回點不復作"誤作"回點不改作"、"瑟今復絶響"誤作"琴瑟改絶響"、"所乐何能尋"誤作"所求何能尋"、"不復夢周公"誤作"不改夢周公"、"徒尔費庖犧"誤作"徒爾贊庖羲"、"尼山青郁郁"作"尼山青鬱鬱"、"高出數仞垣"誤作"高出如紉垣"、"枝葉時翩翻"誤作"枝葉時翩翩"、"枝甦葉復繁”誤作“枝甦葉改繁”、“顯晦豈無數”誤作“顯晦豈無知”、“攀檜夫何言”誤作“攀松復何言”、“但願檜復發”誤作“但願檜改發”、“陽和迴至坤”誤作“陽和恩至坤”、“都察院”誤作“考察院”、“按察副使”脱“副”字。

謁闕里五首

雞鳴起盥漱,平明登宫墻。對越杏壇下,環珮肅鏘鏘。東芹[一]湛桂醑[二],至馨澈崇堂。旅獻列臺使,松檜錯冠裳。百拜意未已,瞻顧徒洋洋。闢户恍有見,闔户忽無將。仰聖歷千祀,龍去何茫茫。[三]

巖巖[四]東岱[五]高,混混洙泗[六]源。杏壇依古檜,不見瑟與琴。遂令千載下,空憶尼父吟。回點不復作,雅頌無遺音。瑟今復絶響,輾轉傷人心。陰陽有天地,詩書無古今。黽勉[七]學顏子,所乐何能尋。[八]

祥麟來何時,王鳳已黍離[九]。不復夢周公,徒尔費庖犧[一〇]。掩涕嘆西狩,麟哉未何為。往者不可作,來者猶可追。三千同負笈[一一],七十各垂帷[一二]。六經詔千古,永為帝者師。齋明[一三]趨闕里,堂室昭在斯。[一四]

尼山青郁郁,泗水碧潺潺。闕里雲皜皜[一五],陋巷鳥關關[一六]。孔氏冠裳古,顏氏門第妍。聖公何翼翼,博士亦翩翩。令尹[一七]且秩秩,學録[一八]復愔愔。翊聖[十九]千載上,報本百王前。不見室家美,何知師友賢。[二〇]

蒼檜何鬱鬱[二一],天地培其根。手植未十載,高出數仞垣。援琴息檜下,枝葉時翩翻。廟災檜亦火,枝甦[二二]

葉復繁。顯晦豈無數,榮枯應有端。重來謁闕里,攀檜夫何言。但願檜復發,陽和迴至坤。〔二三〕

嘉靖十有六年夏四月五日。

賜進士嘉議大夫都察院右副都御史奉勅巡撫山東前翰林院檢討國史官天水後學胡纘宗〔二四〕百拜書。

同謁者:按察副使上黨孟居仁,右兼議鴈門謝葉,按察僉事義陽王納,天府同知前御史馬敭。云既謁之,明日,衍聖公孔聞韶与敭立。敭上察人。

【注釋】

〔一〕東芹:舉行釋菜禮的蔬果之一。釋菜禮是祭祀先聖先師的一種典禮,古代入學時常設"酒、芹、棗、栗"等蔬果菜羹祭獻於孔子及顔淵、閔子騫等賢哲位前,以此來禮敬師尊,以示敬學重道。

〔二〕桂醑:桂花酒,泛指美酒。

〔三〕據《闕里誌》記載,此詩名爲《杏壇》。此首詩描寫了謁闕里廟,行祭拜禮的場面,同時表達了對先聖的追憶緬懷和崇敬之意。

〔四〕巖巖:高大,高聳。

〔五〕東岱:泰山,五嶽中的東岳。岱爲泰山的别名。

〔六〕洙泗:即洙水和泗水。古時的二水自今山東省泗水縣北合流而下,至曲阜北,又分爲二水。洙水在北,泗水在南。春秋時屬魯國地。孔子在洙泗之間講學,后因此以"洙泗"代稱孔子及儒家。

〔七〕黽勉:勉勵,盡力。亦作"黽俛"。

〔八〕據《闕里誌》記載,此詩名爲《杏壇》。這首詩抒發了作者見到泰山高聳，古檜參天，杏壇依舊，卻無法聞見昔日聖賢的雅頌琴瑟之音，衹能空憶緬懷，尋找孔顔樂處的惆悵之情。

〔九〕黍離：《詩經·王風》的篇目之一。後"黍離"成爲典故，用作感慨亡國之詞。

〔一〇〕庖犧：即伏羲，華夏民族的人文祖始，三皇之一。

〔一一〕負笈：背著書箱，遊學外地。

〔一二〕垂帷：放下室内懸掛的帷幕，形容專心讀書。

〔一三〕齋明：謹肅嚴明。

〔一四〕這首詩表達了對聖賢已逝的感歎和惋惜之情，同時贊頌聖人廣佈教化，教授六經，垂範後世，充滿景仰和崇敬之意。

〔一五〕皜皜：形容明亮潔白。

〔一六〕關關：象聲詞，形容雌雄二鳥相互應和的叫聲。

〔一七〕令尹：縣、府等地方行政長官。在春秋戰國時期是楚國的執政官名，掌管政治事務，發號施令，相當於宰相。

〔一八〕學録：古代文官官職名。初設於宋代，宋代國子監等官學機構置學正與學録，掌管執行學規，考校訓導，爲基層官員編制之一。明代學録秩從九品，清乾隆陞爲正八品。清朝滅亡后，該官職亦廢除。

〔一九〕翊聖：輔佐天子。翊，輔佐，幫助。

〔二〇〕這首詩描寫了謁闕里廟的場面，周圍的自然環境幽雅静謐，參與祭拜的衍聖公、令尹、博士、學録等各級官員行爲莊重，神情肅穆，服膺於聖人的千載德行，祭拜的場面莊嚴而有序。

〔二一〕鬱鬱：茂盛的樣子。

〔二二〕枝甦：枝幹一點一點地復活，恢復生命力。甦，蘇醒。

〔二三〕據《闕里誌》記載，此詩名爲《手植檜》。這首詩描寫并讚頌了闕里廟内的檜樹，借檜樹比喻聖人的盛德和教化澤披後世，延綿不絶，如檜樹般歷經磨難，仍能恢復生命力。

〔二四〕胡纘宗(1480—1560)：字孝思，又字世甫，號可泉，别號鳥鼠山人。明鞏昌府秦州秦安人(今甘肅天水市秦安縣人)。明武宗正德三年(1508)中進士，任翰林院檢討。正德五年(1510)後，歷經嘉定州判官，安慶、蘇州知府，山東、河南巡撫，足跡遍及江南、中原。胡纘宗爲官愛民禮士，撫綏安輯，廉潔辯治，著稱大江南北。嘉靖十三年(1534)罷官歸里，遂開閣著書。有《鳥鼠山人集》《安慶府志》《蘇州府志》《秦州志》等十四部著作傳世。胡纘宗還是一位書法家，現存江蘇鎮江有"海不揚波"、曲阜孔廟有"金聲玉振"，天水伏羲廟有"與天地準"牌匾。

(劉　敏)

嘉靖十六年孔公珏摹刻胡纘宗謁闕里詩碑

此碑立於明世宗嘉靖十六年(1537)四月,現位於孔廟奎文閣前東碑亭(洪武碑亭)内,北側西石,面東。整統碑高1.43米,寬0.83米,厚0.2米,座高0.36米。胡纘宗撰文,孔公珏摹刻,草書。正文共包含胡纘宗謁闕里詩十首,其中嘉靖七年謁闕里詩五首,嘉靖十六年謁闕里詩五首。碑文分5層,每層16行,行約10字,落款17,后有題記8行,行約18字。《闕里文獻考》卷四十一《藝文》第十二之十著録嘉靖七年謁闕里詩五首;《闕里誌》卷十二著録嘉靖十六年謁闕里詩中的第一、二、五首詩,其中第一、二首命名爲《杏壇》,第五首命名爲《手植檜》。《石頭上的儒家文獻——曲阜碑文録》著録全碑。

《闕里文獻考》"瞻顧心悠悠"誤作"顧瞻心悠悠"、"雝雝飴禮樂"誤作"雍雍餘禮樂"、"絶筆有餘嘆"的"嘆"作"歎";《闕里誌》"巖巖東岱高"誤作"巖巖泰山高"、"混混洙泗源"誤作"混混洙泗深"、"空憶尼父吟"誤作"空懷尼父吟";《石頭上的儒家文獻——曲阜碑文録》"瞻顧心悠悠"誤作"顧瞻心悠悠"、"春雲覆魯阜,紫氣生尼山”誤作“春雲度魯阜，紫氣望尼山”、“鳳鳥復何處”誤作“鳳鳥汶河處”、“巍巍登宫墻”誤作“巍巍望宫墻”、“肅肅列冠裳”脱“列”、“穆穆啟遥殿”脱“啟遥”、“殿”誤作“處”、“翼翼瞻崇堂”誤作“翼翼晤崇堂”、“雝雝飴禮樂”誤作“雝雝玷禮樂”、“郁郁昭文章”誤作“鬱鬱紹文章”、“悠悠但百拜，納納何能量”誤作“熙熙但百拜，細細何能量”、“兢兢入闕里”誤作“競競入闕里”、“皡皡美千室”誤作“洋洋美千室”、“義文不復作”誤作“義文不改心”、“暮依梟嶧山”誤作“暮作梟嶧山”、“蒼檜獨旖旎”誤作“蒼檜何旖旎”、“不知室家美”誤作“不知皇家美”、“顯顯垂千祀”誤作“默默垂千祀”、“東芹湛桂醑”誤作“東芹諶桂糈”、“瞻顧徒洋洋”誤作“晤顧清洋洋”、“闔户忽無將”誤作“闔户思無將”、“空憶尼父吟”誤作“定憶尼父吟”、“回點不復作”誤作“回點不改作”、“瑟今復絶響”誤作“琴瑟改絶響”、“所乐何能尋”誤作“所求何能尋”、“不復夢周公”誤作“不改夢周公”、“徒尔費庖犧”誤作“徒爾贊庖羲”、“尼山青郁郁”作“尼山青鬱鬱”、“高出數仞垣”誤作“高出如紉垣”、“枝葉時翩翻”誤作“枝葉時翩翩”、“枝甦葉復繁”誤作“枝甦葉改繁”、“顯晦豈無數”誤作“顯晦豈無知”、“攀檜夫何言”誤作“攀松復何言”、“但願檜復發”誤作“但願檜改發”、“陽和迴至坤”誤作“陽和恩至坤”、“茲以内臺”脱“茲”、“吾三氏學”脱“吾”、“咸歌誦焉”誤作“成歌誦焉”。

謁闕里五首〔一〕

日出登清廟，仰見春雲流。百拜杏壇下，金石諧深憂。衮冕〔二〕儼堂陛，瞻顧心悠悠。天不生尼父，斯文將焉求。〔三〕

春雲覆魯阜，紫氣生尼山。奕奕〔四〕素王宫，宛在海

嶽間。海深不可量，嶽高不可攀。鳳鳥〔五〕復何處，洙泗空潺湲。〔六〕

巍巍登宫墻，肅肅列冠裳。穆穆啟遥殿，翼翼瞻崇堂。雝雝〔七〕飴禮樂，郁郁〔八〕昭文章。悠悠〔九〕但百拜，納納〔一〇〕何能量。〔一一〕

兢兢〔一二〕入闕里，翼翼登杏壇。皞皞〔一三〕美千室，楚楚〔一四〕富百官。義文不復作，太極誰為端。輾轉感麟處，絶筆有餘嘆。〔一五〕

暮依凫嶧山，曉循洙泗水。杏壇浮白雲，蒼檜獨旖旎〔一六〕。但見宫墻高，不知室家美。恢恢〔一七〕詔百王，顯顯垂千祀。〔一八〕

嘉靖七年春正月望日，後學天水胡纘宗頓首識。

謁闕里五首〔一九〕

雞鳴起盥漱，平明登宫墻。對越杏壇下，環珮肅鏘鏘。東芹湛桂醑，至馨澈崇堂。旅獻列臺使，松檜錯冠裳。百拜意未已，瞻顧徒洋洋。闢户恍有見，闔户忽無將。仰聖歷千祀，龍去何茫茫。

巖巖東岱高，混混洙泗源。杏壇依古檜，不見瑟與琴。遂令千載下，空憶尼父吟。回點不復作，雅頌無遺音。瑟今復絶響，輾轉傷人心。陰陽有天地，詩書無古今。黽勉學顏子，所乐何能尋。

祥麟來何時，王鳳已黍離。不復夢周公，徒尔費庖犧。掩涕嘆西狩，麟哉未何為。往者不可作，來者猶可追。三千同負笈,七十各垂帷。六經詔千古,永為帝者師。齋明趨闕里,堂室昭在斯。

尼山青郁郁,泗水碧潺潺。闕里雲皜皜,陋巷鳥關關。孔氏冠裳古,顔氏門第姸。聖公何翼翼,博士亦翩翩。令尹且秩秩,學録復愔愔。翊聖千載上,報本百王前。不見室家美,何知師友矣。

蒼檜何鬱鬱,天地培其根。手植未十載,高出數仞垣。援琴息檜下,枝葉時翩翻。廟災檜亦火,枝甦葉復繁。顯晦豈無數,榮枯應有端。重來謁闕里,攀檜夫何言。但願檜復發,陽和迴至坤。

嘉靖十有六年夏四月,後學天水胡纘宗賦。

天水可泉公,以詩鳴海内外。初官齊藩参伯改淛藩道出吾邑,謁闕里,而有是作。兹以内臺中丞視礦於沂,撫臨吾邑,謁闕里,而有是作。吾三氏學及曲阜諸生咸歌誦焉,因摹刻於石,使知翁之詩什〔二〇〕。雖出于偶成,亦自有漢唐風韻,不獨兩庠〔二一〕諸生可歌誦尔已也。

曲阜縣世職知縣孔公珏〔二二〕識。

【注釋】

〔一〕此五首詩爲嘉靖七年胡纘宗謁闕里廟時所創作。著録於《闕里文獻考》卷四十一《藝文》第十二之十。

〔二〕衮冕:衮衣和冕,是古代皇帝及王公貴族在祭天地、宗廟等重大慶典活動時穿戴的禮服和禮冠。《儀禮·覲禮》:"天子衮冕,負斧依。"根據《周禮》記載,衮冕爲王之吉服。明朝在洪武十六年始定衮冕制度,至洪武二十六年、永樂三年時又分别做過補充修改。皇帝十二章，日、月、星辰、山、龍、華蟲六種織於衣，宗彝、藻、火、粉米、黼、黻綉於裳，十二旒冕。親王上衣繪山、龍、華蟲、宗彝等五章花紋，下裳綉藻、粉米、黼、黻四章花紋，共九章，九旒冕。親王以下因爲不綉龍，不能稱爲衮冕，但明代都稱爲衮冕。

〔三〕這首詩寫出了在闕里廟舉行祭祀時莊嚴恭敬的場面，也流露出作者追憶懷念先聖的真摯情感。

〔四〕奕奕：高大的樣子。

〔五〕鳳鳥：鳳凰。

〔六〕這首詩從宏觀上描寫了闕里孔廟的巍峨高大，以此來比喻孔子崇高的德行和對後世的深遠影響，同時表達了聖人遠去、洙泗空流的失意和惆悵。

〔七〕雝雝：同雍雍。鳥和鳴聲，形容聲音和諧。

〔八〕郁郁：既可以形容植物生長茂盛，也可以形容文采興盛，如文筆郁郁。在這裏取後者之意。

〔九〕悠悠：形容從容不迫，也有連綿不盡之意。此處用以形容行跪拜禮時的從容和跪拜的時間之長，表達對先師孔子的無限追念和崇仰。

〔一〇〕納納：包容貌。

〔一一〕這首詩描寫了謁廟祭拜的具體場景，從演奏禮樂，行跪拜禮等莊嚴肅穆的場面中，可以看出人們對先師的敬仰之情。

〔一二〕兢兢：謹慎小心貌。

〔一三〕皞皞：皞，古通"昊"，廣大。這裏形容房屋建築的寬廣宏偉。

〔一四〕楚楚：整潔鮮明的樣子，形容百官衣冠楚楚。

〔一五〕這首詩描寫了闕里廟宫室的華美壯麗，前來拜謁的百官衣冠楚楚，神態莊重，感歎孔子當年在此處作《春秋》，絶筆於獲麟，發出"吾道窮矣"的感傷。

〔一六〕旖旎：本意爲旌旗隨風飄揚的樣子，引申爲宛轉柔順。多用來形容景物柔和美麗，婀娜多姿，多盛美好。

〔一七〕恢恢：寬闊廣大貌。

〔一八〕這首詩通過景物描寫進而贊頌先師聖人偉岸的人格和崇高的功德，抒發了雖不能至，但心生嚮往的崇敬之意。

〔一九〕此五首詩爲嘉靖十六年胡纘宗謁闕里廟時所創作。《闕里誌》卷十二著録其中第一、二、五首詩。

〔二〇〕詩什：《詩經》的編次，《雅》《頌》多以十篇爲一組，名之爲什。后以"詩什"泛指詩篇、詩作。

〔二一〕庠：泛指學校。

〔二二〕孔公珏：字栗文，孔燮之子，孔子第五十八代孫，監生。嘉靖十一年至二十一年任曲阜縣知縣，敕封文林郎。爲官頗有政績，有"愛民如子"之譽，因忠於明室而被"屢行旌異"，是明代的循臣。

（劉　敏）

嘉靖二十三年楊九澤謁孔碑

此碑立於明世宗嘉靖二十三年(1544)五月,現位於孔廟十三碑亭院東南部西區北排,東起第5石,面北。碑南面刻有《正德十四年陳鳳梧祭告祝文碑》。整統碑高1.4米,其中雲紋碑頭0.3米,中間篆書"大明"二字。碑寬0.8米,厚0.32米。雲邊。殘,已修復,現有三道修補痕跡。正書,全文共9行,行多至26字。《石頭上的儒家文獻——曲阜碑文録》著録全碑。

《石頭上的儒家文獻——曲阜碑文録》"巡按"誤作"巡撫"、"華陰"誤作"華陽"、"提刑按察司"誤作"提刑按察使司"、"陪行"誤作"陪同"、"添註"作"添注"。

嘉靖貳拾叁年甲辰夏伍月拾玖日丙辰,欽差巡按直隸等處監察御史前進士華陰楊九澤釋菜禮拜謁聖廟。

山東等處承宣布政使司分守東兗道左參議前進士東吴楊伊志。

山東等處提刑按察司分巡東兗道僉事前進士晉江黄鰲陪行。

兖州府推官[一]前進士鈞州王嘉孝。

添註[二]推官前進士虞城張鵬翼刻識[三]。

【注釋】

〔一〕推官：官名，唐代始置。明代爲各府的佐貳官，即輔佐官，掌理刑名，贊計典。

〔二〕添註：添入注擬。"註"同"注"。注擬是一種登録姓名，擬定官職，以備委用的册籍。添入注擬即等候委用之意。但至明代雖無實缺，添入注擬者仍然可以就職治事。

〔三〕刻識：刻記，標記。

（劉　敏）

嘉靖二十九年至聖五十九代孔朝器墓碑

此碑立於嘉靖二十九年(1550),現位於孔林。碑頭書“大明”,篆書。碑身正中書“至聖五十九代孔君朝器墓”,楷書。碑頭刻有雲龍紋,碑身刻有花草紋,已模糊不清。碑頭高0.8米,碑身高2.67米,寬0.96米,厚0.3米。碑文楷書。

大明至聖五十九代孔君朝器墓

南京户部貴州清吏司〔一〕主事前浙江道監察御史曲阜郭本書。

君諱彦珙,字朝器,魯巨室〔二〕也。娶王氏、陳氏,皆著姓〔三〕。子四:承審,儒官;承寧,兵馬;承宥,承寅,俱敦儒行。女四:長適熊方伯男慶淵,次適鄒城尹郭夂仁,次配魯鉅野王月齋,次適望江尹楊璉。於嘉靖甲申十一月下三日卒,距生景泰辛未享年七十有四。駿聲〔四〕高義[五],有志存焉。

嘉靖二十九年庚戌春三月乙酉,男承宥、承寅,孫弘休、弘哲立石。

石匠馮三。

【注釋】

〔一〕清吏司:明朝六部分司辦事,各司分别稱某某清吏司。其中,户部設十三個清吏司。

〔二〕巨室:名望高勢力大的世家大族。

〔三〕著姓:有聲望的族姓。

〔四〕駿聲:盛譽。

〔五〕高義:行爲高尚而有義氣。

(張　慧)

嘉靖三十五年毛鵬致祭廟碑

此碑立於明世宗嘉靖三十五年(1556)三月,今見於孔廟十三碑亭院西南部,東起第2石,面北。整統碑高1.7米,其中碑頭0.55米,有雲紋、鳳紋圖案,中間正書"祭文"二字。碑寬0.85米,厚0.24米。雲邊。孔承業立,朱應奎書。正書,共13行,行30字。碑陰有明隆慶三年(1569)山東按察史鄒人甘茹謁廟行釋菜禮題記,行書。碑面斑駁,有修補痕跡。《續修曲阜縣志》卷八《藝文志·金石·碑誌》著録全碑。《石頭上的儒家文獻——曲阜碑文録》著録全碑。

《續修曲阜縣志》卷八《藝文志·金石·碑誌》"二十三日"誤作"二十二日"、"僉事"誤作"簽事"、"羹牆"作"羹墻"、"奕葉"誤作"奕業"。《石頭上的儒家文獻——曲阜碑文録》"二十三日"誤作"二十二日"、"僉事"誤作"簽事"、"頡頏"誤作"頡頑"、"奕葉"誤作"奕業"、"儀刑"誤作"儀型"、"舉酒"誤作"舉灑"。

維嘉靖三十五年,歲在丙辰春三月庚辰朔越二十三日辛巳,巡按山東監察御史毛鵬〔一〕,布政司左參政張祉,按察司僉事任希祖、周世遠，謹以牲醴[二]庶羞[三]之奠，致告於至聖先師孔子之神曰：仰惟慕先聖之道，希見羹牆[四]，謁先聖之居，眷言[五]此邦。兹其托洙泗而結壇者，舊轍還而棲止[六]。連闕里而聚處者，曾恂恂[七]而頡頏[八]。夫子之道，無處不有，無時不然。於鄉黨而恍挹其謙光，簪纓[九]奕葉[一〇]，黌[一一]校傳芳。所謂賢於堯舜者，中固不可名，而迄今愈顯揚。鵬等問俗東山，造里升堂，儀刑[一二]雖切，瞻遡茫茫。舉酒釋奠，神其來嘗。尚饗[一三]。

兖州府知府朱應奎謹刻石。

曲阜縣世職知縣孔承業立。

【注釋】

〔一〕毛鵬(1522—1565)：字汝南，别號雙渠，棗强縣人。明代嘉靖二十五年(1546)鄉試中舉，繼之殿試中進士，被任爲江陰知縣，陞爲御史。嘉靖三十四年(1555)巡察山東。後陞太僕寺少卿、僉都御史，巡撫寧夏。嘉靖四十三年(1564)升右副都御史，提督雁門等關，巡撫山西河南。次年，因積勞成疾不治而逝。其遺著有《條陳邊務》等。

〔二〕牲醴：供宴饗祭祀用的牛、羊、豬三牲及甜酒。

〔三〕庶羞：多種美味。品多曰庶，肴美曰羞。

〔四〕羹牆：追念前輩，仰慕聖賢的意思。

〔五〕眷言：亦作睠言，回顧的樣子。言，詞尾。

〔六〕棲止：寄居，停留。

〔七〕恂恂：恭謹温和的樣子。

〔八〕頡頏：原指鳥上下翻飛，引申爲互相抗衡，不相上下。

〔九〕簪纓:世代做官的人家。簪和纓爲古代達官貴人的冠飾,簪爲文飾,纓爲武飾。後借簪纓指高官顯宦。

〔一〇〕奕葉:代代,累世。

〔一一〕黌:古代的學校。

〔一二〕儀刑:效法。

〔一三〕尚饗:亦作"尚享",表示希望逝者來享用祭品。多用作祭文的結語。

(劉　敏)

嘉靖三十八年吴維嶽祭告祝文碑

此碑立於明世宗嘉靖三十八年(1559)五月,現位於孔廟十三碑亭院東南部中排,東起第3石,面北。整統碑高2.08米,其中碑頭0.5米,有雲紋、鳳紋圖案,正中篆書"大明"二字。碑寬1.02米,厚0.28米。雲邊。錢大觀書,正書。全文共14行,行35字。碑南面爲《嘉靖三十八年吴維嶽謁廟題名記碑》。《石頭上的儒家文獻——曲阜碑文録》著録全碑。

《石頭上的儒家文獻——曲阜碑文録》"涖"作"蒞"、"夢寐"誤作"夢寢"、"自必"誤作"有必"、"亂義"誤作"禮義"、"口給"誤作"日給"、"魯不出家"誤作"曾不出家"、"顧摭其華"誤作"願摭其華"、"斯競"誤作"斯兢"、"脩敬"誤作"脩政"、"弗均"誤作"其均"、"攸分"誤作"飲分"、"舉錯"誤作"舉措"、"以今政學"誤作"以令政學"、"暇煖"誤作"遐暖"、"鑒觀于下"作"鑒觀於下"、"踽凉"誤作"瑀凉"、"起衰"誤作"趙衰"、"似茲"誤作"以茲"、"澗芳"誤作"潤芳"。

嘉靖三十八年歲次己未仲夏朔,中憲大夫提督山東

學校按察司副使孝豐吴維嶽[一],以先一日涖曲阜,齋於公舍。詰晨[二],率諸生謁至聖先師孔子之廟,釋奠而告曰:

師道天然,莫知所擬。得門而入,美富在是。幼讀詩書,夢寐闕里。迺獲來瞻,云胡不喜。六經四書,師訓炳倬[三]。約而言之,不越政學。四教無隱,冀後有覺。滔滔皆是,今更淖涿。學罔為己,忠信弗率。志穀耻藴[四],始務佔畢[五]。聞見未多,疑殆自必。勇或亂義,文皆勝質。徒事攻人,私是用匿。有號識者,日繁講論。索隱[六]何述,口給非仁。庸德庸言,師嘗誨人。所求乎子,所求乎臣。五者達道,魯不出家。未踐其實,顧摭[七]其華。蔬食水飲,樂豈在遐。遑遑[八]聲利,曰思無邪。何如從政,在帥以正。兵食可足,無信為病。學道愛人,禮樂斯競。百姓不安,曷以脩敬。弗均迺貧,有欲迺竊。四惡五美,倒行決裂。使不以時,用其云節。苛猛於虎,眾且結舌。君維使臣,民欲令聚。兕[九]出玉毁,伊誰之故。枉直攸分,在慎舉錯。不果不達,胡容尸素[一〇]。以今政學,回視春秋。末流愈下,大道是仇。維師振鐸[一一],為絶學謀。維師泣麟,為窮民憂。俾見今日,殆有甚者。席不暇煖,每先子夏。師靈在天,鑒觀于下。何時易之,還諸大雅。小子踽凉[一二],攝教東方。志欲起衰,愧不成章。古有問天,亦有望洋。小子似兹,誠在澗芳[一三]。謹告。

上虞後學錢大觀書。

曲阜知縣孔承業[一四]刻石。

【注釋】

〔一〕吴維嶽(1514—1569):字峻伯,號霽寰。明朝孝豐(今屬浙江安吉)人。嘉靖十六年(1537)丁酉舉人,十七年(1538)連捷成進士,授江陰縣令,擢刑部主事,陞兵部郎中,後歷山東按察副使、山東學政、湖廣參議、江西按察使、右僉都御史。擅長書法,精通文學,尤卓於詩,爲"嘉靖廣五子"之一。有《天目山齋歲編》《海岱集》。

〔二〕詰晨:早晨,亦指第二天早晨。詰,猶翌。

〔三〕炳倬:光明,顯著。

〔四〕蘊:以亂麻爲絮的袍子,爲貧者所服。

〔五〕佔畢:同"占畢",意爲誦讀,指經師不解經義,僅視簡上文字誦讀以教人,后泛指誦讀。

〔六〕索隱:探求隱微的道理。

〔七〕摭:拾取,摘取。

〔八〕遑遑:匆忙。

〔九〕兕:犀牛。

〔一〇〕尸素:居位食禄而不盡職。

〔一一〕振鐸:本義爲摇鈴,後指警示,教諭。鐸,有舌的大鈴。古代宣佈政教法令時,振鐸以警衆。

〔一二〕踽凉:落落寡合的樣子,潔身自好,不與人苟合。

〔一三〕澗芳:山澗中的花香。

〔一四〕孔承業:字永基,孔子第六十代孫,嘉靖二十五年至四十二年任曲阜縣知縣,敕封文林郎。嘉靖三十一年刊刻陳鎬編撰的《闕里誌》。

(劉　敏)

嘉靖三十八年吴維嶽謁廟題名記碑

此碑立於明世宗嘉靖三十八年(1559)八月,今見於孔廟十三碑亭院東南部中排,東起第3石,面南。整統碑高2.08米,其中碑頭0.5米,有雲紋、鳳紋圖案,正中篆書"大明"二字。碑寬1.02米,厚0.28米。雲邊。仇官、鄒組、孔彦珮、孔弘塤書,正書。全文共12行,行多至28字。碑北面爲《嘉靖三十八年吴維嶽祭告祝文碑》。《石頭上的儒家文獻——曲阜碑文録》著録全碑。

《石頭上的儒家文獻——曲阜碑文録》"官員生徒"誤作"官員生員"、"凡從行者列名於後"闕"凡""列"二字、"黎天啟"誤作"黎天敘"、"何繼魯"誤作"何繼曾"、"李應陽"誤作"李應揚"、"百七十人"闕"百"字、"謝汝賢"誤作"謝晉"、"曲阜生員"誤作"曲阜縣"、"孔彦珮"誤作"孔衍佩"、闕"三氏生員孔弘塤書"、闕"縣丞胡潭"。

嘉靖三十八年五月,欽差山東提督學校提刑按察司副使吴,率兗州府所屬官員生徒祗謁至聖先師,行釋奠禮。凡從行者列名於後,以記一時之盛云。

兖州府知府莫如善，同知祁天敘、黎天啟、王恒，通判王世昌、李鰲、李才優。

滋陽知縣江應昂，鄒縣知縣何繼魯，府學教授李宗模，訓導王道正、李應陽、譚壁、楊義，滋陽教諭〔一〕江懃，訓導張文縉、張九衢，曲阜教諭林翰，訓導邢冠、藺珠，府學生員鮑邦瑞等百七十人，滋陽生員謝汝賢等百三十人，三氏生員孔承前等百人，顔從舜等十人，孟承相等五人，曲阜生員李文臣等九十五人。

推官〔二〕仇官、三氏教授鄒組、學録〔三〕孔彦珮、三氏生員孔弘境書。

嘉靖三十八年八月日。

曲阜縣世職知縣孔承業、縣丞胡潭、典史劉廷寶同立。

石匠馮永道。

【注釋】

〔一〕教諭：學官名，元明清縣學均置，掌文廟祭祀，教育所屬生員。縣學是一縣之最高教育機關，内設教諭一人、訓導數人。訓導是輔助教諭的助手。

〔二〕推官：明代各府的佐貳官，即輔佐官，掌理刑名，贊計典。

〔三〕學録：文官官職名，配置於國子監等官學機構，掌執行學規，考校訓導。

（劉　敏）

嘉靖四十年朱衡謁廟題名碣

此碣立於明世宗嘉靖四十年(1561),現位於孔廟十三碑亭院東南部中排,東起第1石,面北。高2.6米,寬0.86米,厚0.23米。周天球書,正書。正文3行,行9字。下之跋共10行,行8字,周天球謁廟題名,行書。《石頭上的儒家文獻——曲阜碑文録》著録全碑。

《石頭上的儒家文獻——曲阜碑文録》"九月"誤作"六月"。

嘉靖辛酉春三月望,吉州朱衡〔一〕巡撫東土,恭謁闕里,行釋菜禮成,謹識〔二〕。

越五年丙寅九月朔吴郡周天球〔三〕重書。

署縣莆田陳文信立。

【注釋】

〔一〕朱衡:字士南。萬安人。世宗嘉靖年間進士,歷官工部尚書,經理河道。在部裁抑浮費,所節省甚衆。性强直,不爲張居正所喜。萬曆初,言官劾其剛愎,無人臣禮,乞休歸。著有《道南源委録》。

〔二〕謹識:鄭重記敘。

〔三〕周天球:明太倉人,字公瑕,號幼海。曾隨父徙吴,從明代著名書畫家文徵明游。善繪蘭草,尤善大小篆、古隸、行、楷。一時豐碑大碣,皆出其手。

(劉　敏)

嘉靖四十五年慈善處士孔彦粹墓碑

此碑立於嘉靖四十五年(1566),現位於孔林。碑頭書“大明”,篆書。碑高2.42米(含碑頭0.7米),寬0.83米,厚0.22米。碑陰爲宗派圖。

□□□十九代孫慈善處士孔君墓碑銘

□□□三氏教授司學録族姪孔承鎬拜撰。

□顔孟三氏教授司廪生棠孫孔聞翰謹書。

□諱彦粹,字朝純,宣聖□□□世孫也,有宋御史中丞〔一〕道輔〔二〕其十四世孫也。曾大父諱希毅,字士□,□□教諭,□□縣尹□□謚莊和、諱諮者,其大父也。私謚和穆〔三〕處士,諱公謹者,其父也。妣顔氏,□四子,□□少也。兄彦肅、彦綬、□□。君生於正統戊戌正月初一日,君所稟獨厚,□□持身,咸納於大中至正□□,其接人,皆得乎睦□豈弟之善。平生樂意於田園,不屑仕進〔四〕,所存皆高尚之志。處父母兄弟而孝友〔五〕著聞,内外無間,言世□忠厚,長者稱之。以正德戊辰十二月三十日,卒於家,聞訃〔六〕者,無不悼焉,得□六十。

配劉氏,右族〔七〕劉□之女也,有淑行〔八〕,生於景泰壬申八月二十一日,卒於弘治壬子五月初□日□,壽三十八。继室陳氏,生於成化四年七月二十日,卒於嘉靖二十八年,得壽八十二。□□□先隴。□七,承憲、承慜,其劉氏出也,承愬、承愍、承念、承慮、承□,其陳氏出也。女三,俱適名門,孫男弘□□□十二人,孫女十一人,俱適名門。君其後裔之蕃庶〔九〕如此。因而銘曰:

尼峯餘靈,厥生聖孫。□□□□,□輔中丞。相考□□,□踐舊迹。继志相承,無爲悪□。惟善動天,子孫詵詵〔一〇〕。建碑孔林,春秋祭祀。於萬斯年〔一一〕,恩推所自〔一二〕。

嘉靖四十五年丙寅後十月初八吉日,孝男孔承念等同立。

【注釋】

〔一〕御史中丞:官名,秦朝始置。漢朝爲御史大夫的次官。御史大夫本有兩丞,一爲御史中丞,掌蘭臺秘書,外督部御史,内令侍御史,受公卿章奏,糾察百僚。漢哀帝廢御史大夫,以御史中丞爲御史臺長官。後,魏改中丞爲中尉,北齊又改爲中丞。隋朝因避諱,置御史大夫,不置御史中丞。唐、五代、宋均大夫與中丞並置。明朝廢御史臺,改設督查院,御史中丞遂廢。

〔二〕道輔:孔道輔,自原魯,孔子四十五代孫,生於宋太宗雍熙二年(985),卒於宋仁宗寶元二年(1039)。自幼聰明好學,二十五歲進士及第，爲寧州軍事推官。大中祥符九年(1016)，任大理寺丞兼知仙源縣，乾興元年(1022)任太常博士，召爲左正言。宋仁宗明道二年(1033)，爲右諫議大夫、御史中丞。孔道輔曾上奏請求擴建孔廟，尋訪孟子後人，修築孟廟，並在孔廟西側，修建五賢祠，將孟子、荀子、楊雄、王通、韓愈稱爲"五賢"，設像祭祀。

〔三〕和穆：和睦恭敬。

〔四〕仕進：入仕，做官。

〔五〕孝友：事父母孝順，對兄弟友愛。

〔六〕訃：報喪，報喪的通知。

〔七〕右族：豪門大族。

〔八〕淑行：美好的品行。

〔九〕蕃庶：繁盛，衆多。

〔一〇〕詵詵：形容衆多。

〔一一〕於萬斯年：形容無限長遠的年代。

〔一二〕恩推所自：(子孫)知道恩澤來源於哪位祖先。

（張　慧）

隆慶四年周詠謁孔碑

此碑立於隆慶四年(1570)正月,現位於孔廟十三碑亭院西南部,東起第5石,面南。整統碑高1.96米,其中碑頭0.55米,有淺雕祥雲圖案,中間篆書"大明"二字。碑寬0.97米,厚0.28米。碑身正書,雲邊,由張文淵、錢普、景嵩立。全文共8行,行約31字。碑身右下方殘損,已修復,現有修補痕跡。碑陰爲《萬曆五年王藻祀孔碑》。

隆慶四年庚午春正月二十四日壬辰,巡按山東監察御史延津周詠〔一〕以釋奠禮拜謁至聖先師,山東等處提刑按察司管河兼水利鹽道副使富順黄璒,山東等處提刑按察司分巡東兗道兼管曹濮兵備〔二〕屯田馮政道,僉事〔三〕巴縣蹇達陪行。

兗州府知府西充張文淵,東昌府推官無錫錢普,兗州府推官〔四〕萬全景嵩立。

曲阜縣知縣孔承厚〔五〕刻識〔六〕。

【注釋】

〔一〕周詠：河南延津人，嘉靖四十一年（1562）壬戌科三甲第五十七名進士。萬曆十年（1582）任兵部右侍郎兼僉都御史，總督薊遼、保定。次年，因給事中馮景隆彈劾，被除名黜爲民。

〔二〕兵備：明朝時邊疆及各省要衝地區設置了整飭兵備的按察司分道，主要負責分理轄區軍務，監督地方軍隊，管理地方兵馬、錢糧、屯田，維持地方治安。

〔三〕僉事：明代提刑按察使司屬官，無定員，分道巡察，相當於現在的副職或者助理等職。

〔四〕推官：官名，唐代始置。明代爲各府的佐貳官，即輔佐官，掌理刑名，贊計典。

〔五〕孔承厚：隆慶三年（1569）任曲阜縣知縣，以孝行薦授，鋤强梗，扶怯懦，不避權貴。御史趙可懷劾奏，遂罷。世職以兖州府清軍同知駐縣管理。

〔六〕刻識：刻記，標記。

（劉　敏）

隆慶四年張元忭東遊記碑

此碑立於明穆宗隆慶四年(1570)四月,重立於明神宗萬曆元年(1573)七月,現位於孔廟奎文閣東掖門南之西側,面北。碑南面刻有《弘治九年聖賢名爵位次之圖》。整統碑高1.4米,寬0.67米,厚0.18米,座高0.2米。張元忭記,孔尚賢立石,任應選題額,汪大通書。正書,共24行,行52字。《石頭上的儒家文獻——曲阜碑文録》著録全碑。

《石頭上的儒家文獻》"挾筴"誤作"挾筞"、"維揚"誤作"維楊、"偏觀"誤作"偏視"、"盖"作"蓋"、"榦"作"幹"、"僵"誤作"纏"、"按碑記云,檜之榮枯"誤作"按碑記,而檜之榮枯"、"陋巷里"脱"巷"字、"顔氏子"脱"子"字、"距泰山百五十里"誤作"距泰山亦五十里"、"九山"誤作"尼山"、"與天罔極"誤作"與天同極"、"涉泗水"誤作"步泗水"、"駐蹕于此"作"駐蹕於此"、"僅存其二矣"誤作"重存其二美"、"秦政"誤作"秦漢"、"取容"誤作"取家"、"出一計"誤作"出山計"、"廉靖"誤作"廡靖"、"千載"誤作"十載"、"愛而衛之"脱"愛"字、"陟十八盤"誤作"涉十八盤"、"陡峻"誤作"陟竣"、"徒升其巔"誤作"徙昇其顛"、"徘徊四望"

誤作“徘徊回望”、“天地之大”誤添爲“天地之浩大”、“遥望東海”誤作“遥望界海”、“海日之上”誤作“每日之上”、“峯之前”誤作“峯之下”、“捨身巖”誤作“捨身崖”、“愚夫匹婦”誤作“愚人匹夫”、“立死”誤作“立薨”、“乃至此”誤作“爲至此”、“良可慨已”誤作“良可悔已”、“心甚慕之”誤作“心其慕之”、“塵境”誤作“麇鹿”、“手書”誤作“乎書”、“珎收”誤作“珍懷”、“奇蹟”作“奇跡”、“靈光石”誤作“靈花觀”、“雙鶴泉”誤作“白鶴泉”、“攀蘿而行”誤作“攀羅如行”、“一里許”闕“一”字、“携”作“攜”、“名以甘露”后闕“甚稱”、“棲止”誤作“棲上”、“亦甚洌”誤作“亦甘洌”、“烟火”作“煙火”、“長往”誤作“長住”、“修真”作“脩真”、“笑而受之”誤作“笑而識之”、“往返旬日”誤作“往返數日”、“收山川景物”誤作“故山川景物”、“無所瞥於中”誤作“見所瞥於中”、“贊一詞”作“贊一辭”、“及而”誤作“既而”。

東遊記

歲庚午春三月，陽和張子挾筞〔一〕北上，遇海南黄子于維揚，聯舟行旬日，相與甚懽〔二〕。黄子曰：子兹行將謁孔林，登泰山，盡游諸勝而反。張子曰：是予素志也，愿偕往〔三〕焉。二十有六日癸巳，自濟寧登陸，趨曲阜。詰旦〔四〕詣〔五〕宣聖廟，稽首〔六〕庭下，恍若瞻對〔七〕。既而徧〔八〕觀宗廟之美，弘敞壯麗，足稱聖人之居。盖我明崇禮之盛，視先代有加焉。庭之前有夫子手植檜，尚存其榦不朽不僵，扣之如石。按碑記云，檜之榮枯，視世運盛衰。高帝龍興時，忽發一枝，榮茂者數十年，其亦靈異矣哉。孔廟之東半里許為顔子祠，故陋巷里也。有陋巷井，泉洌而甘,飲之一瓢,欣然忘憂。獨恨顔氏子不復作也。出北門數里為孔林,宣聖之墓在焉。周圍可四十頃。嘉樹錯陳,麋鹿嬉遊其間,咸若自得者。亦有子貢手植楷,墓側有廬,子貢所廬也。林距泰山百五十里,泗水環其後,洙水縈其前,九山其障,而泰山其祖也。名山大川,鍾毓靈秀〔九〕,素王億萬載,與天罔極〔一〇〕,豈偶然哉!於是涉泗水,越濁河,抵泰山之麓,肩輿〔一一〕而上,逶迤二十里。當山之半,宋真宗嘗駐蹕〔一二〕于此,為御帳巖。旁有大夫松,僅存其二矣。黄子曰:"甘棠勿伐,思召公也〔一三〕。是松也,則奚宜存哉?"張子曰:"當秦政時,諸大夫皆洟涊〔一四〕取容〔一五〕,或反助虐焉,獨此數君子挺然不屈,默然守玄,不為出一計,畫一榮,爵而不有,禄而不食,卒以免禍。謂秦之廉靖〔一六〕正直大夫非耶?則千載而下,人猶愛而衛之,與甘棠埒〔一七〕,宜也。"由巖而上,出龍口,陟〔一八〕十八盤,山益陡峻,如躡丹梯〔一九〕,凌霄漢,還睇〔二〇〕平野,奚啻〔二一〕萬丈。又上,則為天門,稍復夷坦。山巔有碑曰:孔子小天下處。乃舍車而徒升其巔,徘徊四望,俯視八荒,誠不知天地之大,吾二人之小也。始皇封建碑亦在其處,乃無一字可讀。其右為日觀峰,遥望東海,渺在煙霧中,將遂宿焉,以觀海日之上,而山高風烈,不能久留。詢之守者,云春夏雲霾,日升多不可見,乃齋興而止,尚俟□日秋高氣清,庶幾一快覩也。峯之前為捨身巖,深窅不可測。愚夫匹婦往往捨身供佛,須臾立死,佛卒無救。教化不明而邪道惑人乃至此,良可慨已。是晚還宿於山麓。舊聞靈巖之勝,心甚慕之,乃遶〔二二〕出泰山之右，踰〔二三〕長城嶺，游于靈巖，在四山之中，草莽蓊鬱〔二四〕，果與塵境迴别。唐太宗東征，嘗留月餘，手書御書閣三字，寺僧尚珎〔二五〕收之。其他奇蹟〔二六〕有若靈光石、雙鶴泉、魯班洞，覽畢而暮。明日戊戌，為四月朔，步入靈巖最高處，攀蘿而行，一里許為甘露泉，有亭其上，主僧携蔬酒以待，坐飲數酌，復取泉啜之，名以甘露，甚稱。又上里許為石室，絶幽勝，禪僧數輩，棲止〔二七〕其間，相對而坐，便欲忘去。左有泉，亦甚洌。右行數十步為白雲洞，寬可容數人。時出白雲，能致雨。又上里許，出是山絶巘〔二八〕為證明龕一道士居之，辟烟火者數年矣，出黄精啖二子，二子欲從之長往而未能也。道士贈以詩曰：修真何必入深山，要識無心即大還。一切機關都遣卻，許君平地作神仙。二子笑而受之，遂辭去。是行也，往返旬日，而遊於聖人之門，登於岱，觀於海，翺翔于洞天福地，歷覽古今蝌蚪篆隸之跡，凡平生之所欲往而寤寐見之者，一旦身履其境，而目擊〔二九〕其盛，收山川景物之奇而歸之，肺腑可不謂勝遊耶。矧〔三〇〕當清和之候，偕同心之侶，無所羈於外，無所營於中，寥然廓然，猶與造化遊而萬物順，則又二子所獨得，而周遊者，莫能窺也。黄子延陵逸士長於詩，對景揮毫，述作甚富，張子不能贊一詞也。及而登舟，聊敘其事而記之。

隆慶庚午夏四月山陰張元忭〔三一〕記。

萬曆元年秋七月吉旦。

衍聖公孔尚賢立石。

聖廟管勾東阿任應選題額。

奎文閣典籍永嘉汪大通書。

【注釋】

〔一〕挾筞：本義爲持鞭，揚鞭，比喻奔走，行動。筞，“策”字之異體，意爲竹製的馬鞭，頭上有尖刺。

〔二〕懽：同“歡”。歡愉。

〔三〕徃：同“往”。去，朝向。

〔四〕詰旦：平明，清晨。

〔五〕詣：本義爲前往。引申爲晉謁，造訪，到朝廷、廟堂或上級、尊長處去。

〔六〕稽首：古代跪拜禮，爲九拜中最隆重的一種。跪下並拱手至地，頭也至地。

〔七〕瞻對：朝見奏對。

〔八〕徧：“遍”字之異體。

〔九〕鍾毓靈秀：指美好的風土誕育優秀人物。毓，生育，養育。

〔一〇〕罔極：無極，無窮盡。

〔一一〕肩輿：轎子，起初爲山行的工具，後來也作爲平路的代步工具。

〔一二〕駐蹕：皇帝出巡時，沿途停留暫住。

〔一三〕甘棠勿伐，思召公也：甘棠，即棠梨，又名杜梨。《詩經·召南·甘棠》：“蔽芾甘棠，勿翦勿伐，召伯所茇。”棠梨枝繁葉茂，不要修剪砍伐，召伯曾經住在樹下。《史记·燕召公世家》：“召公巡行鄉邑，有棠樹，決獄政事其下，自侯伯至庶人各得其所，無失職者。召公卒，而民人思召公之政，懷棠樹不敢伐，歌詠之，作《甘棠》之詩。”后人以“甘棠”稱頌循吏的美政。

〔一四〕洟涊：污濁，卑污。

〔一五〕取容:曲從討好,取悦于人。

〔一六〕廉靖:遜讓謙恭。

〔一七〕埒:等同,並立。

〔一八〕陟:登高,上陞。

〔一九〕丹梯:紅色的台階,比喻仕進之路,也指高入雲霄的山峰,或尋仙訪道之路。

〔二〇〕還睇:回頭看。

〔二一〕奚啻:何止,豈但。亦作"奚翅"。

〔二二〕遶:同"繞"。

〔二三〕踰:同"逾",越過,超過。

〔二四〕蓊鬱:草木蓬勃茂盛的樣子。

〔二五〕珎:同"珍"。

〔二六〕蹟:同"跡",前人遺留的事物或經行的痕跡。

〔二七〕棲止:寄居,停留。

〔二八〕絶巘:極高的山峰。

〔二九〕目擊:親眼看到。

〔三〇〕矧:文言連詞,況且,何況,另外。

〔三一〕張元忭(1538—1588):字子蓋,别號陽和,山陰(今浙江紹興)人。明隆慶五年(1571)狀元,授翰林院修撰。萬曆中爲左諭德兼侍讀。善屬文,工書,曾與孫鑛合修《紹興府志》,與徐渭同修《會稽縣志》。所著有《雲門志略》《翰林諸書選粹》《不二齋文選》等。

(劉　敏)

萬曆十七年西城兵馬指揮北川孔公墓碑

此碑立於萬曆十七年(1589),現位於孔林。碑頭書“大明”二字,碑身正中書“西城兵馬指揮北川孔公墓”。碑高 2.5 米(含碑頭0.66 米),寬1.01 米,厚0.31 米。碑周刻有雲紋,已模糊不清。全碑楷書。

大明西城兵馬指揮〔一〕北川孔公墓

萬曆乙酉科山東解元眷孫陳所聞書。

至聖六十代孫嚴毅先生朝噐次子也,公諱承寧,字永康,號北川。公廓達通敏〔二〕,隱德〔三〕弗仕。為人簡静莊重,淳朴端確〔四〕。事親孝,竭力以奉其旨;友於兄弟,情爱〔五〕以篤天倫,實宗門之偉人也。初娶陳氏,鄆城陳鉞女。解元陳所聞姑祖母,生女一人為魯藩安兵榮恪王妃,公以女貴,封西城兵馬指揮承仕郎。

繼陳氏，漢户牖侯〔六〕陳平孫處士〔七〕陳希女，恪脩婦德，内助攸宜，生子三人，長弘哲，累試不售〔八〕，恩賜教諭〔九〕，仲弘曾，俶儻〔一〇〕大志，為四氏學首貢，季弘普，天資穎異，篤志好學；女三人，一適〔一一〕荣顺王孫輔國將軍〔一二〕□□，封夫人，次適南享監察御史魯□男生□□東田，次適府長史歷山孫生員陳濳；孫男五人，曰性、曰慎（四氏學生員）、曰悟、曰恒、曰忻，皆當時俊彦〔一三〕，俱讀書學禮；孫女三人，長適奉國將軍〔一四〕頤墴，封淑人，次適輔國中尉〔一五〕頤坳，封宜人，次適儒學生員李邦禮。

公生成化二十年四月初四丑時，卒於嘉靖二十四年十二月十七寅時，享年六十三歲。皆合葬於祖塋西北。陳氏享年六十六歲，生弘治八年三月二十，卒於嘉靖四十年八月十六日子時。謹識。

萬曆十七年歲次己丑二月二十二日，孫聞性、聞慎、聞悟、聞恒、聞忻同鐫石。

石匠荀豹。

【注釋】

〔一〕西城兵馬指揮：明初設置兵馬指揮司，東西南北中各設一個指揮，負責京城巡捕盜賊，疏理街道溝渠及囚犯、火禁之事。

〔二〕通敏：通達聰慧。

〔三〕隱德：施德於人而不爲人所知，是謂隱德。

〔四〕端確：端正剛强。

〔五〕情爱：親愛。

〔六〕户牖侯：西漢時，劉邦的謀士陳平曾被封爲户牖侯。

〔七〕處士：古時稱有才德而隱居不做官的人，後來泛指未做過官的人。

〔八〕不售:不第,没有取得功名。

〔九〕教諭:學管名,掌管文廟祭祀,教育所屬生員。

〔一〇〕俶儻:倜儻,卓爾不凡。

〔一一〕適:女子出嫁。

〔一二〕輔國將軍:爵名,明朝用以授郡王諸孫。

〔一三〕俊彦:傑出之士,賢才。

〔一四〕奉國將軍:爵名,明朝用以授郡王諸曾孫,在辅国将军下,镇国中尉上。

〔一五〕輔國中尉:爵名,明朝用以授郡王諸五世孫,在鎮國中尉下,奉國中尉上。

(張　慧)

萬曆三十年肅孝處士孔公金墓碑

此碑立於萬曆三十年(1602),現位於孔林。碑頭書"大明",篆書。碑文楷書。

賜進士第湖廣按察司副史滋陽蔣希孔撰。

賜進士第鄒縣知縣文林郎顧諟[一]梁州彦書。

甞謂道德事功[二]兩者并重于天下,然而遺德[三]尤為重焉何?則偏于事功者,其權勢雖足赫奕[四]一時,其榮名雖足誇耀閭里[五],第停蓄[六]不厚,則其流衍[七]必不長,要不過快意目前,昔人此之衣錦之榮[八]者也,何足以齒録哉,亦何足以範今垂后[九]哉?

元翰林國史撿閲古清公五世孫肅孝處士諱公金字梁文者,迺至聖五十六代孫也。雖未名登天朝,班列縉紳[一〇],而畎畆[一一]藏修[一二],林壑養重[一三],□□焉,履尔繩,蹈尔矩,身為律,聲為度[一四],宛然一吾尼父家法也者[一五]。以故停蓄厚、流衍長。継身之子五人,子子皆仁，継子之孫十二，孫孫皆茂。以公苗裔〔一六〕之盛若此，之後必有登台鼎〔一七〕以隆公之血食〔一八〕于無窮者。此所謂以道德而為事功，正事功之大者也。其視權勢止赫一時，榮名上耀閭里者，孰優孰劣哉？昔先正〔一九〕云，有大德者必食其報，其即公之謂欤？其即公之謂欤？予雖不獲親炙〔二〇〕其德，幸嘗竊〔二一〕聞公之高標〔二二〕，而喜為萬古播也。于是乎記。

萬曆三十年歲次癸卯季春穀旦。

孝孫承漢、承賢、承雲、承禎，堂孫承清仝立石。

【注釋】

〔一〕顧諟：《書·太甲上》："先王顧諟天之明命，以承上下神祇。"孔穎達疏："《説文》云：顧，還視也。諟與是，古今之字異，故變文爲是也。言先王每有所行，必還回視是天之明命。"後以"顧諟"指敬奉、禀順天命。

〔二〕事功：功績，功業。

〔三〕遺德：留下德澤。

〔四〕赫奕：顯赫，美盛。

〔五〕閭里：鄉里。

〔六〕停蓄：停留蓄積。

〔七〕流衍：流行，綿延。

〔八〕衣錦之榮：顯貴後回歸故鄉的榮耀。

〔九〕範今垂后：爲現在的人做榜樣，將美好的品德流傳於後世。

〔一〇〕缙紳：原意指插笏於帶，過去官宦的裝束，後轉爲官宦的代稱，指有官職或做過官的人。

〔一一〕畝：田地，田間。

〔一二〕藏修：亦作“藏脩”。

〔一三〕養重：用心修養。

〔一四〕履尔繩，蹈尔矩，身為律，聲為度：繩、矩、律、度，指規矩、規則、約束、限度，該句意爲，按照規矩行動，動作、聲音不出規則之外。

〔一五〕宛然一吾尼父家法也者：生動地表現了我們孔門的家法。

〔一六〕苗裔：本義爲“初生植物，禾谷之實”，後引申爲子孫後代。

〔一七〕台鼎：古稱三公爲台鼎，如星之有三台，鼎之有三足。

〔一八〕血食：用於祭祀的食品。古代殺牲以血祭，故稱。

〔一九〕先正：前代的賢人。

〔二〇〕親炙：直接受到教誨或傳授。

〔二一〕竊：私下，多用作謙詞。

〔二二〕高標：清高脱俗的風範。

（張　慧）

崇禎七年重修聖林門樓碑

此碑立於明毅宗崇禎七年(1634),現位於孔林大門裏東側。碑高2.46米,寬0.83米,厚0.2米。正書,共18行,行58字。碑中下部風化嚴重,字跡模糊,缺字較多。

孔祥霖《曲阜碑碣考》卷三丙部有記,名爲《重修林門樓記》。《石頭上的儒家文獻——曲阜碑文録》著録全碑,名爲《崇禎七年重修至聖林門樓碑》。

《石頭上的儒家文獻——曲阜碑文録》"孔氏闕里"誤作"闕里孔氏"、"有門有樓"誤作"有樓有門"、"永樂之廿載"誤作"永樂廿載"、"洙瀆之潛泗"誤作"洙瀆潛泗"、"復"誤作"椱"、"深於風雨"誤作"飄於風雨"、"慨"誤作"慨"、"捐俸金有百"誤作"捐俸金百"、"不及於官办"誤作"子及於官辦"、"甓甃"誤作"甃甃"、"髹堊"誤作"髤聖"、"墁之"誤作"墁者之"、"祖"誤作"祖"、"礱"誤作"磨"、"瞻"作"澹"、"搢"作"縉"、"不"誤作"以"、"蓋常圮於頻脩"誤作"蓋圮於頻脩"、"廟圮於不脩"誤作"廟圮不脩"、"鑒"誤作"臨"、"憑焉"誤作"愚憑憑"、"雲"誤作"房"、"北"誤作"比"、"使人不能"誤作"使人□"、"中外延企"誤作"中外企"。

重脩聖林門樓[一]碑

余讀孔氏闕里誌[二]，常攷聖林有墻有門有樓，蓋肇造於永樂之廿載[三]云。時維刱始，繚垣千堵，壖垣千步，塈石甃以絶洙瀆之潛泗，重門宇以嚴鎻鑰之閉。復櫨疊栱，簷牙高啄，美哉！輪焉奐焉。近者連袂以遨，遠者負笈[四]而濟，奕奕改觀矣。暨直指潁川連公[五]，立石闕六楹[六]於林門之外，以拓神路華表，巋然埒於皇王之馳道，上帝之靈宇矣。歲久弗脩，松門深於風雨，飛閣蠹於鳥鼠，甚非所以妥聖靈，而□□□議者悼之。崇禎甲戌[七]夏，廉訪關南李公[八]行部至魯，顧而慨焉，捐俸金有百，下記所司费不及於官办，不及於民□□□工計程揆日，凡楣楶[九]甓甃[一〇]之朽者，易之丹雘髹堊[一一]之，墁之。始於九月，閱一月而落成。衍聖公[一二]睠公之勤，而光於乃祖也，德公殊甚礱石徵□□以□不朽□□命拜年而興曰：世之誦法[一三]夫子者衆矣，未有□里而不神往，瞻宫牆而不向若者也。搢紳先生[一四]駐節[一五]停鑣，往往有一辨之貲，以□□□□□□□□有□□□遂玩為故事，而不之稽故，費浮而工□吏胥為鳥鼠，晴和勝風雨也。然則廟之圮，非特圮於不脩，蓋常圮於頻脩，而鮮□□□□□□□□□□□□□歲如流水乎，罕有議及脩之者矣。豈謂廟圮於不脩，而急在廟不暇及耶，豈厭廟之圮於脩，而鑒在廟縱及之亦無，蓋聖公□□□□□□□□□□□之不襟於衆不骰於成，其用意斯以動矣。因聖邑寢園，夫子之神靈憑焉，距夢奠[一六]二千年，而門牆之制始脩，又二百年□□□□□□□□□□又五十年而□公比邵，於今遂覺石表雲矗，雕甍霞駮，金煥日月之光棟，阿竦翬飛之勢，寥寥乎千古，接踵百年比肩，可不講□□□□□□□□□□□ □□□後之於是門。登是樓者，遐想遠跳，東望海門之翰，北矚泰岱之穹，崇必有潛遡玄源，仰窺道岸者□或泛五老云□□□□□□□□□□□□□□□□□□□□□不又有庚和□歸餘韶楊扢删詩大業而佚游泳，使人不能己已者乎，信若是也，雖謂是役□翼先聖□□學之□□□□□□□□□□□□□□□哉。公諱一鰲，號虹西，秦之南鄭人。庚戌進士，今官碩猷雅望，國家鴻駿實臣也，中外延企〔一七〕大用以須枚□無□□□□□□□□□□□□□□□□□□□□。

崇禎甲戌仲冬吉旦，賜進士第翰林院簡討，古任□士聰〔一八〕撰，至聖六十五代太子太傅襲封衍聖公孔胤植立石。

【注釋】

〔一〕聖林門樓：明弘治七年(1494)，孔子六十一代孫代襲衍聖公孔弘泰所建觀樓。

〔二〕《闕里誌》："明弘治間，學使陳鎬撰述歷代追崇聖賢之典及林廟古跡與夫舊事遺文，成《闕里誌》十三卷，長沙李東陽爲作《凡例》，其後，孔氏子孫屢有續輯，皆因是成書而附益之。"(《闕里文獻考》卷三十一《孔氏著述》)陳鎬，字宗之，會稽人，嘗官山東提學副使。是書有孔弘幹續修，《闕里誌》十五卷；孔貞叢重修，《闕里誌》十二卷；孔胤植重修，《闕里誌》二十四卷。

〔三〕指明成祖永樂二十年(1422)，衍聖公孔彦縉擴建思堂，建墓門三間。永樂二十一年(1423),擴林田爲十八頃,曲阜知縣孔克中修葺增拓林垣,周十餘里,建鋪舍以居巡衛者。永樂二十二年(1424),始建林門木坊。

〔四〕負笈:背着書箱。指游學外地。

〔五〕穎川連公:指連標,字孟准,穎川郡陽翟(今河南省許昌市禹州市)人。萬曆十年(1582)中舉,次年(1583)連登進士。初授"行人"(即掌管傳旨、册封之事的官吏),曾任山東道御史、副都御史等職。萬曆二十二年(1594),鄭汝璧、連標修葺享殿,齋室,建"萬古長春"石坊和兩座碑亭,栽神道柏數百株。

〔六〕石闕六楹:指明神宗萬曆二十二年(1594)鄭汝璧、連標建"萬古長春"石坊。

〔七〕崇禎甲戌:崇禎七年(1634)。

〔八〕関南李公:指李一鼇,號虹西,陝西南鄭人。萬曆三十八年(1610)庚戌科進士,曾任大名縣知縣、左防政、兖東兵備道等職。

〔九〕楣楶:楣,房屋的横梁,即二梁。楶,柱頭斗栱。

〔一〇〕甓甃:磚壁。

〔一一〕丹雘髹堊:丹雘,塗飾色彩。髹堊,猶塗飾。

〔一二〕衍聖公:指孔胤植(1592—1647),孔子第六十五代孫,明末清初曲阜人。字對寰,號懋甲,後爲避聖諱改名孔衍植。孔尚坦之子。明天啓元年(1621),襲封衍聖公。天啓七年(1627),加太子太保。崇禎三年(1630),晉太子太傅。

〔一三〕誦法:稱頌並效法。

〔一四〕搢紳先生:古代服儒服的讀書人。

〔一五〕駐節:舊指身居要職的官員於外執行使命,在當地住下。節,符節。

〔一六〕夢奠:出自《禮記·檀弓上》。"孔子將死,曰:'予疇昔之夜，夢坐奠於兩楹之間……予殆將死也。'" 後因以夢奠指死亡。

〔一七〕延企：伸長頭頸，踮起腳跟。形容仰慕或企望之切。

〔一八〕楊士聰(1567—1648)：字朝徹，號鳧岫。明末山東濟寧人，崇禎四年(1631)辛未科得中三甲，賜同進士出身。曾任皇太子朱慈烺的老師之一，官至翰林院簡討。其人《明史》無傳，《兗州府志》卷二十三《人物志》有記(《中國地方志集成·山東府縣志輯·乾隆兗州府志》)。

(孟　坡)

崇禎八年重脩林記

此碑立於明崇禎八年(1635),現位於孔林觀樓内,鑲於東牆。碑高2.48米,寬0.83米。無額,方首。正書,共8行,行40字,共277字,今殘缺3字。碑文書於明崇禎八年(1635),由翰林院簡討楊士聰撰寫。碑身中下部曾斷裂,現已修復。

孔祥霖《曲阜碑碣考》卷三丙部有記,名爲《楊士聰重修林記》。

重脩林記

聖林殿閣門坊歲深漸圮,不脩將頹矣。甲戌〔一〕秋,兖以東備兵使□李〔二〕瞻拜,囑孔令〔三〕曰:吾奉命巡東,應吾儕〔四〕脩者,無可俟竝無可諉。于是移鎮〔五〕捐資,鳩工庀材〔六〕,□孔令董〔七〕其事,夙夜風雨,畧無虚日,率作屢省,身親其勞。全敝者更,半敝者葺。先林坊〔八〕,次林門〔九〕,次林樓〔一〇〕,次殿門〔一一〕,次享殿〔一二〕暨駐蹕亭〔一三〕、植楷亭〔一四〕、廬墓堂〔一五〕、齋肅所〔一六〕。易朽為新,增所未俻。靡求雕□,柢蘄渾堅。餙以丹雘,煥乎一新。爰命石政琢獅二對。是役也,經始新秋,竣工長至凡五閱月,齋沐告成而東矣。宗人德之適餘,詣林爰求,直書其事,式志求文。李諱一鼇,漢中南鄭人,庚戌〔一七〕進士。孔令諱弘毅,孔宗人。

崇禎乙亥立夏日,翰林院簡討楊士聰〔一八〕記。

【注釋】

〔一〕甲戌:指崇禎七年(1634)。

〔二〕李:指李一鼇,號虹西,陝西南鄭人,明萬曆三十八年(1610)庚戌科進士。曾任兗東兵河道、大名令及左布政使等職。

〔三〕孔令:孔弘毅,字以士,號遠舉,孔子第六十一代孫,四氏學生員,官曲阜縣世職知縣,纂修《曲阜縣志》六卷。

〔四〕吾儕:我輩,我們這類人。

〔五〕移鎮:猶移藩。

〔六〕鳩工庀材:召集工匠,準備材料。庀,準備,具備。

〔七〕董:監督管理。

〔八〕林坊:宣聖林坊,始建於明永樂二十二年(1424)。清雍正十年(1732)修建時改爲至聖林。

〔九〕林門:孔林大林門。

〔一〇〕林樓:孔林觀樓。始建於明弘治七年(1494),衍聖公孔弘泰"以神門隘陋也,架以觀樓"。參見《明弘治七年聖祖林廟落成紀功碑》。

〔一一〕殿門:指墓門。按,明永樂二十年(1422),五十九代衍聖公孔彦縉擴建思堂,又作墓門三間,將漢永壽三年(157)韓叔節所造神門從現享殿處遷至孔林思堂西今位置,神門改稱爲墓門。《闕里文獻考》記載爲明永樂二年(1404),係訛誤。

〔一二〕享殿:祭祀時設置香壇的地方。明弘治七年(1494),衍聖公孔弘泰創建。清雍正十年(1732)重修時改爲黄瓦。

〔一三〕駐蹕亭:指宋真宗駐蹕亭。宋真宗於大中祥符元年(1008),謁拜孔子墓,孔子後代建亭紀念。金代時亭在今二林門東側,明代中期在孔子墓東南,至今。亭内立碑一通,陰刻"宋真宗駐蹕亭"。

〔一四〕植楷亭:位於享殿后,爲紀念子貢手植楷樹而建,又傳爲子貢偃息之處,首見於孔尚任《闕里誌》。亭内立有楷圖碑,爲清康熙五十一年(1712)刻立。

〔一五〕廬墓堂:子貢廬墓堂。位於孔子墓西側,明嘉靖二年(1523)爲紀念子貢爲孔子守墓六年而建。

〔一六〕齋肅所:又名思堂,齋廳。始建于東漢永壽三年(157),金代時位於二林門東北。金元間權主祀事孔㧑曾重修,明永樂二十年(1422),衍聖公孔彦縉擴建。

〔一七〕庚戌:指萬曆三十八年(1610)。

〔一八〕楊士聰(1567—1648):字朝徹,號凫岫。明末山東濟寧人,崇禎四年(1631)科舉得中三甲,賜同進士出身。曾任皇太子朱慈烺的老師之一,官至翰林院簡討。其人《明史》無傳,《兖州府志》卷二十三《人物志》有記(《中國地方志集成·山東府縣志輯·乾隆兖州府志》)。

【論説】

碑文主要記述崇禎七年(1634)秋至崇禎八年(1635)夏,兖東兵備道李一鼇捐資,曲阜世職知縣孔弘毅監督維修孔林門、樓、殿及各亭堂,鐫林門二對石獅一事。此碑是研究孔林大林門建造年代的重要資料。

明朝末年，戰亂不已，國力衰退，衍聖公府也因財力不濟，對至聖林廟修繕無能爲力。地方官員尊崇孔子及儒家思想，多捐資接濟衍聖公府。李一鼇，時任兗東兵備道，面對歲久漸圮的林廟建築，其尊孔崇儒之心和急切之情如碑文所述“應吾儕修者，無可俟並無可諉”。多次捐資修建林廟，崇禎七年、崇禎十六年林廟修建均賴其資。崇禎七年此次孔林重修，還有衍聖公孔胤植所立“崇禎八年李一鼇重修孔林碑”和“崇禎七年重脩聖林門樓碑”各一通，現分別位於孔林大林門西圍欄内和門内東側。現大林門和二林門前石獅皆崇禎七年舊物。

（孟　坡）

崇禎八年李一鼇重修孔林碑

此碑立於明毅宗崇禎八年(1635),現位於孔林大門西次間南欄内。碑高2.16米,寬0.65米,厚0.25米。正書,4行。

孔祥霖《曲阜碑碣考》卷三丙部有記,名爲《廉憲李公重修林碑》。《石頭上的儒家文獻——曲阜碑文録》著録全碑,名爲《崇禎八年李一鷩修孔林碑》。

《石頭上的儒家文獻——曲阜碑文録》"鰲"誤作"鷩"、"戌"誤作"戍"。

公諱一鰲〔一〕,號虹西,陜西南鄭人,庚戌科進士。

明廉憲兗東兵河道〔二〕李公重脩。

崇禎乙亥〔四〕仲冬吉旦。

至聖六十五代太子太傅襲封衍聖公孔胤植〔五〕立石。

【注釋】

〔一〕李一鼇:號虹西,陜西南鄭人。明萬曆三十八年(1610)庚戌科進士,曾任大名縣知縣、左防政、兗東兵備道等職。

〔二〕兵河道:官名,又稱爲兵備道。明朝在各省重要地方設置整頓兵備的道員,兵備道由按察司官員出任,故稱之。其職務是"整理文書,商榷機密,未嘗身領軍務也"(《明史·職官志》)。清朝沿用明制。

〔三〕脩:"修"字之異體。

〔四〕崇禎乙亥:崇禎八年(1635)。

〔五〕孔胤植(1592—1647):孔子六十五世孫,明末清初曲阜人。字對寰,號懋甲,後爲避聖諱改名孔衍植。孔尚坦之子。明熹宗天啓元年(1621),襲封衍聖公。天啓七年(1627),加太子太保。崇禎三年(1630),晉太子太傅。

(孟　坡)

崇禎十三年國子監學録孔弘顒墓碑

此碑立於崇禎十三年(1640),位於孔林。碑頭正中篆書“大明”。碑身正中行書“國子監學録泗洲翁墓”,碑文行書。

國子監學録〔一〕泗洲翁墓

公諱弘顒,字以昂,别號泗洲,係属六十一代,以宗望〔二〕薦授國録,主祀洙泗書院,兼揖〔三〕林廟舉事。請修書院,傾圮一新,嚴禁樵採,林木蔚然。增脩家譜,鍥傳永久,功在家門居多〔四〕,两侍聖駕臨雍〔五〕,恩賜晏綺〔六〕,乘傳往還〔七〕,宗鄁〔八〕榮之。生扵嘉靖戊午十月初二日丑時,卒扵崇禎甲戌正月十八日丑時,享年七十有七。配邢氏,继配倪氏,側室孫氏,子五,聞謨,茌平学博〔九〕,邢出。聞諟,聞謫,聞諤,庠生,倪出。聞詡,孫出。孫八,貞琢、貞珶、貞瑮,諟出。貞琅、貞玿,謫出。貞珩、貞瑁,諤出。貞瓓,詡出。

崇禎十三年仲春穀旦。

【注釋】

〔一〕學録:文官名,配置於國子監等官學機構,相當於教師或學校行政人員。

〔二〕宗望:在家族中的威望。

〔三〕拑:古同"攝"。

〔四〕功在家門居多:功勞在孔門里算多的。

〔五〕兩侍聖駕臨雍:臨雍,親臨辟雍。辟雍本爲西周天子設的大學,亦常爲祭祀之所,這裏指學校。這句話是説墓主曾兩次侍奉皇帝親臨學校。

〔六〕恩賜晏綺:恩賜參加豐盛華麗的筵席。

〔七〕乘傳往還:乘坐驛馬來回。

〔八〕宗郿:宗黨,宗族,鄉黨。

〔九〕学博:唐朝時在府郡設置經學博士,以五經教授學生。後來泛稱學管爲學博。

(張 慧)

崇禎年間錢啓忠謁文廟叙碣

此石立於明毅宗崇禎年間，現鑲於孔廟十三碑亭院東北部北牆上層，東起第2石。石高0.5米，寬0.83米。錢啓忠書，行書，共31行，正文行16字。孔貞堪跋，亦行書，共3行，行21字。

《石頭上的儒家文獻——曲阜碑文録》"炙"誤作"灸"、"三書皆以樂"作"三書皆樂"脱"以"字、"亦有辯乎"誤作"亦有釋乎"、"夫比竹成樂"誤作"美比所成樂"、"味齊而饌異"誤作"味密而撰異"、"不改之樂超"誤作"不改之樂趨"、"君子之樂暢"作"君子之樂□"、"令德來教"誤作"令德未教"、"香在梅花上"誤作"香在毒花上"。"嗒然"作"然"、"能不改其樂者也"誤作"能不改其樂者也歟"衍"歟"字、"窮居"作"□居"、"子有言'吾道一以貫之'"誤作"一自害吾遜以貫之"、"子思之作中庸'"誤作"子思之行中庸"、"援筆而書之"誤作"授筆為書之"、"賦關睢而退"作"賦關睢而□"、"志在求賢也。求之未得"誤作"士求賢，世術□未得"、"相隔一鍼"誤作"相隔一鉞"、"東起第2石"誤作"西起第2石"。

《闕里文獻考》卷三十五有原文，無孔貞堪跋。另"君子以不愧不怍之身"作"君子不愧不怍之身"脱"以"字、"故曰'王天下不與存焉'"作"故'王天下不與存焉'"脱"曰"字。

謁文廟敘

錢子〔一〕按〔二〕兖入曲阜,親炙〔三〕闕里,謁聖畢,瞻忭〔四〕有加。於曩時〔五〕四氏子衿〔六〕咸集,進講"君子三樂〔七〕"章暨"時習"章、"顔氏子簞瓢"章。

錢子曰:"三書皆以樂著,義淺深亦有辯乎?"

諸子曰:"未辯有淺深也。"

錢子曰:"然,雖然諸子習其器〔八〕矣,殆未得其數〔九〕乎?夫比竹成樂,響〔一〇〕一而音〔一一〕殊。函鼎〔一二〕成調〔一三〕,味齊〔一四〕而饌〔一五〕異。

請稽〔一六〕其方〔一七〕。夫朋來之樂雅〔一八〕,不改之樂超,君子之樂暢〔一九〕。何以言之?

朋友者,吾人之性命〔二〇〕也。斯文〔二一〕千古,知己一堂,懾〔二二〕以威儀〔二三〕,令德〔二四〕來教〔二五〕,似此之樂,不亦雅乎?

簞瓢陋巷,亦非離境〔二六〕,亦非即境〔二七〕。分明香在梅花上,尋到梅花香又無,似此之樂,不亦超〔二八〕乎?

父母兄弟,其樂也天〔二九〕。教育英才,其樂也人。君子以不愧不怍〔三〇〕之身,俯仰〔三一〕於間〔三二〕,融融〔三三〕焉,洩洩〔三四〕焉,上下與天地同流,似此云樂,不已暢乎?"於是諸子嗒然〔三五〕,相視而樂。

錢子曰:"若既得其數矣,亦更遇其神〔三六〕乎?夫能以朋來樂者,能不改其樂〔三七〕者也,故曰'人不知而不愠’。窮居不改其樂者，大行〔三八〕不增其樂也，故曰‘王天下不與存焉’。子有言‘吾道一以貫之’，曾子曰：‘唯’。然則顔氏之子其殆〔三九〕庶〔四〇〕幾〔四一〕乎？曾氏之子其殆庶幾乎〔四二〕？子思之作《中庸》，孟子之撰七篇，其揆〔四三〕一也，其樂一也。”於是諸子樂甚，節詩〔四四〕而誦之。

其辭曰：“君子至止〔四五〕，為龍為光〔四六〕。德音〔四七〕不忘，其樂未央〔四八〕。”

錢子曰：“可以志樂。”援〔四九〕筆而書之，仍賦《關雎》〔五〇〕而退。

通篇誌樂，語用《關雎》，夏樂並舉，志在求賢也。求之未得，展轉反側。求之即得，鐘鼓琴瑟。以吾黨〔五一〕襟懷〔五二〕，與晉世劉阮〔五三〕諸公相隔一鍼〔五四〕處。

四門〔五五〕錢啟忠沐手書。世職知縣孔貞堪勒石並跋。

【注釋】

〔一〕錢子：錢啓忠，字沃心，號清溪先生，崇禎元年（1628）戊辰進士，授嘉議大夫、禮部郎、山東提學、布政司右參議、兼按察司僉事。有《清溪遺稿》傳世。

〔二〕按：巡視。

〔三〕親炙：指親自接受薰陶。

〔四〕忭：喜樂的樣子。

〔五〕曩時：當時。

〔六〕子衿：對文人雅士的雅稱。

〔七〕君子三樂：《孟子》曰：“君子有三樂，而王天下不與存焉。父母俱存，兄弟無故，一樂也；仰不愧於天，俯不怍於人，二樂也;得天下英才而教育之,三樂也。”

〔八〕器:形。

〔九〕數:道理。

〔一〇〕響:渾言無分辨聲響。

〔一一〕音:音調。

〔一二〕函鼎:用鼎盛裝食物。

〔一三〕調:烹調。

〔一四〕味齊:食材相同。

〔一五〕饌:食品。

〔一六〕稽:考查。

〔一七〕方:規律。

〔一八〕雅:正,高尚美好。

〔一九〕暢:通暢自由。

〔二〇〕性命:本性。

〔二一〕斯文:指禮樂教化典章制度。

〔二二〕懾:服。

〔二三〕威儀:謂起居動作皆有威德有儀則。即習稱之行、住、坐、臥四威儀。

〔二四〕令德:美德。

〔二五〕教:指導。

〔二六〕離境:脱離塵世,入清虚境界。

〔二七〕即境:囂攘的塵世。

〔二八〕超:遠。

〔二九〕天:天性。

〔三〇〕不愧不怍:形容光明正大,問心無愧。

〔三一〕俯仰:周旋。

〔三二〕間:天地間。

〔三三〕融融:愉快的樣子。

〔三四〕洩洩:和樂的樣子。

〔三五〕嗒然:物我兩忘的樣子。比喻突然領悟了一個道理。

〔三六〕神:奇妙到了極點。

〔三七〕不改其樂:孔子所謂止於至善。

〔三八〕大行:行大事。

〔三九〕殆:知曉。

〔四〇〕庶:衆多。

〔四一〕幾:隱微。

〔四二〕其殆庶幾乎:曾子這個人,或許知曉衆多隱微吧。

〔四三〕揆:準則。

〔四四〕節詩:節選詩句。

〔四五〕至止:至善之境界。

〔四六〕為龍為光:象龍一樣神奇莫測光芒照耀。

〔四七〕德音:指合乎仁德的言語教令。

〔四八〕未央:未已。

〔四九〕援:執。

〔五〇〕關雎:《詩經》篇名。

〔五一〕黨:朋輩。

〔五二〕襟懷:胸懷。

〔五三〕劉阮:元人陳肅著有《晉劉阮誤入桃源》。

〔五四〕鍼:針。

〔五五〕四門:四門學的省稱,古代國立學校名,教授學生儒學經典。

【論説】

這是一塊記録古代學堂上課的碑文。此碑在孔廟最不顯眼處的栅欄裏邊,如不專門尋找,還真難發現。碑文行楷小字,有幾個字已漫漶得很難辨認，幸得《闕里文獻考》卷三十五有原文參照。文筆脱落，然文采斐然，爲碑文中少見奇文。

孔子創辦私學，有教無類，弟子三千，賢者七十二，爲千古第一教育家，被尊爲"萬世師表"。《莊子·漁父》篇載"孔子遊乎緇帷之林，休坐乎杏壇之上。弟子讀書，孔子弦歌鼓琴"。孔子當年爲師的情景躍然如畫，然憑此片言，衹傳一幀，畫面單調缺乏動感，讓後人難見全貌。《論語》"四子待坐"弟子各言志向，已不是正式授課，倒像是課後的閒談。這些記載讓我們難窺全豹，幸有錢啓忠先生此文可一大觀。

錢先生此文有四奇：一文奇，錢先生僅用四百餘字，就將古代一堂課完整的呈現讀者面前，寫得是波瀾壯闊，花香四溢，讀來齒頰流芳。二事奇，錢啓忠以崇禎進士、禮部郎出爲山東提學，自然有兩把刷子敢在闕里开堂講課，"班門弄斧"。錢子巡視地方學務，來曲阜拜謁孔廟，喜猶未盡，於是召集曲阜學子开講授課，主講"君子三樂"等三章。三是立意奥妙，开宗明義主講"樂"字，由淺入深，如剥葱筍，層層遞進。有啓發、有比喻、有推理。將君子一生的修爲層次和所達到的境界講的是通明透徹，讓學子們終生受用，獲益不淺。四是課堂氛圍奇妙。有問有答，講到高興處，師生竟然一起唱起歌來，甚至還要展示一下書法。

此碑文讓我們見識到了古代課堂熱烈的氛圍，師生良好的課堂互動參與，是一堂優質的儒學德育課。錢先生更以他淵厚的學養，靈動的思維，高超的藝術手法，將枯燥的儒家理論、淩亂的課堂場面，化作瀏麗的文字，讀來心生快樂。

（孔　玥）

康熙十五年遣宗人府丞馬汝驥致祭碑

此碑立於清聖祖康熙十五年(1676)二月,現位於孔廟十三碑亭南排東起第八亭内,中排東起第2石,南向。高2.8米,寬1.1米,厚0.27米。螭首,高0.95米,額題篆書"大清"2字。龜趺高1.2米,長2.8米,寬0.9米。龍紋鑲邊。正書。碑陽10行,行26字。碑陰2行,行字不可辨。碑曾斷裂多塊,現已修復,但缺字較多。

《續修曲阜縣志》卷八《藝文志·金石》著録碑陽原文,名爲《遣宗人府丞馬汝驥致祭碑》,碑陰不録。孔祥霖《曲阜碑碣考》卷二乙部有記,名爲《遣宗人府丞馬汝驥致祭碑》。《石頭上的儒家文獻——曲阜碑文録》著録碑陽,碑陰不録,名爲《康熙十五年馬汝驥致祭碑》,"隆"誤作"墜","竝"作"並"。

維康熙十五年歲次丙辰二月(癸)〔一〕(丑)朔越有七日己未,皇帝謹遣宗人府〔二〕府丞〔三〕加(二)級馬汝(驥)〔四〕(致)祭於先師孔子曰:

朕惟治統〔五〕緣道統〔六〕而(益)隆,作君與(作)師而

(竝)〔七〕重。先師孔子,德侔天地,教範(古)今。歷代帝王,咸宗道法,用臻治安。朕奉天眷命,紹纘丕基〔八〕,懋建〔九〕元儲〔一〇〕,(以)崇(國)本,景行〔一一〕至聖,肅舉明禋〔一二〕。兹遣專官(虔)(申)(殷)薦〔一三〕,伏惟〔一四〕鑒格。尚冀居歆〔一五〕。

(以下碑陰)

欽命致祭官宗人府(府)丞加二級前順天府□□…□□史院。

侍讀學士巡視□□監察御史兼管□□…□□驥。

【注釋】

〔一〕括號内殘字據《續修曲阜縣志》補足。

〔二〕宗人府:管理皇室宗族事務的機構,其稱始於明代,清代沿置,負責長官稱宗令。《清史稿·職官志一》:"宗人府。宗令,左、右宗正,左、右宗人各一人。(原注:宗室王、公爲之。)府丞,漢一人……宗令掌皇族屬籍,以時修輯玉牒,奠昭穆,序爵禄,麗派别,申教誡,議賞罰,承陵廟祀事。宗正、宗人佐之。"

〔三〕府丞:明代順天、應天二府,清代順天、奉天二府皆置府丞,爲府尹副職。又明代詹事府、清代宗人府等亦有府丞。《清史稿·職官志一》:"宗人府……府丞掌校漢文册籍。"

〔四〕馬汝驥:初爲内閣侍讀學士,康熙十二年(1673)任光禄寺卿、順天府府尹,十三年任宗人府府丞,後任督察院左副都御使,總督倉場户部右侍郎等職,十五年欽命致祭闕里並祭少昊(見《康熙十五年馬汝驥祭少昊碑》)、東鎮沂山(參見清光緒《臨朐縣志》卷十六《雜記》)等。

〔五〕治統:治理國家的一脈相傳的統系。

〔六〕道統:宋明理學家稱儒家學術思想授受的系統。

〔七〕竝:"並"字之異體。

〔八〕丕基:巨大的基業。

〔九〕懋建:勉力建立。

〔一〇〕元儲:儲君。謂太子。此指康熙十四年(1675)立胤礽爲太子。

〔一一〕景行:景仰。

〔一二〕明禋:潔敬。指明潔誠敬的獻享。

〔一三〕殷薦:用盛樂薦祭上帝,這裏指薦祭孔子。

〔一四〕伏惟:表示希望,原望。

〔一五〕居歆:安然享用。

(孟　坡)

康熙十五年勞之辨謁廟詩碑

此碑立於清聖祖康熙十五年(1676),現位於孔廟十三碑亭南排東起第八亭內,右北石,東向。碑高2.2米,寬0.82米,9行,行31字,鑲於磚牆中。中部及下部曾斷裂,右上角缺損,現均已修復。

《石頭上的儒家文獻——曲阜碑文録》著録全碑。"告"誤作"生"、"非"誤作"排"、"珮"誤作"佩"、"泰岱"誤作"岱嶽"、"牲牷粢受胙"作"牲牷□受胙"、"山東通省"誤作"山東省"、"檇"誤作"㰉"。

皇清康熙十五年丙辰仲冬上丁,陪衍聖公翊翁孔老先生〔一〕,□先師夫子廟,敬賦排律〔二〕一章:

闕里開千聖,明禋饗百王。遺文周柱史,古殿魯靈光〔三〕。俎豆家□歸,詩書食報〔四〕長。興朝崇禮教,釋奠〔五〕重膠庠〔六〕。束帛〔七〕由中賜,硎羹出尚方〔八〕。葭灰初應律〔九〕,忝稷告盛筐。松柏非秦漢,尊罍〔一〇〕本夏商。笙歌傳廣樂,籥舞〔一一〕儼趨蹌〔一二〕。劍珮陳清廟〔一三〕,衣冠萃講堂。衡文來泰岱,持節拜宫牆〔一四〕。九獻儀方□,三終夜未央。牲牷〔一五〕榮受胙,醍酒酌盈觴。喜見簪纓〔一六〕盛,還欽道德昌。園陵多杞棘,壇□不滄桑。洙泗〔一七〕長流水,龜蒙〔一八〕自夕陽。登山與觀海,天地大文章。

提督山東通省學政按察司僉事檇李勞之辨〔一九〕薰沭拜撰。

【注釋】

〔一〕孔毓圻(1657—1723):字鐘在,又字翊宸,號蘭堂。山東曲阜人。孔子的第六十六代嫡長孫。康熙六年(1667),襲封衍聖公。九年(1670),授光禄大夫,十五年(1676),晉階太子少師。工書,好詩文,愛蘭,善畫墨蘭。子傳鐸襲。卒謚恭慤。有《蘭堂集》《幸魯盛典》。《清史稿》列傳二百七十儒林四有傳。

〔二〕排律:律詩的一種。就律詩定格加以鋪排延長,故名。每首至少十句,多則有至百韻者。除首尾兩聯外,中間各聯都須對仗。亦可隔句相對,稱爲扇對。

〔三〕魯靈光:靈光殿,漢景帝子魯恭王所建的宫殿。故址在今山東省曲阜市。

〔四〕食報:受報答或受報應。

〔五〕釋奠:古代在學校設置酒食以奠祭先聖先師的一種典禮。

〔六〕膠庠:周代學校名。

〔七〕束帛:捆爲一束的五匹帛。古代用爲聘問、饋贈的禮物。

〔八〕尚方:古代製造帝王所用器物的官署。泛稱爲宫廷制辦和掌管飲食器物的官署、部門。

〔九〕應律:應合樂律。

〔一〇〕尊罍:泛指酒器。

〔一一〕籥舞:謂文舞。吹籥而舞,舞時依照籥聲爲節拍。

〔一二〕趨蹌:指音樂的板眼節奏。

〔一三〕清廟:指太廟。古代帝王的宗廟。這裏指孔子廟。

〔一四〕宫牆:指萬仞宫牆。

〔一五〕牲牷:古代祭祀用的純色全牲。也泛指祭品。

〔一六〕簪纓:古代官吏的冠飾。比喻顯貴。

〔一七〕洙泗:洙水和泗水。古時二水自今山東省泗水縣北合流而下,至曲阜北,又分爲二水。春秋時屬魯國地。孔子在洙泗之間聚徒講學。後以"洙泗"代稱孔子及儒家。

〔一八〕龜蒙:龜山和蒙山的並稱。均在山東省境内。二山連續,長約八十餘里,其西北一段名龜山,東南名蒙山。

〔一九〕勞之辨(1639—1714):字書升,晚號介岩、介庵,浙江石門(今桐鄉縣)檇李人。康熙三年(1664)甲辰科進士,選庶吉士,授户部主事,遷禮部郎中。十五年(1676),出爲山東提學道僉事,遷貴州糧驛道參議。二十四年(1685),擢通政使參議,遷兵部督捕理事官。連遭親喪。服闋,起故官。洊擢左副都御史,數有建白。五十二年(1713),赴京祝萬壽,復原秩。逾年,卒於家。著有《静觀堂詩集》。《清史稿》有傳。

(孟　坡)

康熙二十一年遣都察院御史宋文運致祭碑

此碑立於清聖祖康熙二十一年(1682)二月,現位於孔廟十三碑亭南排東起第八亭内,東起第4石,南向。碑高3米(含篆額"大清"2字),寬1米,厚0.24米。螭首,龜趺。正書,8行,行26字。碑中上部曾斷裂爲三塊,現已修復。

《續修曲阜縣志》卷八《藝文志·金石》著録碑陽原文,名爲《遣都察院御史宋文運致祭碑》,碑陰不録。"殷"誤作"啟"。孔祥霖《曲阜碑碣考》卷二乙部有記,名爲《遣都察院御史宋文運致祭碑》。

《石頭上的儒家文獻——曲阜碑文録》著録有誤,名爲《康熙二十一年宋文運致祭碑》,著録爲"自古帝王,受天顯命,繼道統而新治統,聖賢代起,先後一揆。成功盛德,炳如日星。朕誕膺眷祐,臨制萬方,掃滅兇殘,廓清區宇。告功右後,殷禮肇稱。敬遣專官,代將牲帛,爰修禋祀之誠,用展景行之志,仰冀明靈,尚其鑒享"。

(維)[一]康熙二十一年歲次壬戌(三)月己酉朔越十六日甲子,皇帝謹(遣)都察院右副都御(史)宋文運[二]致祭於先師孔子曰:朕惟治統[三]緣(道)(統)[四]而益隆,作君與作師而並重,先師孔子(德)侔天地,教範古(今),歷代帝王咸宗道法,用奏治安。朕奉天眷命,紹纘(丕)基,翦除兇殘,(又)(安)海宇。告功至聖,素舉明(禋)[五],茲遣專官虔(申)殷薦,伏惟鑒格,尚冀居歆[六]。

(碑陰,字模糊,多不可辨)

【注釋】

〔一〕括號内殘字據《續修曲阜縣志》補足。

〔二〕宋文運(?—1684):字開之,直隸南宫(今河北省南宫市)宋曹村人。順治二年(1645)舉人,順治六年(1649)進士,初授山東滋陽知縣,歷任刑部主事、吏部主事、吏部員外郎、吏部郎中、鴻臚寺少卿、光禄寺卿、順天府府尹、都察院右副都御史、刑部左侍郎加太子少保等職。康熙二十一年(1682)奉命往祭曲阜孔廟及少昊陵,升刑部侍郎。康熙二十三年(1684)四月,以病乞休,上命加太子少保。七月卒,謚端慤。康熙二十五年(1686)祀鄉賢。《清史稿》有傳。

〔三〕治统:治理國家的一脈相傳的統系。

〔四〕道统:宋明理學家稱儒家學術思想授受的系統。

〔五〕明禋:潔敬。指明潔誠敬的獻享。

〔六〕居歆:安然享用。

(孟　坡)

雍正元年通政使楊汝穀致祭碑

此碑位於孔廟十三碑亭南排東起第一亭内,中石。立於清世宗雍正元年(1723)。碑高2.75米,寬1.3米,厚0.33米,其中碑頭0.9米,篆額"大清"2字。正書。共10行,行32字。保存完好,字跡清晰。駱承烈《石頭上的儒家文獻——曲阜碑文録》、朱福平《孔廟十三碑亭》、孟繼新《孔府孔廟碑文楹聯集萃》(下册)輯録該碑。

駱承烈《石頭上的儒家文獻——曲阜碑文録》將"辛已"誤作"辛巳"、"已酉"誤作"乙酉"、增添"使"字、"眇躳"誤作"藐躬"、"遣專官"誤作"遣官"、"謹立"誤作"敬立"。

朱福平《孔廟十三碑亭》將"已酉"誤作"乙酉"、增添"使"字、"先聖後聖"誤作"先後聖"、"眇躳"誤作"藐躬"、"遣專官"誤作"遣官"、"孔毓珺"誤作"孔敏珺"、"謹立"誤作"敬立"。

孟繼新《孔府孔廟碑文楹聯集萃》(下册)將"已酉"誤作"乙酉"、增添"使"字、"眇躳"誤作"藐躬"、"遣專官"誤作"遣官"、"謹立"誤作"敬立"。

維雍正元年歲次癸卯甲寅月辛巳朔越祭日己酉,皇帝遣通政使司[一]右通政楊汝轂[二]致祭於先師孔子曰：仰惟先師，道冠百王，教垂萬世。自生民而未有，集羣聖之大成。朕自冲齡，即勤響往，念皇攷親承道統，既先聖後聖之同符。暨眇躬仰契心傳，知作君作師之一致。兹當嗣位之始，宜隆享祀之儀。特遣專官虔申昭告，惟冀時和歲稔，物阜民安，淳風徧洽乎寰區，文治永光夫前緒。尚其歆格，鑒此精誠。

曲阜縣原任世職知縣孔衍澤[三]、世職知縣孔毓琚[四]謹立。

【注釋】

〔一〕通政使司：官署名。明代始設"通政使司"，簡稱"通政司"，其長官爲"通政使"。清代沿置，掌內外章奏和臣民密封申訴之件。明代置有通政使一人，正三品；左、右通政各一人，正四品；左、右參議各一人，正五品等。凡朝廷大政、大獄及會推文武大臣，通政使也參與討論。清代通政使，設滿、漢各一人；副使，滿、漢各一人，官階與明朝同。不過，這一衙門在明、清兩代並無實權。

〔二〕楊汝轂(1665—1740)：字令貽，江南懷寧人，清朝官吏。康熙三十九年進士，授浙江浦江縣知縣。行取，授禮部主事。三遷監察御史。

〔三〕孔衍澤：康熙四十五年任曲阜世職知縣，著有《聖門禮志》等。

〔四〕孔毓琚：孔子第六十七代孫，曲阜世職知縣。

（孔祥安）

雍正元年册封至聖先師孔子五代王碑

此碑立於清世宗雍正元年(1723)六月,現位於孔廟十三碑亭南排東起第二亭内,中石,南向。碑高2.95米(含碑首0.9米),寬1.1米,厚0.38米。螭首,龜趺。碑額篆書"大清皇帝册封至聖先師孔子五代王碑"16字。龜趺高0.9米,長0.26米,寬1.24米。雕龍邊。左爲漢文正書,分5組,每組15行,行17字。右爲滿文,亦5組。碑陰爲祭孔子文。

孔祥霖《曲阜碑碣考》卷二乙部有記,名爲《封至聖先師孔子五代王碑》。《石頭上的儒家文獻——曲阜碑文録》著録全碑,名爲《雍正元年册封至聖先師五代王碑》。

《石頭上的儒家文獻——曲阜碑文録》"制"誤作"詔"、脱"制誥""之寶"、"源"作"原"、"宣尼"誤作"尼宣"、"竝"作"并"、"休"作"庥"、脱"王""先師"、"寵"誤作"崇"、"累行積功"誤作"積行纍功"、"應推夫祖德"誤作"誼推崇夫祖德"、"而"誤作"以"、"維"作"惟"、"磨"誤作"摩"、"加"誤作"知"、"服茲嘉命"誤作"茲荷嘉命"、"示"誤作"式"、添"又曰"、"重"誤作"道"、"祥"誤作"詳"、"極"誤作"加"。

奉天承運,皇帝制曰:右文[一]稽古[二],思統緒[三]之相承。重道尊師,溯淵源於自遠。舉千秋之曠典[四],蘋藻[五]維馨。超五等[六]之崇封,綵綸[七]式焕。緬惟先師孔子之五世祖木金父公。系本殷朝,居從魯國,治惟尚質,傳樸素之舊風,貴而彌恭。守謙和之家法。積功纍行,聿宏毓聖之基。貽慶鍾祥,遂極生民之盛。朕初登大寶[八],欽想前規,欲伸景仰之誠,用議顯揚之制,特追封為肇聖王。錫[九]之册命[一〇]。於戲[一一]!克昌厥後[一二],永立人倫[一三]之宗。有開必先,並膺素王之號。服兹嘉命,垂示無窮。

制誥。

雍正元年六月十二日之寶。

奉天承運,皇帝制曰:道高聖域。宜推師表之源。恩浹儒宗,用廣尊崇之典。擬王封而晉秩,禮軼古今。定鴻號而加稱,榮增洙泗。緬惟先師孔子之高祖祈父公,系出商宗,望隆宋國,姓分公族,為孔氏之再傳。瑞啓聖人,逮宣尼而間出。溯淵源於纍葉,知德盛而世昌,鍾靈秀於一人,實教尊而功溥。朕羹牆[一四]至聖,寤寐前徽[一五],思敬禮之加隆,必恩綸[一六]之及遠。特追封為裕聖王。錫之册命。於戲!袞衣[一七]端冕[一八],視躬桓蒲[一九],穀而彌尊,春禴秋嘗[二〇],與凫嶧[二一]龜蒙而竝久,膺兹龍命,永荷鴻休[二二]。

制誥。

雍正元年六月十二日之寶。

奉天承運,皇帝制曰:聖人覺世道,有開而必先王者,尊師禮必隆於所自。備顯揚之典〔二三〕,用煥千秋。申嚮往之誠,特超五瑞〔二四〕。緬惟先师孔子之曾祖防叔公,殷朝賢裔,魯國儒宗。潛德彌彰,守高曾之矩矱〔二五〕,詒謀自遠。蘊詩禮之淵源。聿開天縱之能,四科〔二六〕立教。爰啓時中之聖〔二七〕,一貫傳心。朕寶曆初膺,前徽是式,溯儀型而景仰,加名號以褒崇。特追封為詒聖王。錫之册命。於戲,俎豆常新,峻秩〔二八〕與尼山並峙。絲綸誕賁,恩光共洙泗長流。永荷寵嘉〔二九〕,昭垂無斁〔三〇〕。

制誥。

雍正元年六月十二日之寶。

奉天承運,皇帝制曰:化民善俗,道首頼乎師資。累行積功,誼推夫祖德。閲再傳而誕聖,垂裕詒謀。超五等而加封,創興盛典。緬維先師孔子之祖伯夏公,東山〔三一〕毓秀,泗水鍾靈。生秉禮守義之邦,漸磨〔三二〕既久。奉崇信尊賢之訓,牖迪〔三三〕尤深。集慶在躬,早兆四科之教。克昌厥後,遂開萬世之蒙。朕寶曆初膺,景行彌切,推降祥之有自,念賢號之宜加。特追封為昌聖王。錫之册命。於戲!溯尼山之世澤,茂(績)丕昭。崇闕里之家聲,斯文益振。服兹嘉命,永示光榮。

制誥。

雍正元年六月十二日之寶。

奉天承運,皇帝制曰:達天[三四]盡性,溯道統之攸傳。崇德報功,體孝思之不匱。惟誕生夫睿哲,遂永樹乎師模。用賁徽章,特升峻秩。緬維先師孔子之父叔梁公,望重魯邦,業傳鄹邑。秉姿勇毅,垂史傳之盛名。積慶攸長,衍家庭之令緒[三五]。感殊祥[三六]於闕里,兆啓素王。徵靈應於尼山[三七],運鍾至聖。粤從前代,顯贈上公。當兹纘緒之初,更議推恩之典。特追封為啓聖王。錫之册命。於戲!澤惟裕後,聿宏作述之規,善則歸親[三八],宜極尊崇之禮,儀型如在,嘉命是承。

制誥。

雍正元年六月十二日之寶。

(以下碑陰)

祭告孔子文曰:道尊德聖,宜錫類以推恩。牒溯前徽,乃緣情而制禮,絲輪聿賁,俎豆維新。仰維先師孔子,撰合乾坤,名高日月。纂修删定,焕六籍之文明。祖述憲章,樹百王之儀範。朕夙承庭訓,嚮往實深。誕紹丕基,欽崇彌切。惟德全而業盛,知積厚而流光。爰命廷臣,式稽譜系。詒謀式穀,洵慶於一門,毓秀鍾靈,宜上追於五世。并躋祀典,特晉王封。體皇考敬師之心,弘先聖顯親之孝。金聲玉振,集古今之大成;木本水源,享蒸嘗之美報。靈其不昧,尚克來歆。祭告肇聖王、裕聖王、詒聖王、昌聖王、啓聖王曰:

欽崇至道,爰思毓聖之基;特創隆規,用沛推恩之典。馨香攸薦,譜牒生輝。惟王系本商宗,支分魯邑,公族傳為著姓，溯盛德之淵源；聖人功在群倫，綿斯文之統緒。朕情殷仰止，禮極褒崇，晉五世之王封，絲綸誕之澤，恩覃闕里，報式穀於前徽，慶溢膠宫，蔚光華於奕禩，尚其歆格，鑒此殊榮。

【注釋】

〔一〕右文：崇尚文治。

〔二〕稽古：考察古事。

〔三〕統緒：頭緒，系統。

〔四〕曠典：前所未有的典制。

〔五〕蘋藻：蘋與藻，皆水草名。古人常采作祭祀之用。這裏用作祭祀的代稱。

〔六〕五等：五個等級。

〔七〕絲綸：出自《禮記·緇衣》："王言如絲，其出如綸。"孔穎達疏："王言初出，微細如絲，及其出行於外，言更漸大，如似綸也。"後因稱帝王詔書爲"絲綸"。

〔八〕大寶：出自《易·繫辭下》："聖人之大寶曰位。"後因以"大寶"指帝位。

〔九〕錫：賜予。

〔一〇〕册命：指册立或册封之事。

〔一一〕於戲：猶於乎。感嘆詞。

〔一二〕克昌厥後：出自《詩經·周頌·雝》："燕及皇天，克昌厥後。"鄭玄箋："文王之德安及皇天……又能昌大其子孫。"後因稱子孫昌大爲"克昌"。厥後，以後。

〔一三〕人倫：封建禮教所規定的人與人之間的關係，特指尊卑長幼之間的等級關係。

〔一四〕羹牆：出自《後漢書·李固傳》："昔堯殂之後，舜仰慕三年，坐則見堯於牆，食則睹堯於羹。”後以羹牆爲追念前輩或仰慕聖賢的意思。

〔一五〕前徽：前人美好的德行。

〔一六〕恩綸：恩詔。

〔一七〕袞衣：古代帝王及上公穿的繪有卷龍的禮服。

〔一八〕端冕：玄衣和大冠。古代帝王、貴族的禮服。

〔一九〕桓蒲：祭祀用的大蒲席。

〔二〇〕春禴秋嘗：禴，古同“礿”，古代祭名。指春祭。出自《易·萃》：“引吉無咎。孚乃利用禴。”鄭玄注：“禴，殷春祭之名也，四時祭之省者也。”秋嘗，古代天子與諸侯於秋季舉行的宗廟之祭。出自《周禮·春官·司尊彝》：“秋嘗冬烝，祼用斝彝黄彝。”

〔二一〕鳧嶧：鳧山和嶧山的並稱，均在山東省鄒城市境内。鳧山在鄒城市西南，嶧山在鄒城市東南。

〔二二〕鴻休：鴻業，大統。

〔二三〕顯揚之典：顯揚，顯耀；顯示。典，常道，準則，制度。這裏指儒家道統。

〔二四〕五瑞：五種祥瑞之物。謂黄龍、白鹿、木連理、嘉禾、甘露，見《隸釋·漢李翕黽池五瑞碑》。亦謂神龜、甘露、紫芝、嘉禾、玉兔，見《宋史·樂志一》。

〔二五〕矩矱：規矩法度。

〔二六〕四科：孔門科目。指德行、言語、政事、文學。出自《論語·先進》：“德行：顔淵、閔子騫、冉伯牛、仲弓。言語：宰我、子貢。政事：冉有、季路。文學：子游、子夏。”

〔二七〕時中之聖：典出自《孟子·萬章下》：“伯夷，聖之清者也；伊尹，聖之任者也；柳下惠，聖之和者也；孔子，聖之時者也。孔子之謂集大成。”指孔子是聖人中最能適應時勢發展的人。

〔二八〕峻秩：高位，高官。

〔二九〕寵嘉：榮耀華美。

〔三〇〕無斁：猶無終，無盡。

〔三一〕東山：典自《孟子·盡心上》："孔子登東山而小魯。"趙岐注："東山，蓋魯城東之高山。"後因以代指魯地。

〔三二〕磨：研討，觀摩。

〔三三〕牖迪：牖，通"誘"。誘導啓迪。

〔三四〕達天：明瞭自然規律，樂天知命。

〔三五〕令緒：偉大的事業或業績。

〔三六〕殊祥：不同尋常的祥瑞。

〔三七〕徵靈應於尼山：尼山原名尼丘山。此典出自《史記·孔子世家》，孔母顔氏"禱於尼丘而得孔子"。

〔三八〕歸親：猶親近。

【論説】

此碑記載了清世宗雍正元年（1723），册封孔子五代祖爲王的册書和祭告孔子文。是年，將明弘治十七年（1504）所建"家廟"改稱爲"崇聖祠"，以供祭祀。祠内正中供奉孔子五世祖肇聖王木金父，左祀高祖裕聖王祈父，右祀曾祖詒聖王防叔，再左祀祖父昌聖王伯夏，再右祀父啓聖王叔梁紇。兩側分别以顔無繇（顔回之父）、孔鯉（孔伋之父）、曾點（曾參之父）、孟孫激（孟軻之父）配享，再外兩側分别以周輔成（周敦頤之父）、程珦（程顥、程頤之父）、蔡元定（蔡沈之父）和張迪（張載之父）、朱松（朱熹之父）從祀。

（孟　坡）

雍正二年孔傳鐸感恩碑

此碑位於孔廟十三碑亭南排東起第一亭内,東北石。立於清世宗雍正二年(1724)四月。碑高1.88米,寬0.82米,厚0.28米,其中碑頭0.7米,並篆書“大清”2字,座高0.2米。碑頭雙龍戲珠,龍邊。正書。共17行,行28字。保存完好,字跡清晰。駱承烈《石頭上的儒家文獻——曲阜碑文録》、朱福平《孔廟十三碑亭》、孟繼新《孔府孔廟碑文楹聯集萃》(下册)輯録該碑。

駱承烈《石頭上的儒家文獻——曲阜碑文録》將“區宇”誤作“正宇”、“徵”誤作“澂”、“由周”誤作“自周”、“系册”脱“系”字、“尊崇”脱“崇”字、“常聞”誤作“當聞”、“感載難名”誤作“感戴莫名”、“頂沐”誤作“項沐”、“仰祝”誤作“仰視”、“允執厥中”誤作“允厥執中”、“邀榮”誤作“邀崇”、“如川”誤作“名川”、“仁風”誤作“仁鳳”。

朱福平《孔廟十三碑亭》將“區宇”誤作“正宇”、“徵”誤作“澂”、“由周”誤作“自周”、“系册”脱“系”字、“常聞”誤作“嘗聞”、“感載難名”誤作“感戴莫名”、“仰祝”誤作“仰視”、“允執厥中”誤作“允厥執中”、“邀榮”誤作“邀崇”、“如川”誤作“名川”、

"仁風"誤作"仁鳳"。

孟繼新《孔府孔廟碑文楹聯集萃》(下册)將"區宇"誤作"正宇"、"由周"誤作"自周"、"諭旨"誤作"論旨"、"系册"脱"系"字、"常聞"誤作"嘗聞"、"感載難名"誤作"感戴莫名"、"仰祝"誤作"仰視"、"允執厥中"誤作"允厥執中"、"邀榮"誤作"邀崇"、"如川"誤作"名川"、"仁風"誤作"仁鳳"。

感恩碑記

粤稽自古帝王,統御區宇,恢張大業,丕弘基緒。實以文教之洋溢,徵政治之隆平。我祖毓德尼山,遡自有周。由周及漢,越唐宋元明。歷年愈久,恩禮愈崇。釋奠釋菜,給田免役。賜爵授官,代有曠典。然未有如我皇上之特旨優渥隆恩異數者也。歲在癸卯,我皇上龍飛御極,天人協應,萬國咸寧。遣使祭告,即頒諭旨。溯先聖世,系册封五代,悉加王爵。絲綸黼黻,耀千秋日月之光;俎豆蒸嘗,著萬世尊崇之典。維皇上錫厥殊榮,世奉明禋,永並河山帶礪,維我祖默孚眷注,臣襄帝治,常聞喜起賡歌,竚見人才蔚起,奎壁增輝,聲教日隆,嘉祥洊治,昭一時錫予之仁,貽萬禩文明之盛。臣等仰荷皇恩,欽承世緒,鐫心鏤骨,感載莫名。闔族傾誠,舉手加額。生生世世,頂沐弘仁。子子孫孫,均沾厚澤。仰祝一人有慶,綿萬壽於無疆,咸歌四海永清,見皇圖之鞏固,乃拜手稽首,而作頌曰:

太極肇分,兩儀永奠。賦理於人,倫常迺見。我祖至聖,味道不倦。脩齊治平,復性明善。功侔律襲,享祀無窮。載稽昔典,歷代維崇。大哉我后,允執厥中[一]。惟精惟一,契合符同。綸音孔昭,千古為隆。遡厥世系,册命加封。邀榮五代,崇德報功。衮冕黼黻,赫赫聲容。春禴秋嘗,紹承罔替。祀事孔潔,垂於世裔。感德懷恩,巍巍無際。洙流如川,岱色参天。仁風浩蕩,歷祀緜緜。帝祚無疆。億萬斯年。

雍正二年歲在甲辰四月吉旦,六十八代孫襲封衍聖公孔傳鐸[二]謹撰。

【注釋】

〔一〕允執厥中:出自《尚書·大禹謨》:"人心惟危,道心惟微,惟精惟一,允執厥中。"意思是指言行不偏不倚,符合中正之道。

〔二〕孔傳鐸:號振路,字牖民,孔毓圻之子。孔子六十八代孫。生於清康熙十二(1673)年,卒於清乾隆十三(1735)年。清雍正元(1723)年襲封衍聖公。次年,孔廟遭火災,他素服痛哭三日,引咎自責,上奏重修孔廟,獲批。隨後,會同山東巡撫岳浚等,撥銀重修,雍正八年工成。孔傳鐸進京謝恩,請得孔廟添建二座御制碑亭,又請得朝廷同意開館編纂《幸魯盛典》。他工古文、詩詞,有《安懷堂文集》二卷、《繪心集》二卷、《紅萼詞》二卷等。

(孔祥安)

雍正二年遣禮部尚書張伯行致祭碑

此碑立於清世宗雍正二年(1724)閏四月,現位於孔廟十三碑亭,南排東起第二亭内,西石,南向。碑高(含碑額)3.95米,寬1.1米,厚0.38米。螭首,龍紋邊。額篆刻“大清御祭之碑”。14行,行39字,正書。

孔祥霖《曲阜碑碣考》卷二乙部有記,名爲“大清御祭之碑”。

維雍正二年歲次甲辰閏四月甲戌朔越六日己卯,皇帝遣禮部尚書張伯行〔一〕致祭於先師孔子之五世祖肇聖王木金父公、高祖裕聖王祈父公、曾祖詒聖王防叔公、祖昌聖王伯夏公、父啟聖王叔梁公曰:欽崇至道,爰思毓聖之基,特創隆規〔二〕,用沛推恩〔三〕之典。馨香攸薦,譜牒增輝,惟□□□裔宗,支分魯邑,公族傳爲著姓。溯盛德之淵源,聖人功在群倫,綿斯文之統緒,朕情殷仰止〔四〕,□□□褒晉五世之王封,絲綸〔五〕誕賁〔六〕,垂千秋之祀事,廟貌常新,顯親慰至聖之心,錫類〔七〕廣興朝之澤,恩覃闕里,報式穀於前徽,慶溢膠宫,蔚光華於奕禩〔八〕。尚其歆格，鑒此殊榮。

襲封衍聖公臣孔傳鐸〔九〕恭立。

【注釋】

〔一〕張伯行(1651—1725)：字孝先，號恕齋，晚號敬庵，河南儀封(今河南蘭考)人。理學家。康熙二十四年(1685)進士。歷任内閣中書、中書科中書、江蘇按察使、福建巡撫、江蘇巡撫、户部侍郎等職，雍正元年，擢禮部尚書。二年，命赴闕里祭崇聖祠。三年，卒，遺疏請崇儒學。朝廷追贈其爲太子太保，謚清恪。光緒初年，從祀文廟。著有《正誼堂集》十二卷、《道南源委》、《道統録》、《伊洛淵源續録》、《居濟一得》、《小學集解》、《續近思録》、《學規類編》、《性理正宗》、《廣近思録》、《濂洛關閩書》、《困學録集粹》、《濂洛風雅》等。《清史稿》列傳五十二有傳。

〔二〕隆規：規，法度。指雍正元年(1723)追封孔子上五代王爵事。

〔三〕推恩：猶言推愛。謂將己之愛，推及他人。

〔四〕仰止：仰慕，嚮往。止，語助詞。

〔五〕絲綸：出自《禮記·緇衣》："王言如絲，其出如綸。"孔穎達疏："王言初出，微細如絲，及其出行於外，言更漸大，如似綸也。"後因稱帝王詔書爲"絲綸"。

〔六〕賁：華美光彩的樣子。

〔七〕錫類：出自《詩經·大雅·既醉》："孝子不匱，永錫爾類。"毛傳："類，善也。"鄭玄箋："孝子之行非有竭極之時，長以與女之族類，謂廣之以教導天下也。"謂以善施及衆人。

〔八〕奕禩：亦作"奕祀"。世代，代代。

〔九〕孔傳鐸(1673—1732)：字振路，號牖民。孔子第67世孫。雍正元年(1723)，襲封衍聖公。衍聖公孔毓圻長子。著有

《安懷堂文集》《申椒集》《盟鷗集》等書，計十八種，一百零五卷。

【論説】

清世宗雍正元年(1723)，追封孔子上五代王爵(見《雍正元年册封至聖先師五代王碑》)。曲阜孔廟東路家廟改作崇聖祠，奉祀孔子五代先人。祠内正中供奉孔子五世祖肇聖王木金父，左祀高祖裕聖王祈父，右祀曾祖詒聖王防叔，再左祀祖父昌聖王伯夏，再右祀父啓聖王叔梁紇。兩側分别以顔無繇(顔回之父)、孔鯉(孔伋之父)、曾點(曾參之父)、孟孫激(孟軻之父)配享，再外兩側分别以周輔成(周敦頤之父)、程珦(程顥、程頤之父)、蔡元定(蔡沈之父)和張迪(張載之父)、朱松(朱熹之父)從祀。

(孟　坡)

雍正八年遣經筵官留保致祭碑

此碑位於孔廟十三碑碑亭南排東起第一亭内，中偏東石。立於清世宗雍正八年(1730)八月。碑高2.2米，寬0.92米，厚0.37米，其中碑頭高1米，並篆書"大清"2字。碑頭方形龍紋，碑身爲花邊。正書。共7行，行13字。保存完好，字跡清晰。駱承烈《石頭上的儒家文獻——曲阜碑文録》、朱福平《孔廟十三碑亭》、孟繼新《孔府孔廟碑文楹聯集萃》(下册)輯録該碑。

駱承烈《石頭上的儒家文獻——曲阜碑文録》脱"癸亥"、"講官"脱"講"字、"仍兼"誤作"乃兼"、"月角"誤作"日月"、"神聖"誤作"聖神"、"聿荐"誤作"韋薦"、"齋莊"誤作"齊莊"、"俎樽"誤作"豆邊"、"歲逢"誤作"振逢"。

朱福平《孔廟十三碑亭》漏掉"癸亥"、"講官"漏掉"講"字、"仍兼"誤作"乃兼"、"月角"誤作"日月"、"神聖"誤作"聖神"、"聿薦"誤作"韋薦"、"齋莊"誤作"齊莊"、"俎樽"誤作"豆邊"、"歲逢"誤作"振逢"。

孟繼新《孔府孔廟碑文楹聯集萃》(下册)漏掉"癸亥"、"講官"漏掉"講"字、"仍兼"誤作"乃兼"、"月角"誤作"日月"、"神聖”誤作“聖神”、“聿薦”誤作“韋薦”、“齋莊”誤作“齊莊”、“俎樽”誤作“豆邊”、“歲逢”誤作“振逢”。

維雍正八年歲次庚戌八月丁酉朔越二十七日癸亥，皇帝遣經筵講官〔一〕起居注〔二〕署掌院學士通政使仍兼詹事〔三〕留保〔四〕致祭於先師孔子曰：金聲玉振，開宇宙之文明。月角珠庭，垂神聖之儀範。肅敷筵幾，聿薦藻蘋。仰惟先師孔子，學綜圖疇，統承堯舜，道超萬類，喻河海泰岳之崇深。德服羣賢，比江漢秋陽之皎潔。温良公讓之度，邦國共欽。齋莊中正〔五〕之容，簡編備載。新營廟貌，虔製俎樽，竭誠敬之心思，极尊严之规制，乃者歲逢庚戌，序屬仲秋，上溯周朝，近当今日，推之長曆，即尼山降誕之時。卜以良辰，是闕里增輝之會。用稽徽典，適協貞符。於戲，棟宇恢宏，已慶雲霞之糺縵。堂楹端嚴，重瞻日月之光華。神鑒孔昭，苾芬歆享。

曲阜世职知县孔毓琚敬立。

【注釋】

〔一〕經筵講官：中國古代的職官名稱。宋朝經筵曾設翰林侍讀、侍講學士、崇政殿説書、侍讀、侍講等講讀官，統稱經筵官。

〔二〕起居注：中國古代的職官名稱，主要負責記録整理帝王的言行。

〔三〕詹事：中國古代的職官名稱。《漢書·百官公卿表》顏師古注引應劭曰：“詹，給也。”詹事，即給事、執事。秦朝開始置，執掌皇后、太子之事。西漢相沿，皇后之官屬及太子之官屬均有詹事。東漢廢除。魏晉時期復置,此後歷代相沿。遼金置詹事院,元亦置詹事院,或名儲政院、儲慶使司。明清皆置詹事府,設詹事及少詹事,爲三、四品官。

〔四〕留保:完顔留保,字松裔,清朝政治人物、進士出身,正白旗人。康熙五十三年,鄉試中舉。康熙六十年,賜進士,任内廷行走,後改庶起士,任翰林院檢討,陞任侍講學士。雍正四年,任福建鄉試考官、詹事。雍正六年,兼任通政使,署翰林院掌院學士。雍正十一年,任禮部右侍郎;同年改禮部左侍郎。乾隆三年,任户部右侍郎。乾隆四年,任會試副考官。乾隆五年,任吏部右侍郎。乾隆八年,任内閣學士。乾隆六年,改任盛京工部侍郎。著有《大清名臣言行録》。

〔五〕齋莊中正:出自《中庸》第三十一章:“齋莊中正,足以有敬也。”意識是指恭敬莊重,不偏不倚。

(孔祥安)

雍正八年重建至聖先師孔子廟碑

此碑立於清世宗雍正八年(1730)九月,現位於孔廟十三碑亭南排東起第二亭内東石,西向。碑高3.9米(含雕龍碑首1米),寬1.1米,厚0.32米,座高0.22米,雕龍邊。留保撰,孔傳鐸立。碑額篆"大清"2字。正書,25行,行77字。碑陰額篆"題名"2字,下分5排,每排7—13行,行字不等,共書50名。

孔祥霖《曲阜碑碣考》卷二乙部有記,名爲《重建至聖先師孔子廟碑》。駱承烈《石頭上的儒家文獻——曲阜碑文録》著録全碑。

《石頭上的儒家文獻——曲阜碑文録》"亭"誤作"亨"、"修"作"脩"、"有"誤作"為"、"葢"作"蓋"、"土"誤作"上"、"操"誤作"撰"、"秊"作"年"、"升"作"昇"、"寓"誤作"宇"、"允執厥中"誤作"允厥執中"、"治統"誤作"治隆"、"裁"誤作"載"、"騫"誤作"蹇"、"二"誤作"两"、"斲"作"斵"、"敬"誤作"教"、"踈"作"疎"、"旦"誤作"日"、"趋"作"趨"、"九再閲寒暑"誤作"幾閲寒暑"、"抃"作"汴"、"惟"誤作"准";(以下碑陰)"修"作"脩"、"瑞"誤作"焰"、脱"滕縣知縣馬兆英"、"河"誤作"漢"、"悰"誤作

"琮"、"淖"誤作"倬"、"毅"誤作"教"、"候選"誤作"侯補"、"候"作"侯"、脱"候選知州孔傳派"、"揀"誤作"楝"、脱"候選訓導孔毓理"、"兖鎮右営千総修倫"誤作"兖鎮右管千總脩倫"。

重建至聖先師孔子廟碑

聖人之道大矣。元氣亭毒[一],時行物生,有以覆幬[二]持載[三]於萬古,詩書禮樂之修明,大經大法之昭垂[四],如五緯[五]之麗天,五嶽四瀆之流峙地上,皆其自然殺列[六]而燦著者也。漢唐以來,英君誼辟,表彰尊崇,代有互異[七]。至明嘉靖時,議禮諸臣進退從祀,貶損禮儀[八],葢惑於匹夫不敢干天子禮樂之説,是以逞其鄙私臆斷[九],夫吾夫子以萬世為土,春秋筆削[一〇]已操二百四十二季,南面之權,安在無土不王,曲學陋儒,何從涯量高深。所謂日月無得而踰,天不可階而升,諒哉端木氏為知聖也。我皇上膺圖[一一]御寓,允執厥中,道統治統,合唐虞洙泗之傳,而滙於一人,性天問學,有默契焉。褒封五王[一二],釐正從祀[一三],睿裁精卓,皆前代所未到。今兹闕里,雲構霞騫,眷命一新,黄屋左纛[一四],以天子尊天子之師,用天子之制,然後典禮崇重,萬世無以復加。且夫自春秋及今二千年,辟廱興建亦屡屡矣。不過命有司庀衆材,是虔是斲,受成工師已耳,未有榱題鴟瓦[一五],一禀聖謨[一六]。尊罍旗章[一七],悉由親定。周詳精密如斯,其至軒冕裔皇[一八],如斯其盛,此皇上隆儒重道,極誠至敬,所以度越百王者也。顧念迂踈,忝竊[一九]科第,叨列清華，祖父以來，書香勿墜，皆沐浴先聖之化雨，得以儒臣歷受國恩。己酉〔二〇〕奉命董事廟庭，平日夢寐而不得見者，一旦徘徊車服禮器〔二一〕，獲覩宫牆美富，又得藉手告厥成功，實不勝慶幸。是役也，仰遵聖訓，循牆趋事〔二二〕，凢再閲寒暑，動帑十五萬七千有奇。一木一石，皆出經費。百工抃舞，萬國具瞻。襲封衍聖公牖民孔公嘉其成也，属余載筆，勒之貞珉。余惟廟碑林立，淵雲墨妙，作者不乏。予特舉其大者遠者，瑰詞麗藻，姑未暇云，是為記。

雍正八年歲次庚戌九穐，賜進士出身經筵日講官起居注纂修聖祖仁皇帝實録總裁明史署翰林院掌學士通政使司通政使仍兼詹事府詹事加一級松裔留保謹撰。

至聖六十八代孫襲封衍聖公孔傳鐸勒石。

（以下碑陰）

（以下第一排）

題名：

總承修官兖州府知府金以成。

監督官山東等處承宣佈政使司分守濟東道張體仁。

山東巡撫都察院右副都御史岳濬。

欽命督修署翰林院掌院學士通政使司通政使仍兼詹事府詹事留保。

原任山東巡撫都察院右副都御史陳世倌。

續估總承修官泰安州知州王一夔。

（以下第二排）

承修官：

試用知縣吴本涵，鄒縣知縣張曰璉，嶧縣知縣崔弘烈，曲阜縣世職知縣孔毓琚，東平州知州王敷賁，青州府同知張文瑞，兖州府通判黄家柄，汶上縣知縣于斐，滕縣知縣馬兆英，東阿縣知縣何一蜚，試用通判廖開春，試用知縣邊汝充。

（以下第三排）

辦事官：

試用知縣馮鋭，試用知縣錢觀，東平州州同馬宿曠，署青州府同知左燾，濟南府經歷夏禮賢，試用知縣李見龍，試用知縣江河清。

（以下第四排）

協修官：

曲阜縣典史宋謙，平原縣縣丞武瓚，兖州府經歷官賈賢，曲阜縣訓導張宋矩，曲阜縣教諭姜培寅，署四氏學教授孔毓倧，四氏學教授楊浩，四氏學學録孔衍淖，署曲阜縣教諭孫坦，益都縣訓導祝士毅，萊州府經歷魯藻，鉅野縣縣丞丁士秀，界河驛驛丞闞遜。

（以下第五排）

效力官：

恩貢孔興楗，恩貢孔衍派，候選知縣孔毓敏，原任河曲縣知縣孔毓孜,候選州同孔興掞,候選知州孔傳派,候選州同孔衍淞,候選州同孔毓璸,揀選知縣孔傳桂,候選訓導孔毓珵。

巡視官:兗鎮右營千総修倫。

巡查官:林廟守衛百户陳曰訓。

【注釋】

〔一〕亭毒:出自《老子》:"長之育之,亭之毒之,養之覆之。"一本作"成之熟之"。高亨正詁:"'亭'當讀爲'成','毒'當讀爲'熟',皆音同通用。"後引申爲養育,化育。

〔二〕覆幬:亦作"覆燾"。猶覆被。謂施恩,加惠。

〔三〕持載:承載。謂地能承載萬物。

〔四〕昭垂:昭示,垂示。

〔五〕五緯:金、木、水、火、土五星。

〔六〕殽列:猶雜陳。

〔七〕互異:彼此不同。

〔八〕指嘉靖九年(1530),明世宗應大學生張璁奏言,御制正孔子祀典,改"大成至聖文宣王"爲"至聖先師",降低籩豆祭樂數量,由大祀改爲中祀,毁撤孔子塑像使用木主以及改易從祀體系事。

〔九〕指嘉靖初年至嘉靖三年(1524),"治統"與"道統"間發生的"大禮議"事件,原因是明世宗以地方藩王入主皇位,爲其改换父母及尊號問題而發生,以"左順門"事件世宗帝勝利而告終。

〔一〇〕筆削:著述、歷史著作或對作品删改訂正。

〔一一〕膺圖:承受瑞應之圖。指帝王得國或嗣位。

〔一二〕指雍正元年(1723),清世宗册封孔子五代祖爲王一事。參見《雍正元年册封至聖先師五代王碑》。

〔一三〕指雍正元年(1723),清世宗册封孔子五代祖爲王,改"家廟"爲"崇聖祠",以供祭祀孔子五代祖並顔無繇(顔回之父)、孔鯉(孔伋之父)、曾點(曾參之父)、孟孫激(孟軻之父)配享事。

〔一四〕黄屋左纛:黄屋,古代皇帝車上用黄繒做裏子的車蓋;左纛,古代皇帝車上用犛牛尾做的裝飾物,設在車衡的左邊。舊指帝王的車輛。

〔一五〕榱題鴘瓦:榱題,亦作"榱提"。屋椽的端頭。通常伸出屋簷,因通稱出簷。鴘,疾飛貌。鴘瓦,榱題下覆的瓦,雨自此下溜。榱題鴘瓦借指工程瑣碎細節之處。

〔一六〕聖謨:指聖訓、聖旨。

〔一七〕尊罍旗章:尊罍,泛指酒器。旗章,具有區别名分的標志的旗幟。借指工程瑣碎細節之處。

〔一八〕裔皇:美貌。

〔一九〕忝竊:謙言辱居其位或愧得其名。

〔二〇〕己酉:指雍正七年(1729)。

〔二一〕車服禮器:出自《史記·孔子世家》"余讀孔氏書,想見其爲人。適魯,觀仲尼廟堂、車服、禮器,諸生以時習禮其家,餘低回留之,不能去云。"這裏借指闕里孔廟。

〔二二〕循牆趨事:循牆,出自《左傳·昭公七年》:"故其鼎銘云:'一命而僂,再命而傴,三命而俯,循牆而走,亦莫餘敢侮。'"杜預注:"言不敢安行也。"謂避開道路中央,靠墻而行。表示恭謹或畏懼。這裏借指重建孔廟工程期間恭敬謹慎從事。

(孟　坡)

雍正八年遣皇五子弘晝淳郡王弘暻致祭碑

此碑立於清世宗雍正八年(1730)十二月,現位於孔廟十三碑亭,北排東起第五亭内,螭首,龜趺,龍紋邊。碑高4.3米(含碑額1.5米),寬2.16米,厚0.55米。龜趺高1.03米,長4.8米,寬2.3米。碑額篆"敕建"2字。碑陽正書,14行,行31字。

孔祥霖《曲阜碑碣考》卷二乙部有記,名爲"遣皇五子弘晝淳郡王弘暻祭告碑"。《世宗憲皇帝御制文集》卷十八《聖廟告成祭文》有祭文内容。

維雍正八年歲次庚戌十二月乙未朔越十日乙巳,皇帝遣皇五子弘晝〔一〕淳郡王弘暻〔二〕,告祭於先師孔子曰:達天盡性〔三〕,樹萬世之師模。重道尊經,煥千秋之廟貌。肅將嘉祀,用告成功。仰惟先師孔子,得聖之時,由天所縱。纂脩删定〔四〕,啟宇宙之文明;祖述憲章,綜帝王之統緒〔五〕;升堂入室,弘施樂育〔六〕之恩;學禮誦詩〔七〕,永作義方〔八〕之榘。比高懸之日月,亙古莫踰〔九〕;喻出類之鳳麟〔一〇〕,生民未有〔一一〕。朕奉遺編〔一二〕而欽企儀典〔一三〕,務極其推崇。循舊址而鼎新,經營必盡其誠敬。頒於國帑〔一四〕,董〔一五〕以大臣,每繪式以先呈,乃按圖而指授。梗楠栝柏〔一六〕,求大木於名山。簠簋樽罍〔一七〕,選良工於内府〔一八〕。晶熒黄瓦,準制度於宸居〔一九〕。璀璨玉圭,儼威容於聖庭。懸標題之巨牓,灑翰〔二〇〕親書。建屹峙〔二一〕之豐碑,摛文〔二二〕恭紀。工程累歲,時深嚴恪〔二三〕之心。棟宇宏觀,益備觀瞻之美。華榱〔二四〕雕柱,增輝講道之壇。璆磬〔二五〕金鏞,重振大成之殿。數仞之宫牆逾峻,兩楹之俎豆虔陳。特遣皇五子弘晝等親詣几筵〔二六〕敬行祭告。於戲〔二七〕!卿雲糺縵〔二八〕,已開丹雘〔二九〕之祥。古檜貞堅,佇望青蒼〔三〇〕之色。惟祈鑒格,式享苾馨。

【注釋】

〔一〕弘晝(1712—1770):雍正帝第五子,清高宗弘曆之弟。雍正十一年(1733)進封和碩和親王。乾隆三十五年(1770)薨,謚號恭。

〔二〕淳慎郡王弘暻(1711—1777):淳度親王允祐第六子,其父爲葛爾賽。雍正五年(1727)受封淳親王世子,雍正八年(1730)接替父親成爲淳親王第二代,但因爲淳親王並非世襲罔替的爵位,因此他的封爵衹是郡王。乾隆四十二年(1820)去世,由八子永鋆襲封淳親王係第三代,遞降爲貝勒襲封。

〔三〕達天盡性:達天,上告天帝。盡性,儘量發揮天賦的個性。指儒家謂人物之性均包含天理,唯至誠之人,才能發揮人和物的本性，使各得其所。

〔四〕纂脩删定：指孔子著《春秋》、贊《易》、删《詩》《書》、定《禮》《樂》事。

〔五〕統緒：指皇室世系。

〔六〕樂育：指樂於培育、教導。

〔七〕學禮誦詩：指孔子教育兒子學詩學禮的故事。後因孔子的提倡，歷代文人學士都將詩和禮作爲立身、傳家之寶。參見《論語·季氏》。

〔八〕義方：行事應該遵守的規範和道理。後因多指教子的正道，或曰家教。

〔九〕踰：越過，超過的意思。

〔一〇〕鳳麟：鳳凰與麒麟。比喻傑出罕見的人才。

〔一一〕生民未有：出自《孟子·公孫丑上》："伯夷、伊尹於孔子，若是班乎？曰：'否。自有生民以來，未有孔子也。'""出於其類，拔乎其萃。自生民以來，未有盛於孔子也。"孔廟大成殿上匾額有雍正帝所書"生民未有"四個字，用來昭示孔子之地位，彰顯孔子之德行。

〔一二〕遺編：指前人留下的著作。

〔一三〕欽企儀典：欽企，仰望，仰慕。儀典，禮法，儀式。

〔一四〕頒於國帑：頒，發下。國帑，國家的公款。

〔一五〕董：監督管理。

〔一六〕梗楠栝柏：四種樹木，這裏泛指建築用各種木材。梗，一種樹。亦称"黄梗木"。楠，楠木，常綠大喬木，木材堅固，是貴重的建築材料，又可做船隻、器物等。簡稱"楠"。栝，古書上指檜樹。柏，常緑喬木，葉鱗片狀，結毬果，有"扁柏""側柏""圓柏""羅漢柏"等多種。木質堅硬，紋理緻密。可供建築及製造器物之用。

〔一七〕簠簋樽罍：四種祭器，這裏泛指各種祭器。簠，古代祭祀時盛稻粱的器具。簋，古代盛食物器具，圓口，雙耳。樽，古代盛酒的器具。罍，古代一種盛酒的容器。小口，廣肩，深腹，圈足，有蓋，多用青銅或陶製成。亦指盥洗用的器具。

〔一八〕内府：清代官署内務府簡稱，專管宫廷事務。辦理宫中日常事務，如衣食住行、典禮、倉儲、財務、工程、警衛、刑獄等。

〔一九〕宸居：指帝王居住之所。

〔二〇〕灑翰：猶灑筆。

〔二一〕屹峙：聳立。

〔二二〕摛文：鋪陳文采。

〔二三〕嚴恪：莊嚴恭敬。

〔二四〕華榱：雕畫的屋椽。

〔二五〕璆磬：玉磬。

〔二六〕几筵：亦作“几梴”。猶几席。

〔二七〕於戲：感歎詞。亦作嗚呼。

〔二八〕卿雲糺縵：祥雲。縈回繚繞貌。

〔二九〕丹雘：塗飾色彩。

〔三〇〕青蒼：借指天。

（孟　坡）

雍正九年立康熙五十九年陳銑頌孔詩碑

此碑立於清世宗雍正九年(1731),现位於孔廟十三碑亭院南排東起第四亭内,東排南石,西向。碑高1.55米(含雲紋碑首0.6米),寬0.8米,厚0.27米。額題正書“皇清”2字。正書,正文5行,行10字。右側題記9行,行50字。

《石頭上的儒家文獻——曲阜碑文録》著録全碑。“岳”作“嶽”、“群”作“羣”、“氣”誤作“氧”、“下”誤作“地”、“特”誤作“轉”、“季”作“年”、“館”誤作“節”、“邸”誤作“師”、“研”誤作“所”、“寔”誤作“是”、“因偬促就道”誤作“因偬就道”、“己酉”誤作“乙酉”、“役”誤作“領”、“對”誤作“拜”、“恍”誤作“悦”、“爰”誤作“受”、“恭置廟廡”誤作“置廟廡”、“盖”作“蓋”。

泰山衆岳尊,至聖群倫〔一〕表。精氣〔二〕暗相通,萬古此長曉。靈根〔三〕傳性命,筮筴〔四〕發幽渺〔五〕。乾元〔六〕德統天,道大天下小。

康熙五十九年六月禮部尚書陳銑〔七〕敬題。

（以下碑右側題記）

康熙庚子〔八〕夏，先大夫〔九〕致政〔一〇〕歸里，道出任城，特至曲阜，瞻拜文廟，展謁聖林。小子世倌〔一一〕時備員〔一二〕翰林，未克隨侍。越二季〔一三〕，而先大夫捐館京邸〔一四〕矣。先大夫生平研精經史，各有著述。而於四子書〔一五〕，尤服膺終身。退食之暇，静坐一室，探索聖賢奥旨。所著《四書述》〔一六〕，凡三易稿，易簀〔一七〕前數日，猶手自訂正。羹牆之慕〔一八〕，未嘗一日釋願，繫□中外四十餘年，每以未得一登闕里之堂為憾。玆於政成之日，得親覩聖人之車服禮器，以慰生平願學之志。精誠所聚，天實副之。所題五言律一章，寔〔一九〕仰契先聖心源。因傯促就道，付之石工，摹勒未善。雍正己酉〔二〇〕夏，世棺以董役廟庭〔二一〕，復至闕里。瞻對之下，恍覩先大夫之音容，泫然流涕。爰命工人重加鐫勒，恭置廟廡。盖不忍手澤〔二二〕之遽湮，亦以表先大夫生平見聖之恩云。

雍正辛亥〔二三〕長至〔二四〕日，世倌百拜謹誌。

【注釋】

〔一〕群倫：同類或同等的人們。

〔二〕精氣：陰陽精靈之氣。古謂天地間萬物皆秉之以生。

〔三〕靈根：指才德修養。

〔四〕筮筴：筮，古代用蓍草占卦。筴，同策。

〔五〕幽渺：同幽眇，亦作幽妙。精深微妙。

〔六〕乾元：出自《易·乾》："大哉乾元，萬物資始，乃統天。"孔穎達疏："乾是卦名，元是乾德之首。"朱熹本義："乾元，天德之大始。"後以"乾元"形容天子之大德。

〔七〕陳詵(1642—1722)：字叔大，號實齋，浙江海寧鹽官人。陳世倌之父。曾任工部尚書、禮部尚書等職務。

〔八〕康熙庚子：康熙五十九年(1720)。

〔九〕先大夫：先父。

〔一〇〕致政：猶致仕。指官吏將執政的權柄歸還給君主。

〔一一〕世倌：陈世倌(1680—1758)字秉之，號蓮宇，浙江海寧鹽官人。陳詵之子。清康熙四十二年(1703)進士。選庶起士，授編修，陞侍讀。歷任山東、廣東、順天鄉試主考官，後擢内閣學士。雍正二年(1724)出任山東巡撫。後因故遭貶，治江南水利，督修孔廟。乾隆元年(1736)，任左副都御史，累遷至工部尚書。六年(1741)，授文淵閣大學士。十三年(1757)，因擬旨誤，罷職。兩年後復原銜並兼禮部尚書，兩次擔任會試總裁。二十二年，以老乞休，加太子太傅。翌年卒，謚文勤。著有《學辯質疑》《讀書管見》《宋十賢傳》《嘉惠堂集》等。

〔一二〕備員：用作任職或任事的自謙詞。

〔一三〕秊：同“年”。

〔一四〕捐館京邸：拋棄京城館舍。死亡的婉辭。

〔一五〕四子書：指《論語》《大學》《中庸》《孟子》四部儒家經典。此四書是孔子、曾子、子思、孟子的言行録，故合稱“四子書”。

〔一六〕四書述：陳詵撰，《四庫全書存目叢書》收録。

〔一七〕易簀：簀，泛指席子。《史記·范雎蔡澤列傳》：“雎詳死，即卷以簀置廁中。”司馬貞索隱：“簀，謂葦荻之薄也，用之以裹屍也。”去世的婉辭。

〔一八〕羹牆之慕：典自《後漢書·李固傳》：“昔堯殂之後，舜仰慕三年，坐則見堯於牆，食則睹堯於羹。”後以“羹牆”爲追念前輩或仰慕聖賢的意思。

〔一九〕寔：同“實”。

〔二〇〕雍正己酉:雍正七年(1729)。

〔二一〕董役廟庭:董役,監督勞作。指雍正七年欽派監修闕里孔廟事。

〔二二〕手澤:猶手汗。後多用以稱先人或前輩的遺墨、遺物等。

〔二三〕雍正辛亥:雍正九年(1731)。

〔二四〕長至:指夏至。

【論說】

此碑所記,清康熙五十九年(1720),陳銑去職拜謁孔廟所題五言律詩。雍正七年(1729),陳銑子陳世倌,欽派監修孔廟,見其父所題詩碣,"恍覩先大夫之音容,泫然流涕",隨作題記三百餘言。又見碣"摹勒未善","爰命工人重加鎸勒"。

正如題記所言,士人尊師重道,崇尚儒學,"以未得一登闕里之堂爲憾"。通過此碑,可見陳氏父子對儒學尊崇之情懷。

(孟　坡)

雍正十三年孔傳熹暨王恭人墓碑

此碑立於雍正十三年(1735),現位於孔林。碑頭浮雕三龍,正上方一龍盤踞於碑頭,碑頭左右兩側各一龍,二龍之間書有"持恩",篆書。碑身四周浮雕有龍雲,碑身高2.17米(含碑頭0.84米),寬0.92米,厚0.33米。碑陽是聖旨,碑陰是墓表,全文楷書。

奉天承運,皇帝制曰:□曹替政,必資□□之方,□□敷□,用□寬平〔一〕之債。爾原任刑部江南司郎中,加一級。孔傳熹奉職惟□,□心□恕,歷□鳩之□祥刑〔二〕,每動夫哀矜〔三〕,參棘木之班〔四〕慎罰〔五〕,允推其欽恤〔六〕,兹以覃恩〔七〕,特授爾□朝□大夫,錫之誥命。於戲,一成不□,尚傷厲於氷淵;三乂制刑,益襄猷扵嘉□。

制曰:臣心恪慎,著懋績〔八〕扵周行〔九〕。婦□□明,□令儀〔一〇〕扵中閫〔一一〕,爰傾慶□□,□榮褒爾。原任刑部江南同郎中,加一級。孔傳熹之妻王氏,茂族含芳,名門儷。素□□矢,克敦圖史〔一二〕之型;箴節相規〔一三〕,無改縞綦之度。兹以覃恩,□爾為恭人。於戲,表從夫之大義,翟茀〔一四〕承恩〔一五〕;□逮下〔一六〕之深仁〔一七〕,魚軒〔一八〕被寵。祇承休命〔一九〕,益劭嘉□。

雍正十三年九月初三日。

(以下碑陰)

封朝議大夫道□孔公同配王恭人墓表

巡撫湖北等處地方提督軍務、兵部侍郎兼都察院右副都御史,前刑部四□□員外郎,年眷寅侄周琬譔。

先師墓少東有山孤峙,望之,林木欝□蒼秀者,是為道薪公之墓。其嗣恐公之行□□孫弗得見也。乃奉長曰:□保□暨曲阜世尹,義壑公之銘來□予□隧道之碑,予與公嗣司寇公繼威為同年友〔二〇〕,且共事秋部〔二一〕,知其本末,故不獲辭。按狀,公諱傳熹,字振谷,號道薪,世居□□,為大宗。孔子六十二代孫聞韶〔二二〕生子二,長貞幹〔二三〕,襲公爵,次貞寧,贈衍聖公,生冲宇公尚陛,是為公之高祖,生新寰公衍銘,贈光禄大夫〔二四〕,生涵萬公興□,歷仕福建觀察使〔二五〕,生温僖公,諱毓珣〔二六〕,即公考也。

公孝友篤誠,出於天性。康熙丙申,初授蓬溪令,有善政,□□公開藩〔二七〕蜀中,例當引避〔二八〕大將軍諸公,以公知兵事,且才宜遏郡,欲留蜀委以監司〔二九〕之任,公曰監司出自特恩〔三〇〕,未可濫邀,即日赴部,斯時也,海内諸公奔走恐後,而公反初辭。其出處節氣凜然,亦可概見,康□補偃師令。時大旱不雨者十閱月,公不待申請,開倉賑恤,民獲更生之慶。公治偃數年,幾扵刑措〔三一〕,遷南陽司馬〔三二〕,將去,父老皆哭失聲,追送數百里,不忍去。説者以□偃自設縣以來,未有知公者。雍正癸卯授山東濟南守,旋調江西之贑州,公政教〔三三〕倫舉,以興學為第一義,一時賢士大夫、文人逸士,如易堂諸君子,聞郡首為尼出,賢胄〔三四〕有休,令嘉名接踵而至,入署□□,龍之幸焉。後公因命案與當事忤,當事忌公才聖,誣公不理部□,查詢軍虛,遂補刑部陝西□□外郎,兼現審三司,旋遷江南司郎中〔三五〕。時温僖公総制河道,以勞搆疾〔三六〕,具豎入告。上宣公至乾清門〔三七〕,□諭諄切,賜人參藥餌,帶領鄉醫二員,馳驛〔三八〕胗視〔三九〕,後温僖公薨逝。公囬籍守制〔四〇〕服闋〔四一〕,□補本部湖廣司郎中,公之再任西曹〔四二〕也,案無鉅細,務乞平允,積勞致疾,廼請假歸里以終。

公生平恬静寡欲,無他嗜好,晚年益好讀書,而少著述,取所作詩、古文,盡焚之。郡邑有司聞其名,而不得見其面者垂二十年,又嘗出財物周人急,鄉黨恃賴,然則公匪直良吏,誠有古長者之風焉。所著有《紀遊草》一卷,司寇公得之扵友人葉中奇門,《自得》二卷,《水北茅盧》四卷行世。

恭人姓王氏,系出新城,季葉遷扵齊河。前進士鎮江推官國楨公女孫,□州守隆熙公,則恭人之考也。少敦慧,授書扵族叔,予由先生之門,方□□□偃也。縣方大飢,恭人乃脱簪珥之屬為助,全活不下數萬人,皆士大夫難能者。恭人能之,□賢矣哉。長君繼威通異才,詔舉博學宏辭〔四三〕,穆堂□□□□□□,恭人咲曰:汝外叔祖漁洋公尚堅辭宏博,汝遠不及漁洋,豈當此選,力命辭□。寧波營兵强□葉提臣惧赴部行□,而司寇公據實奏聞。盖崔公紀、安公寧,嚴審得寔〔四四〕,各降革〔四五〕。恭人喜曰:見為清白吏,吾無憂矣。識大體如此。次子繼斌治家秩然有則,三子繼舜十□,補博士弟子員,文章典麗,皆恭人教□也。其他婦人常德細行,不具書。公生扵康熙二十六年十月十一日,卒於乾隆十四年十月二十七日,十五年十月初一日葬。恭人生於康熙三十年十□十五日,卒扵乾隆廿四年正月廿三日,乾隆廿四年十二月初八日,□公之壙而合焉。子三,皆恭人出,長繼威正一品,陰主刑部浙江司員外郎〔四六〕,兼四川司事〔四七〕,娶張氏,南康府知府〔四八〕景良公女。次繼斌,國子監學録,娶楊氏,同知〔四九〕圻公女。三繼舜,洙泗書院〔五〇〕學録,娶宋氏,鎮鉅栻元清公女。女二,長適副天將軍石公雲倬子河標守俻〔五一〕景周,次適安陸守封公子庠生漢棠。孫四,廣懋聘候選知縣秦公庶女,廣恵聘淮縣知縣胡公玠女,廣忠未聘。繼舜出廣楗,聘刑部尚書艾公元徵侄孫秋立公女。繼威出孫女二,長適大同冠艾公孫繼侃子,廕生鼎調,繼威出次、洙、□,繼舜出□、□、沉,郎署未能大顯扵當時,若不表之以彰其美,□□生小子,其將何所述哉?故予因司寇公之請而大書,以揭其墓之原。

旹乾隆庚辰冬十月吉旦勒石。族叔毓珚拜書。

【注釋】

〔一〕寬平：寬仁公平。

〔二〕祥刑：善用刑罰。

〔三〕哀矜：哀憐，憐憫。

〔四〕棘木之班：指古代聽訟的地方。

〔五〕慎罰：謹慎處理刑罰之事。

〔六〕欽恤：理獄量刑要慎重，心存矜恤。

〔七〕覃恩：廣施恩澤。舊時多指帝王對臣民的封賞、赦免等。

〔八〕懋績：大功，殊功。

〔九〕周行：大路，大道。

〔一〇〕令儀：美好的儀容、風範。

〔一一〕中闈：内室，内宫。

〔一二〕圖史：圖書和史籍。

〔一三〕相規：相互規勸、勸勉。

〔一四〕翟茀：古代貴族婦女乘的一種車子。車簾兩邊以翟羽裝飾。

〔一五〕承恩：蒙受恩澤。

〔一六〕逮下：恩惠及於下人。

〔一七〕深仁：深厚的仁愛。

〔一八〕魚軒：古代貴族婦女乘坐的車子。用魚皮爲裝飾。

〔一九〕休命：美善的命令，多指天子或神明的旨意。

〔二〇〕同年：科舉時代稱同榜或同一年考中者。唐代同榜進士稱“同年”，明、清鄉試、會試同榜登科者皆稱“同年”，清代科考先後中式者，其中式之年甲子相同，亦稱“同年”。

〔二一〕秋部：刑部。

〔二二〕聞韶：孔聞韶（1482—1546），字知德，號成庵，孔弘緒之子,孔子第六十一世孫。明孝宗弘治十六年(1503)襲封衍聖公。

〔二三〕貞幹:孔貞幹,字用濟,號可亭,孔聞韶之子,孔子第六十二代孫,明世宗嘉靖二十五年(1546)襲封衍聖公。

〔二四〕光禄大夫:戰國時代置中大夫,漢武帝時改爲光禄大夫,秩比二千石,掌顧問應對。魏晉之後無定員,爲加官及褒贈之官。唐、宋後用作散官文階之號,唐朝光禄大夫爲從二品,宋朝爲從一品。元、明沿宋制爲從一品,清代陞爲正一品。

〔二五〕觀察使:官名,全稱爲觀察處置使,唐朝始置,有巡視水旱,考核吏治之責。

〔二六〕毓珣:孔毓珣,字東美,孔子第六十六世孫。康熙二十三年(1684),康熙巡幸山東,孔毓珣以諸生身份陪祀,康熙賜以貢生身份。康熙二十九年(1690),任湖廣武昌通判,因政績突出,遷任徐州知州。在徐州爲官七年,孔毓珣安撫百姓,施行了很多惠政。康熙三十九年(1700),河道總督長鵬翮因其熟悉治河事務,推舉其爲邳睢同知。康熙四十年(1704),改任雲南順寧,康熙四十六年(1707)調任浙江開化,期間母親去世回鄉丁憂。康熙五十年(1711),服喪結束,任職四川龍安,康熙五十五年(1716)任湖廣上荆南道,在捍江修築大堤,被民衆稱爲"孔公堤"。孔毓珣關愛民衆,多施善政。

〔二七〕開藩:原指封建時代的王侯在封地上建國,清代指到外省任高級官員。

〔二八〕引避:隱退,迴避。

〔二九〕監司:負有監察之責的官吏。漢以後的司隸校尉和督察州縣的刺史、轉動使、按察使、布政使等統稱監司。宋代在中央與府、州、軍、監之間,設監察區"路",路級機構有轉運司、提點刑獄司、提舉常平司等,各司除本職工作外,還有監察本路各級地方官員的職責,通稱監司。元代廉訪使與明布政使、按察使也因有監察官吏之權被稱爲監司。清代布政使、按察使及各道道員皆有督察所屬府、州、縣之權,統稱監司。

〔三〇〕特恩:監司的職位應經皇帝特許,不能私下商量決定由誰來做。

〔三一〕刑措:置刑罰而不用,社會治安好,訴訟人數少的意思。

〔三二〕司馬:官名,殷商始置。古代戰争中馬佔據重要地位,司馬最早是負責管理馬匹的官職,是非常重要的軍職。西周時司馬負責掌管全國軍政,漢武帝時改太尉爲大司馬,後世也用作兵部尚書的别稱,隋唐時州郡之官也稱司馬。

〔三三〕政教:政治與教化。

〔三四〕賢胄:賢良的後代。

〔三五〕郎中:官名。戰國始置,秦漢沿置,掌管門户、車騎等事,内充侍衛,外從作戰。隋唐至清,六部各部皆設郎中,分掌各司事務,爲尚書、侍郎之下的高級官員。

〔三六〕以勞搆疾:因過度勞累而形成疾病。

〔三七〕乾清門:乾清門是紫禁城内廷的正宫門,建於明永樂十八年(1420年),清順治十二年(1655)重修。乾清門東爲内左門及九卿值房,西邊内右門及軍機處,門前廣場東西兩端爲景運門、隆宗門。乾清門是連接内廷與外朝往來的重要通道。

〔三八〕馳驛:駕乘驛馬疾行。

〔三九〕胗視:問診治療。胗,同"診"。

〔四〇〕守制:守孝,遵行居喪的制度。舊時,父母或祖父母去世,兒子或長孫要在家守孝,期間不得婚嫁、應考、上任,現任官員需離任。

〔四一〕服闋:守孝喪期滿除服。

〔四二〕西曹:官名。漢朝時,丞相、太尉屬吏分曹治事,有西曹。清朝,兵部稱西曹。

〔四三〕宏辭:亦作"宏詞",制科的名目之一。制科是科舉時代臨時設置的考試科目,用於選拔特殊人才。

〔四四〕嚴審得寔:嚴密審理得出實情。

〔四五〕降革:降級免職。

〔四六〕員外郎:原指設於正額以外的郎官。隋朝於尚書省二十四司各置員外郎一人,爲各司之次官。清朝,員外郎配置於朝廷或地方的輔助部門,爲從五品,一般爲閒職。

〔四七〕司事:主管官吏。

〔四八〕知府:古代地方職官名,州府最高行政長官。東漢末年,州從監察區變爲行政區,州最高長官稱"州牧",隋代,州最高長官稱爲刺史或太守,唐宋時正式設置與知州平級的府級地方長官"知府事"。明代始以知府爲正式官名,管轄州縣,爲府一級行政長官。清代因之。

〔四九〕同知:知府的副職,正五品。同知負責分掌地方鹽、糧、捕盜、江防、海疆、河工、水利以及清理軍籍、扶綏民夷等事務。

〔五〇〕洙泗書院:原名先師講堂,位於曲阜城東北四公里處,傳爲孔子修書講學的地方,後來稱爲紀念和祭祀孔子的場所。相傳孔子自衛返魯,曾在此删詩書,定禮樂,整理古籍。元初,講堂已毁,孔子五十五代孫、曲阜縣尹孔殼欽因講堂舊址重建,因其南臨洙水,北臨泗河,孔子講學之區在洙泗之間,改稱爲洙泗書院,并設山長一人主持。明正德年間改山長爲國子監學録,正九品。

〔五一〕守備:武官名,掌管軍隊總務、軍餉、軍糧事務,正五品,受各省提督、巡撫或總兵管轄。

(張　慧)

乾隆十三年至聖先師孔子廟碑

此碑立於清高宗乾隆十三年(1748)二月,現位於孔廟十三碑亭北排東起第一亭内。碑高4米(含篆),寬2.2米,厚0.5米。螭首,龜趺,龍紋邊。額篆“大清皇帝躬詣闕里孔子廟庭御製碑文”。碑陽正書,27行,行54字,碑陰題名正書,11行,行17字。

《闕里文獻考》卷三十二《藝文》著録全碑,名爲《御製闕里孔子廟碑》,碑陰不録。孔祥霖《曲阜碑碣考》卷二乙部有記,名爲《至聖先師孔子廟碑》。駱承烈《石頭上的儒家文獻——曲阜碑文録》著録全碑,名爲《乾隆十三年躬詣闕里孔子廟庭碑》,碑陰不録。

《闕里文獻考》“朙”作“明”、“遆”作“遞”、“蒞”作“涖”、脱“乾隆十有三年春二月吉日御製並書”。

《石頭上的儒家文獻——曲阜碑文録》“朙”作“明”、“考”作“攷”、“況躬親”誤作“況親”、“系”作“繫”、“治”誤作“洽”、“遆”作“遞”、“蒞”作“涖”、脱“乾隆十有三年春二月吉日御製並書”。

至聖先師孔子廟碑

朕惟至聖先師孔子，天縱[一]聖仁，躬備至德，修明[二]六籍[三]，垂訓萬世。自古聖帝哲王，繼天立極[四]，覺世[五]牖民[六]，道法之精藴，至孔子而集其大成。後之為治者，有以知三綱[七]之所由以立，五典[八]之所由以叙，人政之所由以措，九經[九]之所由以舉，五禮[一〇]六樂[一一]之所由以昭。宣布列[一二]於天地之間，遵而循之，以仰溯乎古昔[一三]。雖堯舜禹湯文武之盛，弗可及已。而治法賴以常存，人道賴以不泯，詎不由聖人之教哉。往代[一四]表章[一五]，尊禮隆重，亦越我朝備極[一六]其盛。當皇祖聖祖仁皇帝甲子之歲，東巡闕里，躬謁殿庭，盛典裔皇，垂於册府[一七]。皇考世宗憲皇帝追晉王封，鼎新廟貌，崇敬誠切，瑞應章顯，實由心源孚契，先後同揆。惟聖人能知聖人所由，躋海宇於蕩平仁壽之域也。朕自養德書齋，服膺聖教，高山景行之慕，寤寐弗釋於懷。嗣統[一八]以来，仰荷[一九]天庥[二〇]，海宇乂安，用舉時巡之典。道畿甸[二一]，歷齊魯，登夫子廟堂。躬親[二二]盥獻[二三]，瞻仰睟儀[二四]，展敬林墓，徘徊杏壇，循撫古檜，穆然想見盛德[二五]之形容，愾乎若接夫聞聖人之風。誦其詩，讀其書，皆足以觀感興起。況躬親陟降其庭，覿車服禮器，得見宗廟百官之美富有，不益增其嚮慕[二六]俛焉。而弗能自已者歟。朕撫臨[二七]方夏[二八]，惟日兢兢，期與斯世臣民，率由至道，敷教澤[二九]於無疆，顧德弗類於衷歉焉。

恭繹兩朝碑刻之文,益以知道德政治,體用〔三〇〕一源,顯微無間。慕聖人之德,而不克見之躬行者,非切慕也。習聖人之教,而不克施之實政者,非善學也。法祖尊師,固無二道,用勒石中唐,志鑽仰服習之有素,思以繼述前徽,酬願學之初志云。敬系以辭曰:

皇矣至聖,代天覺民。天何言哉,聖人是申。立人之極,曰義與仁。建治之統,日明與新。聖謨洋洋,祖述憲章。配天廣運,應地無疆。四時遞嬗,日月貞朙。濯以江漢,暴以秋陽。泱泱東海,巖巖岱宗。於穆聖德,疇與絜崇。巍乎聖功,疇與比隆。循之則治,彌暢皇風。仰稽令辟,展敬尊師。過魯祀牢〔三一〕,炎祚〔三二〕開基。宫牆翼翼,魯壁金絲。蒼檜鬱鬱,殷楹鼎彝。皇祖皇考〔三三〕,聖智達天。探脉道要,浮契心源。豐碑虬護,巨榜鸞騫。上繼三五,一中允傳。顧惟寡昧,仰紹先型。時邁自東,祗謁廟庭。洋洋盈耳,玉振金聲。若弗克見,時殫予誠。見聖匪艱,由聖則難。弗克由聖,孰圖治安。亦既莅止〔三四〕,觀止〔三五〕是歎。摛辭〔三六〕表志,乾隆戊辰。

乾隆十有三年春二月吉日御製并書。

(以下碑陰)

經筵講官太子少師刑部尚書臣汪由敦〔三七〕奉勅篆額。

襲封衍聖公臣孔昭煥〔三八〕、山東巡撫今調山西巡撫臣阿里衮、山東巡撫臣準泰奉勅監修。

四品執事官〔三九〕臣孔興構、世襲四氏學學録〔四〇〕臣孔衍淳、正一品廕生〔四一〕臣孔廣柞〔四二〕、講書官優貢生〔四三〕臣孔繼涑〔四四〕奉勑承修。

【注釋】

〔一〕天縱：亦作"天從"。天所放任，意謂上天賦予。後常用以諛美帝王。

〔二〕修明：闡明。

〔三〕六籍：即六經，《詩》《書》《禮》《樂》《易》《春秋》。

〔四〕立極：登帝位，秉國政。

〔五〕覺世：佛教用語。使世人覺悟，又説法自己覺悟佛道之後，使皆脱離生死輪迴之苦，稱爲"覺世"。

〔六〕牖民：牖與"誘"古字通用，誘導人民。

〔七〕三綱：我國封建社會中謂君爲臣綱、父爲子綱、夫爲妻綱，合稱三綱。

〔八〕五典：古代的五種倫理道德。

〔九〕九經：儒家治國平天下的九項准則。

〔一〇〕五禮：古代的五種禮制。即吉禮、凶禮、軍禮、賓禮、嘉禮。

〔一一〕六樂：謂黄帝、堯、舜、禹、湯、周武王六代的古樂。

〔一二〕布列：分佈陳列，遍佈。

〔一三〕古昔：往昔，古時。

〔一四〕往代：猶往古。

〔一五〕表章：同表彰。

〔一六〕備極：猶言十二分，形容程度極深。

〔一七〕指清康熙二十三年(1684)十一月，康熙皇帝詣闕里一事。

〔一八〕嗣統：謂繼承皇位。

〔一九〕仰荷:敬領,承受。

〔二〇〕天庥:上天的庇佑。

〔二一〕畿甸:泛指京城郊外的地方。

〔二二〕躬親:親自,親身從事。

〔二三〕盥獻:灌祭進獻。

〔二四〕睟儀:温和慈祥的儀容。

〔二五〕盛德:敬稱有高尚品德的人。這裏指孔子。

〔二六〕嚮慕:嚮往,思慕。

〔二七〕撫臨:據有,統治。

〔二八〕方夏:指中國,華夏。與"四夷"相對。

〔二九〕教澤:教化或教育的恩澤。

〔三〇〕體用:本體和作用。

〔三一〕過魯祀牢:漢高祖十二年(前195),高祖劉邦經過魯國,以太牢祭祀孔子。這是天子祭孔的開始。

〔三二〕炎祚:五行家謂劉漢、趙宋皆以火德王,因以"炎祚"指漢或宋的國統。這裏指劉漢。

〔三三〕皇祖皇考:皇祖,對已故祖父的敬稱。皇考,對亡父的尊稱。

〔三四〕莅止:來臨。

〔三五〕觀止:稱贊所見事物好到極點。

〔三六〕摛辭:鋪陳文辭。

〔三七〕汪由敦(1692—1758):初名汪良金,字師茗,號謹堂,又號松泉居士。安徽休寧人。雍正二年(1724)進士,改翰林院庶起士。乾隆間,歷任翰林院侍讀、經筵講官、刑部尚書、工部尚書、吏部尚書、督察院左都御史等職。老誠敏慎,在職勤勞。金川用兵,廷諭皆出其手,敘軍功加三級,旋加太子少師。乾隆二十三年卒,加贈太子太師,謚文端。學問淵深,文辭雅正,兼工書法。參與、主持編纂《大清一統志》，著有《松泉文集》二十卷、《松泉詩集》二十六卷等。

〔三八〕孔昭煥(1742—1782)：字顯明，號堯峰。孔子第七十一代孫。乾隆九年(1744)襲封衍聖公。乾隆四十七年(1782)卒，子憲培襲。參見《清史稿》列傳二百七十儒林四。

〔三九〕執事官：衍聖公府屬職官名，又稱聖廟執事官。凡祭祀掌分獻及爵帛香祝之執事。雍正八年，世宗憲皇帝特設聖廟執事官四十員，其中三品者二員、四品者四員、五品者六員、七品者八員、八品九品各十員。各按品級給予章服，每逢聖廟祭祀之時，虔設冠裳駿奔趨事。凡此人員，著衍聖公會同山東學政於孔氏子孫內選擇人品端方威儀嫻雅者報部充補，彙奏以聞。參見《闕里文獻考》卷十八《世爵職官第四》，《清史稿》志九十。

〔四〇〕四氏學學録：衍聖公府屬職官名，又稱孔顔曾孟四氏學學録。掌副教授訓迪生徒而教公之胄子。四氏學初名廟學，哲宗元祐四年始授廟學學録一員，以孔氏充而令教授自屬，金元間間用異姓。後廟學增入顔孟二氏子孫。明太祖洪武元年，改名三氏子孫教授司。憲宗成化元年，改稱三氏學，神宗萬曆年間，增入曾氏又改稱四氏學。“凡天下郡縣之學，皆涖以教授、教諭，而爲之佐者則曰訓導；獨四氏學之佐則特設學録，蓋隆此國學之制。”參見《闕里文獻考》卷十八《世爵職官第四》。

〔四一〕廕生：因先世蔭庇而入國子監讀書的稱爲蔭生。清代蔭子入監分兩種：凡因上代現任大官或遇慶典給予的稱爲恩蔭，由於先代殉職而給予的稱爲難蔭。清順治二年，題准衍聖公嫡長子至十五歲授二品冠服。衍聖公任子始於唐時，唐元和十三年穆宗即位恩詔文宣公一子官。武宗會昌五年、大中元年、僖宗乾符二年並以郊祀推恩文宣公廕一子出身。康熙六十一年，定錫廕視正一品，廕一子五品官，著爲例。舊制，衍聖公錫廕依正二品。參見《闕里文獻考》卷十八《世爵職官第四》,《清史稿》志九十。

〔四二〕孔廣柞三字京省,號省山,六十九代衍聖公孔繼濩次子,正一品蔭生。

〔四三〕貢生:明清兩代由府、州、縣學推薦到京師國子監讀書的生員(秀才)。

〔四四〕孔繼涑(1726—1791):字信夫,號穀園,别號葭谷居士。六十八代衍聖公孔傳鐸第五子。乾隆十三年(1768),高宗皇帝到曲阜祭祀孔廟,他在御前進講《周易》。乾隆三十三年(1768)鄉試中舉。此後屢試不第,遂納資爲候補内閣中書,從未任職。

(孟　坡)

乾隆十四年遣太僕寺卿阿蘭泰致祭碑

此碑位於孔廟十三亭南排東起第一亭内，中偏西石。立於清高宗乾隆十四年(1749)六月。碑高1.78米，碑頭0.8米，並篆書“大清”2字，寬0.94米，厚0.32米。正書。共9行，行24字。共計131字。保存完好，字跡清晰。駱承烈《石頭上的儒家文獻——曲阜碑文録》、朱福平《孔廟十三碑亭》輯録該碑。

駱承烈《石頭上的儒家文獻——曲阜碑文録》将“已卯”誤作“乙卯”，漏掉“癸未”两字。

朱福平《孔廟十三碑亭》将“己巳”誤作“巳巳”、“已卯”誤作“乙卯”、漏掉“癸未”两字。

維乾隆十四年歲次己巳六月己卯朔越五日癸未，皇帝遣太僕寺〔一〕卿阿蘭泰致祭於先師孔子曰：惟先師垂經教孝，備武脩文，立道綏和，合南北東西，而思無不服。聖神美大，比高明博厚，而德更難名。瞻萬仞之宫牆〔二〕，特崇奠禮。肅千秋之俎豆，敬展明禋。兹以邊徼敉寧，中宫攝位，慈寧晉號，慶洽神人。爰遣專官，用申殷薦。仰惟歆格，永錫鴻禧。

【注釋】

〔一〕太僕寺：中國古代朝廷的機構之一，秦、漢九卿中有太僕，爲掌車馬之官。明掌牧馬之政令，屬兵部，並於滁州設立南京太僕寺。清代因之，皇帝出巡，扈從車馬雜物皆爲總管。其中，置卿、少卿、員外郎等官職。清朝滅亡，該機構廢除。

〔二〕萬仞之宫牆：《論語·子張》記載："叔孫武叔語大夫于朝曰：'子貢賢于仲尼。'子服景伯以告子貢。子貢曰：'譬之宫牆，賜之牆也及肩，窺見室家之好。夫子之牆數仞，不得其門而入，不見宗廟之美，百官之富。得其門者或寡矣。夫子之云，不亦宜乎！'"明嘉靖年間山東巡撫胡瓚宗題寫"萬仞宫牆"四字鑲於曲阜城南門之上。

（孔祥安）

乾隆十四年欽設執事官題名碑

此碑位於孔廟十三碑亭南排東起第一亭内,東側南石。立於清高宗乾隆十四年(1749)九月。該碑爲方形,有碑頭、碑身和碑座三部分組成,碑頭爲雙龍戲珠圖,兩邊是龍紋花邊。碑高1.8米,其中碑頭0.73米,並篆書“大清欽設執事官題名碑”10字,寬0.94米,厚0.27米,座高0.22米。碑文正書。共26行,行58字。碑陰碑頭亦爲雙龍戲珠圖,並有篆書“題名”2字,兩邊亦是龍紋花邊。題名正書。由上往下分7排,每排20行,即最多20個人名。但極個别人名不清。駱承烈《石頭上的儒家文獻——曲阜碑文録》、朱福平《孔廟十三碑亭》、孟繼新《孔府孔廟碑文楹聯集萃》(下册)輯録該碑。

駱承烈《石頭上的儒家文獻——曲阜碑文録》將“聖廟”誤作“至聖廟”、“給與”誤作“給予”、“物備”誤作“特備”、“五代”誤作“三代”、“錫號”誤作“錫其”、“擇辰”誤作“擇展”、添加“有”字、“貢”誤作“員”、“揀選”誤作“楝選”、“詳恪”誤作“詳略”、“報部”誤作“按部”、“换”誤作“擬”、“交與”誤作“文與”、“等同”誤作“等因”、“隆恩”誤作“明恩”、“之員”誤作“人員”、

“傳鉦”誤作“廣鉦”、“雍正十二年”誤作“雍正十一年”、“乾隆十三年”誤作“乾隆十一年”、“衍淞”誤作“衍漱”、“貞珧”誤作“貞洮”、“衍政”誤作“衍漢”、“乾隆八年”誤作“乾隆四年”、“毓佲”誤作“毓佫”、“傳煦”誤作“傳熙”、“興煒”誤作“興瑋”、“傳璜”誤作“傳謚”、“乾隆十二年”誤作“乾隆十一年”、“傳溱”誤作“傳湊”、“傳昫”誤作“傳煦”、“傳杲”誤作“傳粟”、“興掞”誤作“興济”、“衍渶”誤作“衍漢”、“衍鉢”誤作“衍鉢”、“興熾”誤作“興斌”、“衍兆”誤作“衍北”、“傳鍈”誤作“傳樑”、“毓輅”誤作“毓路”、“繼瀚”誤作“繼倫”、“興周”誤作“興月”、“毓綜”誤作“毓琮”、“傳銑”誤作“傳銳”、“衍莊”誤作“衍桂”、“丙子”誤作“甲子”。

朱福平《孔廟十三碑亭》將“聖廟”誤作“至聖廟”、“給與”誤作“給予”、“物備”誤作“特備”、“五代”誤作“三代”、“錫號”誤作“錫其”、增添“有”字、漏掉“等”字、“擇辰”誤作“擇展”、添加“有”字、“貢”誤作“員”、“揀選”誤作“棟選”、“詳恪”誤作“詳略”、“報部”誤作“按部”、“换”誤作“擬”、“交與”誤作“文與”、“等同”誤作“等因”、“隆恩”誤作“明恩”、“之員”誤作“人員”、“傳鉦”誤作“廣鉦”、“雍正十二年”誤作“雍正十一年”、“乾隆十三年”誤作“乾隆十一年”、“衍淞”誤作“衍漱”、“貞珧”誤作“貞洮”、“衍政”誤作“衍漢”、“乾隆八年”誤作“乾隆四年”、“毓佲”誤作“毓佫”、“傳煦”誤作“傳熙”、“興煒”誤作“興瑋”、“傳璜”誤作“傳謚”、“乾隆十二年”誤作“乾隆十一年”、“傳溱”誤作“傳湊”、“傳昫”誤作“傳煦”、“傳杲”誤作“傳粟”、“興掞”誤作“興济”、“衍渶”誤作“衍漢”、“衍鉢”誤作“衍鉢”、“興熾”誤作“興斌”、“衍兆”誤作“衍北”、“傳鍈”誤作“傳樑”、“毓輅”誤作“毓路”、“繼瀚”誤作“繼倫”、“興周”誤作“興月”、“毓綜”誤作“毓琮”、“傳銑”誤作“傳銳”、“衍莊”誤作“衍桂”、“丙子”誤作“甲子”。

孟繼新《孔府孔廟碑文楹聯集萃》（下册）將“聖廟”誤作“至聖廟”、“給與”誤作“給予”、“物備”誤作“特備”、“五代”誤作“三代”、“錫號”誤作“錫其”、增添“有”字、漏掉“等”字、“擇辰”誤作“擇展”、添加“有”字、“貢”誤作“員”、“詳恪”誤作“詳略”、“報部”誤作“按部”、“换”誤作“擬”、“交與”誤作“文與”、“等同”誤作“等因”、“隆恩”誤作“明恩”、“之員”誤作“人員”、“傳鉦”誤作“廣鉦”、“雍正十二年”誤作“雍正十一年”、“乾隆十三年”誤作“乾隆十一年”、“衍淞”誤作“衍潄”、“貞琲”誤作“貞洮”、“衍政”誤作“衍漢”、“乾隆八年”誤作“乾隆四年”、“毓佲”誤作“毓佫”、“傳煦”誤作“傳熙”、“興煒”誤作“興瑋”、“傳璜”誤作“傳謚”、“乾隆十二年”誤作“乾隆十一年”、“傳溱”誤作“傳湊”、“傳昫”誤作“傳煦”、“傳杲”誤作“傳粟”、“興掞”誤作“興泲”、“衍漢”誤作“衍漢”、“衍缽”誤作“衍缽”、“興熾”誤作“興斌”、“衍兆”誤作“衍北”、“傳鏌”誤作“傳樸”、“毓輅”誤作“毓路”、“繼瀚”誤作“繼倫”、“興周”誤作“興月”、“毓鏦”誤作“毓琮”、“傳銑”誤作“傳鋭”、“衍莊”誤作“衍桂”、“丙子”誤作“甲子”。

襲封衍聖公為欽奉上喻事。雍正八年十二月初十日准吏部諮開吏科抄出内閣等衙門會題前事，内開，雍正八年十一月初三日内閣奉上諭。惟至聖先師孔子，道冠百王，功高萬世。朕景仰企慕，寤寐弗諼。備舉崇奉之儀，用申報享之願。查世襲官爵，歷代俱有成規。而聖廟執事之員，向來未加爵秩。所當廣置官僚，以光祀典。今欲特設聖廟執事官三品者二員，四品者四員，五品者六員，七品者八員，八品、九品者各十員。各按品級給與章服，每逢聖廟祭祀之時,虔肅冠裳,駿奔趨事。凡此人員,著衍聖公於孔氏子孫内選擇人品端方,威儀嫻雅者,報部充補,彙奏以聞,每年各給俸禄銀二十兩。其孔氏子孫内有情願充補之人,或曾經出仕而退休在籍者,或身齊職銜而未曾出仕者,以及貢監生童等皆可入選,若屆鄉試之期,有情願入場者,准以監生入場應試。朕意如此。著大學士馬爾賽、張廷玉、蔣廷鈞、大將軍岳鐘琪、總督高其倬、會同該部定議具奏,特諭,欽此。欽遵該臣等會議得,道高德厚,實萬世之儒宗,物備禮隆,乃千秋之會典。我皇上治洽中天,心符至聖。溯淵源於五代,既錫號而加封,當廟貌之重新,更擇辰而祭告。復以世襲官爵,歷代俱有成規,而廟中執事人員向來品秩未備,特命廣置官僚,永光祀典,今臣等會議具奏,臣等伏查聖廟雖有管勾、典籍、司樂等官分司執事,而設官不過數員,職銜又止七品,制度威儀未為周至。嗣後遵照諭旨,增設三品執事官二員、四品執事官四員,五品執事官六員,七品執事官八員,八品、九品執事官各十員。各按品級,給與章服。祭祀時,令伊等虔肅冠裳,陪祀執事。每年各給俸銀二十兩,於山東藩庫支領,以上增設各員,令衍聖公將本族之致仕在籍,及有職未仕並貢監生童内,分别宗支遠近,揀選人品端方,威儀嫻雅者,慎重詳格,酌定應與品級,報部充補,吏部彙齊具奏。此等人員内有遇原職輪班應選者,聽其就選赴任。其由貢生監生充補人員,有情願鄉試者,各選一員鄉試,若系生員童生准作監生應試,仍編入四氏號内,照額取中。再所設執事官内,如有就選中式及丁優等項事故所遺之缺,令衍聖公另行揀選换補,報部彙奏,恭候命下交與吏部行文,衍聖公並山東巡撫遵奉施行等同。於雍正八年十一月二十一日題本月二十三日奉旨依議,欽此。為此合諮前去欽遵,查照施行等同,到爵准此。本爵仰惟聖主隆恩優渥,特設文廟執事之員,今謹遵旨慎重詳恪,揀選得人品端方,威儀嫺雅孔傳鉦等共四十員之品級,並該員等年貌、履歷、籍貫、三代,備造清册,諮部彙奏施行,須至諮者。

乾隆十四年歲次己巳九月穀旦立。

(以下碑陰)

原題執事官:

三品:孔傳鉦,孔衍志。

四品:孔傳鈉雍正十二年陞三品,孔繼浩乾隆十三年陞三品,孔毓錫,孔興譂。

五品:孔衍譜,孔毓琮,孔傳楷乾隆六年陞四品,孔傳桂,孔毓璸,孔興抒。

七品:孔毓琦乾隆六年陞四品,孔毓普,孔衍淞乾隆十二年陞五品,孔貞珧,孔毓敏,孔傳選,孔傳禮,孔興榶。

八品:孔傳相,孔毓時,孔衍政,孔興賓,孔興陣,孔貞,(孔)(傳)(峻),孔毓淳,孔傳斌乾隆八年陞五品,孔繼詩。

九品:孔毓佲,孔衍模,孔傳煦,孔興煒,孔傳璜,孔繼統,孔興承乾隆十二年陞七品,孔毓倬,孔傳溱,孔興敦。

續補執事官:

三品:孔傳昫,孔興構,孔興掞。

四品:孔興援,孔傳塤,孔聞淑,孔衍籌,孔傳杲,孔興禾,孔廣堯。

五品:孔毓澇,孔繼汧,孔繼宣,孔衍渶,孔傳家,孔衍鉢,孔興倫,孔繼成乾隆三十五年陞四品、乾隆三十六年陞三品,孔毓本。

七品:孔興熾,孔毓城,孔傳治,孔傳學,孔興揖,孔衍兆,孔衍沛,孔興遠,孔尚釗,孔興泰,孔興檖,孔傳鍈,孔毓輅,孔繼瀚,孔興周,孔毓梅。

八品:孔興堅,孔衍渭,孔繼業,孔興仁,孔毓鈿,孔毓豊,孔毓錝,孔衍愉,孔傳銑,孔衍莊,孔毓佺,孔傳忍,孔毓偵,孔傳濟,孔傳慰,孔毓愛,孔興照,孔毓楷,孔毓金,孔毓凱,孔興郲,孔衍成。

九品:孔尚寅,孔興竹,孔傳泗,孔傳紳,孔興□,孔毓寬,孔貞壘,孔興蕒,孔興楨,孔興宜,孔傳淮,孔傳載,孔傳模,孔傳銖,孔繼炌,孔興翰,孔毓堂,孔興擎,孔毓瑛,孔興純。

乾隆二十一年歲次丙子二月勒石。

(孔祥安)

乾隆十六年敕授修職郎聖廟七品官麟書孔先生墓

此碑立於乾隆六十年(1795)二月下旬,現位於孔林。全碑分爲上下兩部分,上部爲聖旨。下部正中書“敕授修職郎聖廟七品官麟書孔先生墓”大字。全碑有雲龍紋環繞,上下部分之間亦有雲龍紋分隔。全文楷書。

敕授修職郎[一]聖廟七品官麟書孔先生墓

(以下碑上部)

奉天承運,皇帝制曰:任使需才,稱職志在官之美;馳驅[二]奏效[三],報功[四]膺錫類[五]之仁。爾孔傳罍,乃至聖廟八品執事官[六]孔繼亭之父,雅尚素風[七],長迎善氣[八],弓治克勤於庭訓[九],箕裘[一〇]丕裕,夫家榖[一一]兹以覃恩。貤贈[一二]爾為修職郎至聖廟八品執事官。錫之敕命，於戲，肇顯揚〔一三〕之盛事，國典〔一四〕非私，酬燕翼〔一五〕之深情，臣心弥勵。

制曰：奉職無愆懋，著勤勞之績，致身有自宜，酬鞠育〔一六〕之恩，爾鮑氏乃至聖廟八品執事官孔継亭之母，淑範〔一七〕宜家，令儀〔一八〕昌後，早相覃恩〔一九〕。貤贈爾為八品大孺人，於戲，賁象服〔二〇〕之端嚴〔二一〕，誕膺〔二二〕鉅典〔二三〕，錫龍章〔二四〕之涣汗〔二五〕，用表榮施〔二六〕。

乾隆五十年正月初一日。

（以下碑下部）

公諱傳嚣，字麟書，自幼端重，雅好詩書，及長，執事廟廷，克盡誠敬，娶鮑氏，以子貴，受覃恩貤封〔二七〕，敕封大孺人。戊申科舉人姻眷晚生陳士元拜題，男繼亭，孫廣基、址立石。

乾隆六十年二月下浣穀旦。

【注釋】

〔一〕修職郎：文階官名。文官的散階。

〔二〕馳驅：策馬疾馳，喻奔走效力。

〔三〕奏效：取得成效。

〔四〕報功：酬報有功者，報答功德。

〔五〕錫類：以善施及衆人。

〔六〕執事官：祭禮時主祭官的輔佐者。

〔七〕素風：純樸的風尚，清高的風格。

〔八〕善氣：和悦的神色。

〔九〕庭訓：泛指家庭教育。

〔一〇〕箕裘:比喻祖先的事業。

〔一一〕家縠:指家訓。

〔一二〕貤贈:清朝時,官員將自己所受的封誥,請求改受親族尊長,稱爲貤封,婦女稱貤贈。這是清朝對官員直系親屬的一種褒獎制度,即授予官員的高、曾、祖、父(含配偶)、妻和現任官階相匹配的封號。

〔一三〕顯揚:稱揚,表彰。

〔一四〕國典:國家的典章制度。

〔一五〕燕翼:善爲子孫後代謀劃。

〔一六〕鞠育:撫養,養育。

〔一七〕淑範:良好的楷模。

〔一八〕令儀:美好的儀容、風範。

〔一九〕覃恩:廣施恩澤。

〔二〇〕象服:古代貴族婦女穿的一種禮服,有各種圖案作裝飾。

〔二一〕端嚴:端莊嚴謹,莊嚴。

〔二二〕誕膺:大受,承受天命。

〔二三〕鉅典:朝廷大法。

〔二四〕龍章:畫有或繡有龍形的衣服。

〔二五〕涣汗:皇帝的聖旨、號令。

〔二六〕榮施:譽人施惠之辭。

〔二七〕貤封:清朝時,官員以自己所受的封誥呈請朝廷移授給親族尊長,稱貤封。

(張　慧)

乾隆四十九年孔繼涵墓碑

此碑立於乾隆四十九年(1784),現位於孔林東北角之清代墓葬區,碑陽爲隸書,碑陰行書。碑陰爲盧文弨所作之哀詞,收入《抱經堂文集》第三十四卷。

《抱經堂文集》中"吾黨有端人兮"一句下有盧文弨自注:"謂余門范崧君所師也。"其中碑文中所有"於"字作"扵","蓋""簡""間"等簡寫作"盖""简""间";"詳""託""謀"簡寫作"详""讬""谋";"朝夕"作"早夕"。《叢書集成初編》本《抱經堂文集》中"渴思君而一見兮"之"兮"誤作"喜"。

賜進士出身、奉政大夫、内廷供奉翰林院編修加五級侯官鄭際唐〔一〕書。

皇清賜進士出身、朝議大夫、户部河南司主事加二級軍功加一級、孔子六十九代孫體生先生墓。

乾隆四十九年歲次甲辰秋七月朔日,男廣閑、栻、根、權,孫昭耿〔二〕、赤、麐、美、恢敬立。

（以下碑陰）

哀詞一首，敬呈皇清朝議大夫葒谷孔世老先生靈鑒。

嗚呼，君蓋天下學士之所以為宗主者也，自成進士後，嗜學轉篤，服官農部，恐不能卒所業，亟告歸，左圖右書，日有所采獲，得古來遺文墜简，為一一整齊補綴，出與友朋相質正，海内學者多樂就之，見闻益以富，其厚扵朋友也，不以死生易節，東原戴君既歿，為版行其遺書，無有散失，士林尤高其義，其他所梓，復不下數十種，扶微振絶，厥功茂焉。昨歲冬孟，文弨自太原南還，過魯訪君，蓋不相見者，星一終矣，留余止宿，示余以漢隸，借我以佳本，餉我以新刻，微見君容黯黮而多涕，勸君宜少近藥餌，然亦不圖有早夕虞也。今年仲春初旬，忽得君不禄之赴，驚噩涕零，進使者而問故，使者不能言其详，但言君第三郎君新就婚扵金陵而歸，亦以是月夭亡，相去僅三日。嗚呼，一何酷也，以君之淳懿融粹，絶無瑕玼，宜其享遐年、膺厚福，余方欲讬君以身後事，而何意余反為後死者耶，既以悲君實亦自悲，爰為之詞以寫我哀。子聖人之後也，仍好古而敏求，釋纓紱而返初兮，壹藏脩以息游，物固聚扵所好兮，秘简恣其遐搜，友朋相與討論兮，盡一時之勝流，美交道之不渝兮，信臭味之相投，延陵之不忘故兮，我亦遺文之是收，既不負此良友兮，復表章夫前修，文章天下之公器兮，應學子之所求，緊余得之而暴富兮，溢璀璨乎琳璆，曩吾黨有端人兮，知子維端人之儔，溯淵源而我敬兮，嗟薄俗其有此不，自締交以至今兮，剛歲星之一周，歎合并之不易兮，隔千里而通郵，渴思君而一見兮，溯洙泗以停輈,喜余來而止宿兮,盡永夕之綢繆,思從容而展意兮,柰吾行之甚遒,君年少余兩紀兮,騁長途其未休,猥余珍夫敝帚兮,亦將讬子以去留,久懷兹而未發兮,將排比而始谋,何意竟不我待兮,乃一疾而不瘳,余自今無以為質兮,淚忽忽其盈眸,憶合尊以歡讌兮,方子獻而我酬,會兩月之為期兮,判萬古與千秋,重以叔子之不祐兮,疑與善之悠悠,幸長君之繼志兮,文與行其竝優,興衆可追夫二鄭兮,向歆遠軼扵二劉,少者係踵而接武兮,咸不墜夫弓裘,有子孫其若此兮,宜亦可含笑而無憂,獻歲寓書以通問兮,神爽豈或間夫明幽,兹不能累君之行兮,聊以代夫執紼者之謳。嗚呼,吾與君之交其盡扵此乎,猶庶幾夢寐之间神彷彿而來遊。

杭東里世弟盧文弨頓首拜撰。

【注釋】

〔一〕鄭際唐:字大草,號云門,侯官(今福建福州)人,乾隆三十四年(1769)進士,官内閣學士,兼禮部侍郎,後任山西學政。工書法。

〔二〕昭耿:《孔氏大宗譜》及《孔子世家譜》俱無"昭耿"其人。

（崔偉芳）

嘉慶元年遣青州都統觀明致祭碑

此碑立於清仁宗嘉慶元年(1796)三月,現位於孔廟十三碑亭南排東起第二亭内,右南石,東向。碑高2.6米(含篆書"大清御祭"4字,碑額0.7米),寬0.92米,厚0.29米,碑方首。正書,10行,行22字。碑保存完好,文清晰可辨。

《續修曲阜縣志》卷八《藝文·金石》著録全碑,名爲《大清御祭碑》。《石頭上的儒家文獻——曲阜碑文録》著録全碑,名爲《嘉慶元年觀明致祭碑》。

《石頭上的儒家文獻——曲阜碑文録》"治"誤作"洽"、"恒"作"恆"。

維嘉慶元年歲次丙辰三月朔日丁未,皇帝遣青州都統觀明〔一〕致祭於至聖先師之神曰:道合時中,聖惟天縱〔二〕。範圍今古,為帝王治法之師。聲振始終,示聖智〔三〕訓行之準。讀《大學》之孝慈仁敬,積躬每切修來;誦《論語》之德禮政刑,出治恒殷嚮往。茲以乾隆週甲〔四〕嘉慶紀元,懋舉崇儀,特申昭告〔五〕,緬昔從心所欲,實宏立道綏動之猷，際兹申命〔六〕，用厤益懷祖述憲章之盛。神其來格，鑒此精禋。

誥封光禄大夫衍聖公臣孔憲增〔七〕敬書，誥授光禄大夫襲封衍聖公臣孔慶鎔敬立。

【注釋】

〔一〕青州都統觀明：都統，官名，清代都統有三類：①八旗組織中一旗的最高軍政長官。②駐防八旗的最高軍政長官之一。③駐扎新疆地區的軍政長官之一。青州設副都統衙門，爲該處駐防八旗的最高軍政長官，屬當時獨立行使權力的四個副都統之一（參見《清朝通典》卷三十六職官十四）。觀明時爲青州副都統。是年，清仁宗嘉慶帝還遣觀明致祭泰山（參見道光《泰安縣志·盛典》）。

〔二〕天縱：天所放任，意謂上天賦予。

〔三〕聖智：亦作"聖知"。謂聰明睿智，無所不通。亦指具有非凡的道德智慧者。

〔四〕週甲：滿六十年。干支紀年一甲子爲六十年，故稱。

〔五〕昭告：明白地告知。

〔六〕申命：重申教命，再命。

〔七〕孔憲增：孔慶鎔之生父。世襲翰林院五經博士，誥封光録大夫衍聖公。有《凝祉堂詩》。

（孟　坡）

嘉慶二十四年廉善等致祭碑

此碑位於孔廟十三碑亭南排東起第一亭内，南面東石。立於清仁宗嘉慶二十五年（1820）六月。碑高2.6米，其中碑頭0.7米，並篆書“大清御祭”4字，寬0.92米，厚0.3米。孔繁灝正書。12行，行30字。共226字。該碑保存完好，字跡清晰。《續修曲阜縣志》、駱承烈《石頭上的儒家文獻——曲阜碑文録》、朱福平《孔廟十三碑亭》輯録該碑。

駱承烈《石頭上的儒家文獻——曲阜碑文録》增添“位”字、漏掉“慶”字、“吐辭”誤作“吐醉”、“景仰”誤作“景抑”、“教而”誤作“教師”。

朱福平《孔廟十三碑亭》增添“位”字、漏掉“慶”字、“吐辭”誤作“吐醉”、“景仰”誤作“景抑”、“教而”誤作“教師”、“誥授”誤作“誥援”、“欽授”誤作“欽援”、“六月”誤作“六日”。

維嘉慶二十四年歲次己卯三月癸巳朔越十五日丁未，皇帝遣刑部左侍郎廉善致祭於至聖先師孔子之神曰：維先師化洽膠庠，型垂洙泗。執中曰聖，不朽之業有三。

吐辭為經，無隱之教惟四。紹五百年之統，振鐸功宏。勑一二日之幾，傳薪慕切。兹以朕六旬展慶九萬臚歡欣，當薄海之修和，彌動高山之景仰。用申昭告，載肅明禋，江漢秋陽，先後聖同。符而合揆，文章天道。億萬世服，教而畏神。式薦苾芬，庶邀歆鑒。

誥授朝議大夫[一]陪祭官兖州府知府臣景慶，誥授光禄大夫襲封衍聖公臣孔慶鎔敬立，欽授二品頂戴侯襲衍聖公臣孔繁灝敬書。

嘉慶二十五年歲次庚辰六月穀旦。

【注釋】

〔一〕朝議大夫：文散官名。隋文帝始置，煬帝時罷。唐代爲正五品下。宋元豐改制用以代太常卿、少卿及左、右司郎中，後定爲第十五階。明爲從四品初授朝列大夫，陞授朝議大夫。清從四品，授朝議大夫。

（孔祥安）

道光元年立嘉慶二十五年西淩阿致祭碑

該碑位於孔廟十三碑亭南排東起第一亭内,南面西石。此碑立於清宣宗道光元年(1821)正月。該碑高2.58米,其中碑頭0.7米,並篆書“大清御祭”4個大字,寬0.88米,厚0.3米。孔繁灝正書。碑文共13行,行33字。共計249字。保存完好,碑文清晰。《續修曲阜縣志》、駱承烈《石頭上的儒家文獻——曲阜碑文録》、朱福平《孔廟十三碑亭》輯録該碑。

駱承烈《石頭上的儒家文獻——曲阜碑文録》漏掉“仰”“濟”字、漏掉“臣”字兩次、增添“於”“封”两字、“淳俗”誤作“淳洽”、“鑒此”誤作“鑒心”、“通奉”誤作“光禄”。

朱福平《孔廟十三碑亭》漏掉“仰”“濟”字、漏掉“臣”字兩次、“淳俗”誤作“淳洽”、“鑒此”誤作“鑒心”、“通奉”誤作“光禄”。

維嘉慶二十五年歲次庚辰十一月甲寅朔越十八日辛未,皇帝遣青州副都統西淩阿致祭於至聖先師孔子曰:仰惟先師聖集大成,道參於穆,作百王之師表,啓萬世之文明。朕自沖齡即深志學，念皇考心源，克契允肩。夫堯舜禹湯文武之傳，逮藐躬道統，親承莫罄。夫《詩》《書》《易》《禮》《春秋》之藴，兹值纘基之始，宜申用享之虔。爰遣專員特隆昭告，所冀風淳俗美，經正民興。德馨溥被乎垓埏，文教益光乎日月。尚其歆格，鑒此精誠。

誥授通奉大夫陪祭官甘肅布政使前兖沂曹濟道臣盧坤。

誥授朝議大夫陪祭官兖州府知府臣景慶。

誥授光禄大夫襲封衍聖公臣孔慶鎔敬立。

欽授二品頂戴侯襲衍聖公臣孔繁灝〔一〕敬書。

道光元年歲次辛巳正月穀旦。

【注釋】

〔一〕孔繁灝(1806—1862)，字文淵，號伯海，孔子七十四代孫。嘉慶二十五年(1820)以衍聖公嫡長子欽授二品冠服，道光二十一年(1841)襲封衍聖公。歷事三朝，疊邀寵眷。道光二十三年(1843)初次入覲，蒙皇帝五次召見，並賜御書"福""壽"二字。道光三十年(1850)，宣宗去世，文宗即位。隨後，蒙文宗皇帝七次召見。咸豐三年(1853)入京陪祀，此後蒙皇帝召見十三次，特恩加太子太保。好讀書，能詩好畫，有《蔭椿軒詩稿》二卷。

（孔祥安）

道光八年修元聖廟碑

此碑立於清宣宗道光八年(1828),位於周公廟西院(更衣亭)北首面南。碑高2.1米(含篆書"大清"2字雲紋碑頭0.38米),寬0.88米,厚0.26米,碑座高0.2米。陸肇銑書,小楷,30行,行60字。碑陰隸書13行,行40字。該碑石材質地粗劣,風化剥蝕嚴重,辨識困難。

《石頭上的儒家文獻——曲阜碑文録》僅録"兖州府曲阜縣,爲陵廟工□竣,刊碑以成事。竊照曲阜縣(下不清),道光八年(下不清)"。《東野志》及曲阜其他文獻未見收録。近來,張秀斌先生任周公廟所長,亦好此事,不畏艱難,以工作方便得近水樓臺,長期近觀揣摩,努力識得大概。我有幸結識張秀斌所長,張所長不吝將此稿贈我,本人又多次造訪辨難,個别殘斷根據句意補足,終得句逗通暢。

兖州府曲阜縣為陵廟修工完竣刊碑落成事。

竊照〔一〕曲阜縣少昊氏陵、元聖復聖二廟,前蒙撫憲〔二〕奏准動廟修葺,自道光八年正月二十五日開工起,至本年八月□日止。按照冊[三]開[四]應修殿廡、房屋、碑亭各處所，均如式營繕，一律完竣。除造冊[五]由府[六]具詳[七]，請題核銷[八]。（前）其一切事宜，可否循照歷届成例刊碑，表復[九]之處，未敢擅便[一〇]，理合[一一]繪具碑式詳[一二]，候鈞示祇遵[一三]。本年九月□日，蒙布政司鍾[一四]批："仰[一五]即如詳，查敘[一六]前後案由，刊碑表復，毋得草率遺漏，（綵）式存。"

蒙此當卷查道光元年正月十八日奉[一七]本府[一八]帖文[一九]，得蒙[二〇]本道[二一]札[二二]開[二三]："嘉慶二十五年十二月十九日，蒙巡撫部院[二四]案[二五]开准[二六]：禮部咨祠祭司[二七]案呈[二八]，恭照仁宗睿皇帝[二九]尊諡[三〇]禮成，恩詔内开：'一嶽鎮海瀆陵廟[三一]傾圮者，該案呈詔奏開修葺，以昭诚敬。'"欽此欽遵[三二]。

到縣，蒙具经前縣姚[三三]查得：境内元聖周公廟康熙七年、乾隆二年各修一次，迄今年又半就傾圮。其聖祖仁皇帝[三四]御製碑亭，高宗純皇帝[三五]御書扁額、对联以及正殿、牌坊、墻垣、門庭皆糟舊坍塌，亟應修整。并據世襲五經博士東野隆祈具呈前情。

道光二年十月二十六日，具詳各憲[三六]。十二月十六日，奉本府帖文蒙巡撫部院批："仰布政司委員[三七]勘估造冊[三八]，申司详办。"

旋據勘得元聖廟碑亭正殿、牌坊、墻垣各處木料糟朽，瓦片脱落破碎，磚石城[三九]酥，臺基蟄陷[四〇]，墻身（開）裂坍塌（更）甚属实，亟應拆卸到地重修。又查聖廟東四里，該少昊金天氏陵正殿門座、墻垣均多損壞，亦應修理,同時具詳。

道光三年四月二十五日,奉本府札飭轉〔四一〕蒙本道札照準〔四二〕,布政司〔四三〕咨〔四四〕稱:此項工程應在濟寧州人李联芳所捐廟工銀兩交商生息〔四五〕項下動用,現在餘存無几,不(可)支发,已詳明〔四六〕院憲〔四七〕緩辦,俟生息充裕,再行飭知〔四八〕。並咨衍聖公,知照〔四九〕各等情。

嗣於道光四年五月二十日,暴風驟至,將元聖廟碑亭、門座、正殿、牌坊多處吹損,比前(更)(顯)頹圮。又據東野隆祁具呈稱:廟内聖祖仁皇帝碑亭上停梁檩、天花板全行脱落,四柱糟朽欹斜。又据世襲五經博士顏振吉呈稱,復聖廟内正殿、碑亭、門座亦於是日被風傷損,各缘由俱經縣驗實具詳。

委泗水縣會同勘估,冊報三項工程共需銀三萬四千有奇。奉憲駁〔五〇〕飭:"為數太多,叠加删減!"冊報展轉。

兹於道光七年六月二十五日,布政司鐘耑委本府陳〔五一〕亲詣詳加估勘,并延熟諳工程之历城縣職員魏祥同往,照例樽節〔五二〕估計:元聖廟實需工料银一萬六千一兩零,少昊陵銀三千九百八十六兩零,復聖廟粘補〔五三〕銀四百九十七兩零,統計需银二萬一千八十余兩零。即於是年十月十六日,蒙巡撫部院琦〔五四〕核定,具奏動修。生息本款銀兩,飭發與工。

飭委〔五五〕原估之本府陳、調任本府王督同曲阜县知縣馮云鶴董工〔五六〕。職員魏祥監理。委官滕州巡檢張禄卿等諏吉〔五七〕購料鳩工〔五八〕,敬謹承辦。完工驗收,須至〔五九〕抄案刊碑者。

兵部侍郎、兼都察院右副都御史、巡撫山東等處地方、督理營田糧餉、提督軍務、世襲一等侯琦善〔六〇〕。山東等處承宣布政使司布政使鍾祥。山東等處提刑按察使司按察使李文耕〔六一〕。分守濟东、泰武臨道恩特享額、山東等處都轉監運使司、加勑兼管監法道事王定柱。分巡山東兗沂曺濟、兼管黄河水利兵備道惠吉〔六二〕。兗州府知府陳繼昌〔六三〕。曲阜縣知縣姚學淳。四氏學教授尹鴻掄。世襲翰林院五經博士東野隆祁。署兗州府知府、武定府同知江德沛、那彦堪。學彔孔昭美〔六四〕、顔振吉〔六五〕。調任兗州府知府王廷濬、張坤廷。曲阜縣教授蕭烇。兗州府總捕水利同知謝羽、馮云鶴。訓導李告。

道光八年八月吉谷旦。

監理委官:萊州府胶州灵山〔六六〕巡檢〔六七〕張禄卿抄案〔六八〕。

董理工事:六品銜魏祥,候選训导男治淳、監生姪治東,甥陸肇铣書丹〔六九〕。

督料:牛種嚴、馬忠。木作〔七〇〕:范桂、蔡士道。瓦作:艾□、張強。石作:高士修。油畫作:王廷美、袁長青。琉璃窑:陳士誠、嚴克敬。磚瓦窑:張紀濟。石灰窑:倪克孝。

(以下碑陰)

鍾方伯、王府君旁仗皇代。乾元以來,念聖歷世,脩造禮樂,制作之義。竭敬之報,禮所宜道異。復聖二族,存古舊宇。敬咏異德,赫赫罔窮。百王不改,皇極之日。

三陽吐图,承天之語。修飾宅廟,上和紫臺。稽之中和,下和聖制。尊琦大人之意,卓璽之思。出誠造更,法舊不煩。備而不奢,邑中繇发,工不争賈。前闓九頭,天王以一。殷勤宅廟,朝車威熹。俱制元道,長期蕩蕩。宣抒玄污,以注水流。事得禮儀,制不空作。于是四方士仁,莫不冀思,嘆(印)師鏡。神靈佑誠,天雨降澍。百姓訢和,举國蒙慶。至于初學,刊石表銘。以侯知莫,道光八年,霜月之靈,須□張□,卿記節禮。器銘語男,文漢之字。

【注釋】

〔一〕竊照:古文套語,指自己想的。

〔二〕撫憲:下屬對巡撫的尊稱,此指山東巡撫琦善。

〔三〕冊:特指皇帝的詔書。

〔四〕開:列舉。

〔五〕除造冊:整理編制簿籍。

〔六〕府:指兖州府。

〔七〕具詳:完全清楚。

〔八〕請題核銷:奏請審查核實予以報銷。

〔九〕表復:上表回報。

〔一〇〕擅便:自作主張。

〔一一〕理合:理應。

〔一二〕詳:舊時的一種公文,下級官員對上級的報告。

〔一三〕候鈞示祇遵:等待上級指示,遵照執行。

〔一四〕鍾:指布政司官員鍾岦,未詳何職。

〔一五〕仰:舊時公文用語。

〔一六〕查敘:核查敘述。

〔一七〕奉:呈送。

〔一八〕本府:指兖州府。

〔一九〕帖文:公文,内容當與修廟有關。

〔二〇〕得蒙:得到批准。

〔二一〕道:清代和民國初年省下府上特設機構。

〔二二〕札:古代公文的泛稱。

〔二三〕開:開列。指以下開列批示内容。

〔二四〕巡撫部院:清朝山東巡撫爲從一品,是代表中央統管山東全省軍政事務的最高地方行政長官。另設其辦事機構"巡撫衙門",又稱"巡撫部院署"或"巡撫院署"。

〔二五〕案:官府處理公事的文書。

〔二六〕准:公文用語。始於唐五代,表示允許,認可。

〔二七〕祠祭司:清代禮部所屬主掌祭祀的官署名。

〔二八〕呈:下級報告上級的文件。

〔二九〕仁宗睿皇帝:嘉慶帝。

〔三〇〕謚:古代帝王或大官死後評給的稱號。

〔三一〕一嶽鎮海瀆陵廟:指一切祭祀神祇先烈的寺廟。

〔三二〕欽此欽遵:公文用語。爲清代臣下在接奉或聆聽了皇帝諭旨或訓誨之後的用詞,表示對皇帝諭旨或訓誨的恭敬和堅决遵照執行之意。

〔三三〕姚:指曲阜縣知縣姚學淳。

〔三四〕聖祖仁皇帝:康熙帝。

〔三五〕高宗純皇帝:乾隆帝。

〔三六〕各憲:舊時屬吏對各位上司的尊稱。

〔三七〕委員:派人。

〔三八〕勘估造册:清制,指凡在京工程由各衙門奏咨到工部者,約估以十日、查估以二十日造册呈遞。

〔三九〕堿:被鹽鹼侵蝕。

〔四〇〕蟄陷:塌陷。

〔四一〕飭轉:公文處理方式。

〔四二〕照準:舊時公文用語,謂同意下級的請求。

〔四三〕布政司:承宣布政使司(簡稱布政司),長官爲布政使,官品爲從二品,掌管一省的民政、田賦、户籍。

〔四四〕咨:商議。

〔四五〕交商生息:清代生息制度。

〔四六〕詳明:詳細清楚明瞭地告知。

〔四七〕院憲:部院長官。

〔四八〕飭知告諭:用於長官對下屬。

〔四九〕知照:通知。

〔五〇〕駁:書面否決下級的意見。

〔五一〕陳:指兖州府知府陳繼昌。

〔五二〕樽節:節省。

〔五三〕粘補:修補。

〔五四〕琦:指琦善。

〔五五〕飭委:命令。

〔五六〕董工:監督工程。

〔五七〕諏吉:選擇吉日。

〔五八〕鳩工:召集工匠。

〔五九〕須至:舊時公文及執照結句習慣用語。

〔六〇〕琦善(1786—1854):字静庵,滿正黄旗人,鴉片戰爭主和派代表人物,時任山東巡撫。

〔六一〕李文耕:字心田,雲南昆陽人。家貧,事親孝,服膺宋儒之學。嘉慶七年(1862)進士,道光七年(1827),擢湖北按察使,復調山東。嚴治胥役,詐贓犯輒置重典。斷獄寬平,責屬吏清滯獄，數月，積牘一空。謂："山東民氣粗而性直，易犯法，亦易爲善，故教化不可不先。"

〔六二〕惠吉：滿洲正白旗。嘉慶年間由蔭生補刑部主事。道光九年（1829）由兖沂曹濟道道員遷河南按察使。遷福建布政使、廣西巡撫、漕運總督，後任陝西巡撫、雲南巡撫、陝甘總督。

〔六三〕陳繼昌：嘉慶二十五年（1820）狀元。應殿試而連中"三元"聲名大振。察考又得第一，故又有"三元及第"之稱。他是中國科舉史最後一位"三元"狀元。

〔六四〕孔昭美：曲阜學録。

〔六五〕顔振吉：世襲五經博士。

〔六六〕膠州靈山：靈山島是中國北方的第一高島。位於黄島區（原膠南市）東南的黄海之中。

〔六七〕巡檢：明清時，凡鎮市、關隘要害處俱設巡檢司，歸縣令管轄，一般秩正九品。

〔六八〕抄案：抄寫文書案卷。

〔六九〕書丹：書寫碑文。

〔七〇〕木作：木匠。

【論説】

碑文對道光八年（1828）修建周公廟的原因、過程及公文來往作了詳細敘述。碑文大意爲：兖州府曲阜縣陵廟修建工程竣工，爲此撰寫碑文刻石立碑。少昊陵、顔廟、周公廟動工修建，始於道光八年（1828）正月，至八月完工，工程按照詔書所列式樣，全部修完，造册報銷，並對依例刻碑之事請示上級。得到布政司鐘岦批示："要求碑文詳細敘述前後批轉事由脈絡，不得草率遺漏，式樣存檔備查。"

爲此作者查閲了之前的案卷。得到道光元年（1821）正月十八日兖州府呈送上級關於修廟的請示公文,得到上級批示:巡撫部院經過請示禮部,與祠祭司進行商議,查到在爲嘉慶皇帝上謚號時,恩詔内有"凡是山川陵廟倒塌損壞,經過完備報批審核,一律下詔書修繕,以示尊崇禮敬"。望照此辦理。

公文下發到曲阜縣,經姚知縣考查,曲阜周公廟康熙七年、乾隆二年各修一次,如今已過去八十四年,又大半倒塌損毁。其中康熙御碑亭、乾隆御書匾額、對聯以及正殿、牌坊、牆垣、門庭皆糟舊坍塌,亟需修整。世襲五經博士東野隆祈也上呈表文陳述前面這些情況,大致相同。

道光二年(1822)十二月十六日,兖州府呈送調查請示公文得到巡撫部院批示:"請布政司派人勘查估算,造册申請布政司仔細辦理。"

不久經勘估得到周公廟碑亭、正殿、牌坊、墻垣等處木料朽爛,瓦片脱落破碎,磚石堿酥,臺基塌陷,墻身開裂坍塌,情況屬實,亟需推倒重修。同時又查到少昊陵正殿、門座、墻垣多處損壞,也應修理,一同造册呈報。

道光三年(1823)四月二十五日,兖州府呈送勘估表册給上級道臺,得到同意後,又上呈布政司商議,得到如下批示:此項工程應在濟寧州人李聯芳所捐修廟銀兩,交商生息項目之下支出使用。由於現在此款所剩無幾,不可支取,已詳細告知部院長官緩辦,等候生息充裕,再行告知。並請衍聖公將上述情況通知各相關方面知曉。

俗話説"天有不測風雲"。誰料道光四年(1824)五月二十日,暴風突然降至曲阜,將周公廟碑亭、門座、正殿、牌坊多處吹損刮壞,比之前更顯破敗。五經博士東野隆祁再次上表宣稱,廟内康熙御碑亭頂部梁檁、天花板全部刮落,四柱朽爛歪斜。另外世襲五經博士顔振吉也上表宣稱,顔廟内正殿、碑亭、門座也於此日被風傷損。上述情況經知縣查驗屬實,一併將詳情造册上報。

於是,兖州府派遣泗水縣聯合勘查估算,造册報告三項工程共需銀三萬四千餘兩。呈送巡撫部院大人,上級不同意此次勘查工程造價,批示:"估算銀兩數目太多,將重複部分删減再報!"造册申報幾經輾轉周折。

現於道光七年(1827)六月二十五日,布政司鍾岦派遣兖州府知府陳繼昌親自仔細加以估算勘查,並延熟悉工程估價的曆城縣職員魏祥同往曲阜勘查,依照先例節省估計:周公廟實際需要工料銀一萬六千一兩零,少昊陵銀三千九百八十六兩零,顔廟修補銀四百九十七兩零,統計需銀二萬一千八十餘兩零。於此年十月十六日,山東巡撫琦善核實確定,具體上奏動工修建。命令將生息本款銀兩,發給工程使用。

同時命令兖州知府陳繼昌,調遣兖州府王督、曲阜縣知縣馮雲鶴擔任工程監督。曆城縣職員魏祥監理擔任工程管理。另派滕州巡檢張禄卿等官員,選擇吉日,購買工程材料,召集工匠,恭敬謹慎承辦。完工驗收後,整理文書案卷並將刻石立碑式樣,一同上報。

以下是參與勘查批示此項工程的各級官員。從山東巡撫到縣學訓導,一應俱全。立碑時間爲道光八年八月。

後面開列工程參與工程建設相關人員:工程監理、工程監督、督料、木匠、瓦匠、石匠、油畫匠、琉璃窑、磚瓦窑、石灰窑。也一應俱全。

碑陰隸書,是對此項工程重要參與人員的贊美之詞。

在曲阜衆多的修廟記事碑中,此碑文選取公文往來脈絡爲主要記述内容,可謂"視角獨特,别具一格"。曲阜大多數記事類碑文内容包括對廟主的贊頌,修廟的意義及作用,工程概況,主要參與者的德行功績,修廟完成後進行告廟祭祀等内容一概捨去,衹將修廟功績讚頌放於碑陰。

此碑這樣寫的作用一方面將各級官員在此工程項目中所發揮的作用和責任,記録的清清楚楚、明明白白,感覺這不衹是在表彰建設者的功績,又好像是一份工程責任證明書一樣,一旦發生腐敗問題,此碑就是一個證據。

自道光元年(1821)上書修廟開始,道光八年(1828)完工,歷時八年,時間不可謂不長。期間凡三次上書,經禮部、布政司、本道、本府四級數次批轉,三次勘查估算,上級認爲前次估價過高,後又派專家節儉估算。最終定爲工程款由捐款生息劃撥,由於息款所剩不多,還要等到生息充足時再行劃撥。可見當時官方對此工程並不是十分重視,致使下級官員乾著急没辦法。後又遇大風,致使周公廟進一步嚴重毁壞,於是曲阜官員再次上表報告情況。

當時身爲曲阜學録的孔昭美,參與修廟工程,他留下的一首《游石門山》小詩最能説明當時曲阜官員的心情:"出山無計入山難,小宅端宜此地安。幾縷炊煙僧飯熟,半灣流水夕陽寒。時聞犬吠知村近,静聽鐘聲忘夜闌。議得嵐光清到枕,侵晨秀色耐人餐。"孔昭美字叔彦,此詩作於道光元年(1821)。

道光是一位勤政節儉的皇帝。道光十一年(1831)修葺曾子廟,監察御史王兆琛上奏朝廷,宗聖廟林傾圮,請動存款修葺。光緒帝命山東巡撫親臨節省勘察估計,共需工料銀二萬五千二百多兩。由布政使劉斯湄查明廟工生息一項,有嘉慶十四年民人李聯芳呈捐廟工專款,給發興修。曾子廟維修工程,于道光十一年(1831)八月動工,道光十四年(1834)竣工。此項工程款與修周公廟工程款同一來源,光緒帝的節儉由此可見一斑。

本文的寫作主體比較模糊,以致很難弄清楚"候選訓導男治淳、監生姪治東,甥陸肇銑書丹"中的三位後生的主人是誰?陳繼昌於道光六年任山東兖州府知府，當時陳正在兖州府任上。但山東巡撫琦善對兖州府並不信任，曲阜知縣姚學淳顯然分量不夠，工程真正的主管應是山東布政司。因此，有資格作爲碑文寫作主體的三方（曲阜縣、兖州府、山東布政司），我們衹能選山東布政司。所以“候選訓導男治淳、監生姪治東，甥陸肇銑書丹”中的三位後生的主人最可能是魏祥或者布政司的某位大員。況且“董理工事：六品銜魏祥，候選訓導男治淳、監生姪治東，甥陸肇銑書丹”。寫在碑文中的一行之内。

此碑對於研究周公周顔廟少昊陵的修建歷史和清朝的吏制官場運作，有很高的參考價值。

（孔　玥）

同治十一年重修至聖廟碑記

此碑立於清穆宗同治十一年(1872)四月,現位於孔廟十三碑亭南排東起第四亭内,左排北石,西向。碑高2.75米,寬0.9米,厚0.35米,花紋邊。丁寶楨立。碑陽同治十一年(1872)四月"重修至聖廟碑記",正書,16行,行60字。碑陰光緒二年(1876)五月"續修至聖廟碑",正書,15行,行60字。

《續修曲阜縣志》卷八《藝文·金石》輯録碑陽原文,碑陰不録,名爲《重修至聖廟碑記》。孔祥霖《曲阜碑碣考》卷二乙部有記,名爲《重修至聖廟碑記》。《石頭上的儒家文獻——曲阜碑文録》輯録碑陽原文,碑陰不録,名爲《同治十一年重修聖廟記碑》。

《石頭上的儒家文獻——曲阜碑文録》脱"用"、"詩禮"誤作"詩禮堂"、"於"作"于"、"竝"作"并"、脱"大清"。

重修至聖廟碑記

皇帝御極之八年,既平捻逆,山左肅清。乃戢干戈,修文事。曾滌生〔一〕節相、李少荃〔二〕揆師統師過此。寶楨〔三〕為東道主，瞻謁闕里。商所以新廟貌者，疏請於朝，欽奉諭旨。由兩江、湖北、山東各籌銀二萬兩，擇要興修，以昭誠敬。自己巳〔四〕八月開工，越四年，壬申〔五〕春，大成殿、寢殿、大成門、杏壇亭、東西廡、金聲玉振二門、東西腰門、齋宿所，次第工竣。四月二十三日，寶楨與觀堂上公〔六〕率在工各員，恭詣廟堂。祭告如禮，奏報落成。是役也，用銀四萬五千兩，較籌估原數節省木瓦各料一萬五千金。因得以備續修聖跡殿，奎文閣，同文門，詩禮、金絲堂及前後祠宇門亭之用。不足則更籌款益之。蓋得力於經修各員者居多，而工人亦與有勞焉。其齋宿所東偏駐蹕廳五間、大成門兩掖、榜棚十楹，不列原估。又經工人韓玉榮等於逐項包估工料内，節省得京錢〔七〕四千九百餘串，悉數捐修。竝〔八〕一新堂上几案樂器，金碧煥然，均足嘉焉。維時布政使文彬，署布政使李宗岱長賡，按察使李元華，鹽運使潘霨、鄭蘭，濟東泰武臨道蕭培元，署兖沂曹濟道王成謙、潘駿文，候補道劉子潭、陳錦、丁彦臣，兖州府知府沈錫慶、伊勒通阿，署兖州府知府李德增、楊學沂，曲阜縣知縣林本鳳，署曲阜縣知縣侯甲瀛，新泰縣知縣史銘鏞，菏澤縣知縣淩壽柏，候補知縣王恩湛，縣丞喻增慶、俞啓元，候補州吏目黄汝志，候補典史汪鈞、李慶元，三品舉事官〔九〕孔慶鏜，四品百户劉佩萱，平度州學正孔慶鍇，教職孔慶元、孔慶豫、孔繁漢，恩監生孔慶範。或綜覈工需，或坐司督率，或稽查出納，或奔走巡催。先後四年，共襄厥事。陽穀縣知縣鄭紀略，鄒縣知縣耿天九，泗水縣知縣王啓宇，曲阜縣教諭張道南，訓導周炎縉，四氏學教授薛焕章，學録孔憲舉，三品孔庭族長孔衍福，司樂薛桂，曲阜縣典史倪家祐，偕來與祭。竝工人韓玉榮、劉鳳芙、徐樹年、楊成均得竝題姓名，以勒於石。

大清同治十一年歲次壬申四月吉旦，太子少保頭品頂戴兵部侍郎兼都察院右副都御史巡撫山東等處地方提督軍務兼理鹽政丁寶楨謹立。

（以下碑陰）

續修至聖廟碑

重修大成殿之三年，歲壬申五月，土木工竣，寶楨躬詣闕里，具祝帛牲醴，率屬告成。維時大成門内，殿廡聿新。而周歷宫牆自嘉慶十六年重修後，花甲一周矣。殿若聖蹟，閣若奎文，堂若詩禮金絲，祠若五代，啟聖門若宏道同文，垣棟傾危，丹塗漫漶，甚者垂圮。而莫為之理，于心闕然，因即日會商聖裔孔公祥珂，派委道員陳錦、知縣王恩湛等估修，全廟南自大中門左右南牆東西兩阿起，北迄聖蹟殿後北牆東西兩阿止，爲殿者三，爲閣者一，爲堂者二，爲祠爲廟者三，爲庫为所者五，爲庖廚者二，爲角樓者四，爲故井故宅魯壁者各一，爲大小碑亭者一十有七，爲南北門者二十有一，爲東西門者一十有二。上甍下砌，後扆前扉，經緯重垣，院廡惟稱其間，丹墀黄屋，疊閣崇阿，龕閣罘罳，筍簴碑碣，具依舊制，而更新之。除宏道聖時二門，至聖元氣二坊暫議緩葺，外并櫺星門栅南抵城闉,修舉悉從其朔。先是公府有鼓樓,廟之東障也,燬于火未葺,南闉雙闔廟道也,禦賊而扃十餘年矣。相其陰陽,文脉攸系,且列聖巡輦所必由也,議葺樓啓闔並舉之,因重建石橋跨城渠爲道渠,故文獻泉也。浴流東沂,岸側有橋没于土,自橋東行數百步,跡伋畎澮至釣魚臺而止,臺本當古泮水之墟坎地,求之甘洌,涌沸導爲西流即今應龍橋,下折入城渠一水是也。稽所費銀三萬九千兩有奇,庀材非不實也,計值非不嚴也,顧猶以軍務,初平河防孔棘,未敢公然請帑為之,會前工甫竟核減得銀一萬五千兩,又益以前撫院閻公〔一〇〕倡勸官捐四千五百金,足之以運庫廟工生息之款,請于朝諏吉興事,始自同治十一年八月十七日,以迄於十二年十月二十五日,閲十有六月,並聖林洙河修濬事同時具竣。藩司李元華,臬司長賡,周恒祺運司鄭蘭傅,觀海兖沂道成允、潘駿文,兖州府伊勒通阿等,籌款勤勞,督催切實。道員陳錦,沂水縣王恩湛,曲阜縣林本鳳、趙擇雅,三品舉事官孔慶鏜,四品百户劉佩萱、劉相乾,八品執事官孔繁濼,典史倪家祚、朱曾傳、李慶元,廩生孔繁濤,監生孔興竩,職員孔昭雯、孔興琳,監工勞勩,贊助有功,并工頭韓玉榮,例得備書姓氏以紀其實。

旹大清光緒二年歳次丙子五月吉旦,太子少保頭品頂戴兵部侍郎兼都察院右副都御使巡撫山東等處地方提督軍務兼理鹽政丁寶楨謹立。

【注釋】

〔一〕曾滌生(1811—1872):曾國藩,初名子城,字伯涵,號滌生,宗聖曾子七十世孫。

〔二〕李少荃(1823—1901):李鴻章,本名章銅,字漸甫或子黻,號少荃(泉),晚年自號儀叟,别號省心。著作收於《李文忠公全集》。

〔三〕寶楨(1820—1886):丁寶楨,字稚璜,謚號文誠,貴州平遠(今貴州省畢節市織金縣)人,晚清名臣。咸豐三年(1853)進士,歷任翰林院庶起士、編修,嶽州知府、長沙知府,山東巡撫、四川總督,授太子少保,兼兵部尚書、都察院右都御史銜。創設山東機器局,四川機器局,改革鹽法,發展洋務運動。光緒十二年(1886),卒,追贈太子太保,謚號"文誠"。《清史稿》有傳。

〔四〕己巳:指同治八年(1869)。

〔五〕壬申:指同治十一年(1872)。

〔六〕覲堂上公:指孔祥珂(1848—1876),字則君,號覲堂。孔子七十五代嫡孫。同治二年(1863)襲爵衍聖公。卒後賜謚莊。

〔七〕京錢:京都所鑄的錢。

〔八〕竝:"並"字之異體。

〔九〕舉事官:衍聖公府屬職官名,又稱林廟舉事。掌提領監修林廟,佐家長之事。授官始于宋真宗天禧五年,詔于夫子後選差,監督孔廟工役。元時由省臣擇孔氏中廉幹者一人委充,提領監修官,依族長授八品冠帶。明初改稱孔庭族長舉提領林廟事,俱由衍聖公選委,無品秩。清亦如族長兼聖廟執事官。參見《闕里文獻考》卷十八《世爵職官第四》。

〔一〇〕閻公:指閻銘敬,陝西朝邑人,進士,同治二年(1863)任山東巡撫,五年再任。死後謚曰"文介"。

【論説】

碑陽記述同治八年(1869)八月至十一年(1872)春,維修孔廟大成殿、寢殿、大成門、杏壇亭、東西廡、金聲玉振二門、東西腰門、齋宿所和聖跡殿、奎文閣、同文門、詩禮堂、金絲堂以及駐蹕廳、大成門兩掖門、榜棚等建築一事。同治十一年(1872)四月丁寶楨立石。

碑陰記述同治十一年(1872)八月至十二年(1873)十月,維修孔廟建築和修濬孔林内洙河事。係丁寶楨於光緒二年(1876)五月所補記。主要維修建築,南自大中門,北迄聖蹟殿後北牆内,有大成殿、寢殿、聖跡殿,奎文閣、金絲堂、詩禮堂、家廟、崇聖祠、土地祠,神庖、神廚、孔宅故井、孔子故宅、魯壁和禮器庫、樂器庫等五庫,四個角樓,十七座碑亭,二十座南北門,十二座東西門等。

此種採取補記形式刻於碑陰的紀事碑不多見,且前後間隔四年有餘。既反映丁寶楨辦事嚴謹,也不乏顯揚功績之嫌。從另一個角度反映了士人尊孔崇儒之情懷。

(孟　坡)

光緒十九年蕢山園記

此碑立於光緒十九年(1893),現位於小雪鎮政府後院,石碑僕倒在地,横斷三截。長約2米,寬0.8米,厚0.2米。碑文爲方寸隸書,端莊秀麗,除斷處幾字難以全讀而根據句意補足外,其餘大多清晰可識。據傳此園爲清代孔子後裔聞人孔繼堋於九龍山腹地,鑿池引水,積石成山,建成人間勝景。此處園林於大清光緒年間建成,二十世紀六十年代初,因破舊無法修復,而被迫拆除,今有石碑僅存。

自古奇人奇杰,必有奇情奇境,而又得山水之奇者,以寄其勝概〔一〕。故一遊一詠,皆足以暢敘幽情〔二〕,而流傳後世,斯稱奇矣。即不得山水之奇而能自出奇思,築山、鑿池、蒔〔三〕花、種竹,恍然〔四〕與真境〔五〕無異,則更爲奇之又奇者也。

若吾外王父〔六〕灌田孔公〔七〕人號蘇人,少負奇才,性情澹泊,能文章,尤工書畫,弱冠補博士弟子〔八〕員。宣宗皇帝〔九〕臨廱〔一〇〕幸〔一一〕學,蒙恩貢〔一二〕入成均〔一三〕。就職教諭〔一四〕。然不求仕進，惟以筆墨〔一五〕爲樂。

乃即〔一六〕宅後蔬圃〔一七〕，積石成山，引流種樹，以爲休息之所。山下有池，池上構軒〔一八〕，顔〔一九〕曰“莊叟濠情”。山前有亭，曰“容春”。中列石磴〔二〇〕，四面遍植花木、蘭畹〔二一〕、菊畦、藥欄、藤塢〔二二〕，無不位置得宜。

山之西有“鳳臺”〔二三〕、“月榭”〔二四〕，其外爲竹圃，佳果畢俱。其南又開廣廈數間，中通密室〔二五〕，前植荼〔二六〕竹。夏宜急雨，冬宜密雪。四時之景無不可愛。

其東爲方塘、蓮〔二七〕沼〔二八〕。復有小山與園門相對，以作屏蔽。西折敞朗〔二九〕，無境不備，雖輞川别墅〔三〇〕不過是〔三一〕也。

目圯〔三二〕東有九龍山，遂名其山〔三三〕爲龍山第十峰；又取未成一簣〔三四〕之義，名其園曰“簣山園”，則靈心可知矣。又與弟辛譜公〔三五〕一號退谷“對山園”東西相望，其中華木亦衆，埒〔三六〕中隔菜畦數畝，來遊者如人（雲），山陰道上，應接不暇。

每當春秋佳日，與諸名傑杜小崔廣文〔三七〕、顔書鄴大令〔三八〕、陳企韓參軍〔三九〕、張璞山〔四〇〕少尉，宴游其中，吟詠唱和無虚日〔四一〕。即名公鉅卿〔四二〕如孔伯海上公〔四三〕、孟雨山翰博〔四四〕、黄石琴中丞〔四五〕、蔣椒林觀察〔四六〕，亦日相往來，莫不嘖嘖稱羡，曰此神僊中人，雖萬石侯不易也。洵足極一時之盛，爲斯世之奇矣。

且兄弟並工書善畫，凡篆隸行草，没骨〔四七〕寫生，以及鐵筆篆刻，無不俱得其妙。求之者，每得片紙如獲拱璧〔四八〕，至碑牘石刻，其字體端凝、筆勢遒勁，猶能入顔柳之室,而得其(神),以故當時有二難[四九]之目[五〇]。

及吾舅(氏)孝愚公[五一]亦克承(父)(志),(勤)(勉)一如(其)(昔),(日)於園亭花木培植灌溉,有加無已[五二],雖歷經兵燹[五三],薪木不無損傷,而隨時修葺,(須)復(舊)規。游其中者,見古樹參天,(緑)陰匝地,益覺有世臣[五四]喬木之思[五五]。今則"對山園"已作住宅。而震一諸表弟亦皆析居。惟"簣山園"(辟)爲公所,有專人典守。恐其久而荒廢,因歷數生平所閲歷,以紀當時之盛,使後之人即(慨)奇情奇境,以想見奇人其傑,而翰墨之奇與山水之奇,庶幾[五六]並傳不朽云,是爲記。

外孫杜廷珍謹識。

内姪孫陳毓藻敬書。

孫孔昭(鉦)[五七]、(鏻)[五八]、(鈞)[五九]、(鎮)曾孫憲(湘)、(瀛)、(濚)、(溱)、(淇)、(滮)、(渤)、(漢)、(潢)、(浚)立石。

光緒十九年歲次癸巳二月甲寅朔上浣,石工孟廣金鐫。

【注釋】

〔一〕勝概:亦作"勝槩"。美景,美好的境界。

〔二〕幽情:深遠或高雅的情思。

〔三〕蒔:移植。

〔四〕恍然:猛然領悟的樣子。

〔五〕真境:仙境。

〔六〕外王父:外祖父。

〔七〕灌田孔公：指孔繼堋，孔子第六十九代孫，屬沂陽户。據《孔子世家譜》記載：究心金石之學，詩書畫均有名於世，所書孔氏蠲免碑，桂未谷墓表，搨而摹之者珍若拱璧。畫無專師，繪古松更蒼老有奇氣，築有"蕢山園"甲於一邑，有書齋曰"怡怡軒"。與其弟繼壎藏修其中，子一，廣謞。

〔八〕博士弟子：即漢博士教授的學生。博士弟子學習至一定年限，經考核，一般可在任郡國文學的職務，優異者可授中央或地方行政官。明、清用作生員的别稱。

〔九〕宣宗皇帝：指道光帝。

〔一〇〕廱：辟廱，古代天子諸侯所建學宫，此似指曲阜廟學。

〔一一〕幸：臨幸，指帝王親自到達某處。

〔一二〕恩貢：明清科舉制度規定，每年由府、州、縣選送廩生入京都國子監肄業，稱爲歲貢。凡遇皇帝登極或其他慶典而頒佈恩詔之年，除歲貢外再加選一次，稱爲"恩貢"。

〔一三〕成均：即太學，指京城國子監。

〔一四〕教諭：掌文廟祭祀，教育所屬生員。

〔一五〕筆墨：指寫字，畫畫，作文章。

〔一六〕乃即：於是就在。

〔一七〕蔬圃：菜園。

〔一八〕構軒：以敞朗爲特點的建築物。

〔一九〕顔：眉目之間，此指軒上匾額。

〔二〇〕磑：舂米的石磨。

〔二一〕畹：古代稱三十畝爲一畹。

〔二二〕塢：四邊如屏的花木深處。

〔二三〕鳳台：泛指華美的樓臺。

〔二四〕月榭：賞月的臺榭。

〔二五〕密室：隱秘的房間。

〔二六〕荼：茅草、蘆葦之類的小白花。

〔二七〕蓮：北方人以蓮爲荷。

〔二八〕沼：曲池。

〔二九〕敞朗：豁亮。

〔三〇〕輞川別墅：輞川，在藍田縣城西南約五公里的堯山間。那裏青山逶迤、峰巒疊嶂，奇花野藤遍佈幽谷，瀑布溪流隨處可見，是秦嶺北麓一條風光秀麗的川道。川水自堯關口流入灞河。川内有欹湖，山間有幾條小河流向欹湖，由高山俯視下去，川流環湊漣漪，好像車輞形狀（“輞”指的是車輪外周同輻條相連的圓框），因此叫做“輞川”。輞川在歷史上不僅爲“秦楚之要衝，三輔之屏障”，而且是達官貴人、文士騷客心醉神馳的風景勝地，素有“終南之秀鐘藍田，茁其英者爲輞川”之譽。

〔三一〕是：此。

〔三二〕圯：橋，聽當地老人説古時園内有河，河上有橋。

〔三三〕其山：指孔灌田積石所造之山。

〔三四〕未成一蕢：取自《論語·子罕》，子曰：“譬如爲山，未成一蕢，止，吾止也。譬如平地，雖覆一蕢，進，吾往也。”

〔三五〕辛譜公：指孔繼壎，孔子六十九代孫。

〔三六〕垺：矮牆。

〔三七〕廣文：唐天寶九年設廣文館，設博士、助教等職，主持國學。明清時因稱教官爲“廣文”，亦作“廣文先生”。

〔三八〕大令：縣官尊稱。

〔三九〕參軍：“參謀軍務”簡稱。

〔四〇〕張璞山：號張琢，孔府上賓，與孔令貽相知爲友。

〔四一〕虚日：間斷的日子。

〔四二〕名公鉅卿：指有名望的權貴。

〔四三〕上公：公爵的尊稱。

〔四四〕翰博：翰林院五經博士的省稱。

〔四五〕中丞：中丞是御史中丞的簡稱。明清時用作巡撫的別稱。

〔四六〕觀察：清代對道員的尊稱。

〔四七〕沒骨：中國花卉畫一種畫法，爲北宋徐崇嗣首創。元代畫評有"王冕，善作沒骨花卉，又善畫墨梅，萬蕊千花，自成一家"。

〔四八〕拱璧：大璧，泛指珍貴的物品。

〔四九〕二難：謂兄弟皆佳，難分高低。

〔五〇〕目：稱讚。

〔五一〕孝愚公：孔廣詡，字存愚，恩貢生，候選教諭。

〔五二〕無已：不止。

〔五三〕兵燹：因戰亂而造成的焚燒破壞等災害。

〔五四〕世臣：歷代有功勳的舊臣。

〔五五〕喬木之思：睹喬木而思故家。

〔五六〕庶幾：希望。

〔五七〕鉦：字震乙，聰敏好學，童年游泮水，弱冠食廩餼，復貢成均，有祖遺簣山園，督工人經理其中，不令荒蕪，世守勿替。

〔五八〕鏻：字健臣，七品執事官。

〔五九〕鈞：字樂府，五品執事官。

（孔　玥）

光緒二十四年重修至聖廟碑記

此碑立於清德宗光緒二十四年(1898)九月,現位於孔廟十三碑亭南排東起第五亭内,左北石,西向。高2.65米,寬0.92米,厚0.33米。紋鑲邊。正書。15行,行60字。

主要著録目:《續修曲阜縣志》卷八《藝文·金石》著録全碑,名爲《重修至聖廟碑記》。孔祥霖《曲阜碑碣考》卷二乙部有記,名爲《重修至聖廟碑記》。《石頭上的儒家文獻——曲阜碑文録》著録全碑,名爲《光緒二十四年重修至聖廟碑》。

《續修曲阜縣志》"款"作"欵"、"竒"作"奇"。

《石頭上的儒家文獻——曲阜碑文録》"鑑"作"鑒"、"竒"作"奇"、"當即准發"誤作"當即准撥發"、"甯"作"寧"、"甎"作"磚"、"衹"作"只"、"朙"作"明"、"濶"作"闊"、"盖"作"蓋"、"彫"作"凋"、"腳"作"脚"、"録"誤作"禄"、"壎"作"塤"、"穀"作"谷"。

重修至聖廟碑記

皇帝御極[一]之廿有三年,撫東者為李制軍鑑堂[二]。

值海邊兵靖，念及曲阜廟工，欲籌款重修焉，即函商聖裔孔燕庭〔三〕上公〔四〕。查前撫丁文誠公〔五〕兩次興修，為款絀停修。大中門以前至欞星門，因委兗沂曹濟道〔六〕彭虞孫〔七〕、候補直隸州〔八〕陳憲往估工，約估一萬八千兩有奇。當即准發一萬兩，先由善後局〔九〕撥發五千兩，旋撥臨清〔一〇〕關節款五千兩，議用濟甯州〔一一〕舊存木料一千五百餘根，餘者准售作工中經費。即於十月十五日諏吉〔一二〕開工。制軍旋拜蜀督之命，汝梅〔一三〕來撫是邦，改派彭道督辦譯局，遂派陳牧接手，承修此工。在前修時已云，甚者傾圮〔一四〕，茲又閱廿餘年，木料朽損殆盡，甎瓦八九增新。北自宏道門〔一五〕起，舊制崇高宏麗，茲祇存大梁朙柱，可仍其舊，其榱題〔一六〕節棁〔一七〕，無不更新。東西有兩偏門及兩牆，自根基層累而上。前則有金水橋，兩岸石闌大半傾倒。斷者易之以新，並三橋闌干，悉為整飭。更南為聖時門，濶大雄偉，因失修年久，風雨剥落尤甚，自牆以上，無復存者，命工照式增修。門以內東為快覩門，西為仰高門，木瓦山牆，均已破碎。亦照毓粹、觀德門式修盖一新。再前東為德侔天地坊，西為道冠古今坊，故跡雖存，木多腐朽，瓦亦彫零，均葺其舊，而易以新。中有至聖廟、太和元氣二石闕，字跡漫滅，命工磨洗，而敷之以金。又前則欞星門六闔，僅存其二，四闔俱易為新。並東西周阿〔一八〕前面左右崇垣，皆正其根腳，一律葺補。廟前列金聲玉振坊，周圍臺基亦正其錯落。並東垣外闕里坊，均不在原估内，酌用餘料，工人亦願報效〔一九〕輸〔二〇〕工，期其與廟貌相稱。又增懸鐸〔二一〕數十，令聞者興木鐸[二二]之思。迄七月望[二三]始告工。竣前款不足,又籌撥銀四千兩,並售餘木銀一千四百兩。因承辦彭道、陳牧鳩工庀材[二四],悉心籌畫。候補縣丞徐錫麟,收發慎密,布置有方,力裁冗費,涓滴歸公。並添派候補閘官劉霖在局司事。曲阜學優廩生[二五]金德昌分督各工,時勤巡視,故費款未逾原估,而鞏固堅實,可期久而不敝。落成之日,謹率各員祭告禮成。維時三品舉事官孔憲留、四品百户官曹文澈、滋陽縣知縣調署[二六]曲阜縣孫國楨、四氏學學録孔祥楨、曲阜學教諭滕汝舟、訓導徐之薰,均有裨於工務,例得備書於石云。木工王立本、袁肇壎、王書田,泥水工王嘉麟、孔憲珣,油書工李修田、鄭宗元,石工孔傳斌。

大清光緒二十四年歲次戊戌九月穀旦,欽命頭品頂戴兵部侍郎兼都察院右副都御史巡撫山東等處地方提督軍務兼理鹽政張汝梅謹立。

【注釋】

〔一〕御極:登極,即位。

〔二〕李制軍鑑堂:指李秉衡(1830—1900),字鑒堂,清朝大臣,奉天海城人(今遼寧莊河鞍子山人)。初捐貲縣丞,遷知縣。光緒五年(1879)爲冀州知州。越二年擢永平知府。十年移任廣西按察使。光緒二十年(1894)初授爲安徽巡撫,因甲午戰爭爆發,調任山東巡撫。光緒二十六年(1900)擔任巡閱長江水師大臣。八國聯軍進攻大沽後,入衛京師,兵潰退至通州服毒自盡。初謚忠節,隨後聯軍將李秉衡列入事變禍首,要求嚴懲,清政府以秉衡先死而不予治罪,但下令追奪一切官職並撤銷恤典。《清史稿》列傳二百五十四有傳。

〔三〕孔燕庭:指孔令貽(1872—1919),字谷孫,號燕庭,孔子第七十六代嫡孫。清光緒三年(1877)襲衍聖公,光緒十五年(1889)奉諭爲翰林院侍講,光緒十八年(1892)署理四氏學學務。光緒三十三年(1907)奉旨稽查山東學務。民國二年(1913),北洋政府頒佈《崇聖典例》,保留衍聖公爵位,仍由前清衍聖公孔令貽襲爵。1915年袁世凱復辟組織"籌安會",孔令貽爲"名譽理事",袁稱帝後,加封孔令貽"郡王"銜。1919年春,進京爲前清廢帝溥儀祝壽,被賞賜"紫禁城騎馬"。能詩,善畫,工書。

〔四〕上公:公爵的尊稱,亦泛指高官顯爵。

〔五〕丁文誠公:指丁寶楨(1820—1886),字稚璜,謚號文誠,貴州平遠(今貴州省畢節市織金縣)人,晚清名臣。咸豐三年(1853)進士,歷任翰林院庶吉士、編修,嶽州知府、長沙知府,山東巡撫、四川總督,授太子少保,兼兵部尚書、都察院右都御史銜。創設山東機器局,四川機器局,改革鹽法,發展洋務運動。卒後追贈太子太保,謚號"文誠"。《清史稿》有傳。

〔六〕兖沂曹濟道:清朝時期山東省南部設置的一個分巡道,涵蓋整個魯南地區,僅作爲監察區域。轄兖州、沂州、曹州三府及濟寧直隸州。

〔七〕彭虞孫:《清實録光緒朝實録》有記,著有《先考芍亭府君(祖賢)行述一卷》

〔八〕直隸州:指濟寧直隸州。

〔九〕善後局:官署名。清朝後期,在有戰爭的省份中,設有處理特殊事務的機構。

〔一〇〕臨清:地名,位於山東省西北部。光緒年間爲臨清直隸州,領夏津、武城、邱縣三縣。

〔一一〕濟甯州：地名，現濟寧市，位於山東省西南部。光緒年間爲直隸州，屬兗沂曹濟道，領嘉祥、魚台、金鄉三縣。

〔一二〕諏吉：選擇吉日。

〔一三〕汝梅：指張汝梅，河南密縣人，字翰仙。歷任山西右江道，山西按察使、陝西布政使。光緒二十三年(1897)任山東巡撫。授頭品頂戴、兵部侍郎兼都察院右副都御史銜，巡撫山東等處地方提督軍務兼理鹽政。光緒二十五年(1899)，因彈壓義和團無力，被革職。

〔一四〕傾圮：倒塌。

〔一五〕宏道門：指弘道門。始建於明洪武十年(1377)，是當時孔廟的大門。明永樂十三年後改爲二門，後重修。清初名"天階門"，清雍正八年(1730)，清世宗據"人能弘道，非道弘人"語(《論語·衛靈公》)欽名爲"弘道門"。

〔一六〕榱題：亦作"榱提"。屋椽的端頭。通常伸出屋簷，因通稱出簷。

〔一七〕節棁：節，屋柱上端頂住横樑的方木；棁，梁上的短柱。

〔一八〕周阿：謂殿庭之隅。

〔一九〕報效：報恩效力，酬謝。

〔二〇〕輸：報效，捐獻。

〔二一〕懸鐸：懸掛的簷鈴，風鈴。一般爲金屬製。

〔二二〕木鐸：以木爲舌的大鈴，銅質。古代宣佈政教法令時，巡行振鳴以引起衆人注意。

〔二三〕月望：指舊曆每月十五日。

〔二四〕鳩工庀材：庀：準備、具備。招集工匠，準備材料。

〔二五〕廩生：明清兩代稱由公家給以膳食的生員。又稱廩膳生。明清時生員分四等：附生、增生、廩生、貢生。初進學的秀才稱附生，經過歲考、科考成績優異者，才可以升爲增生或廩生。廩生是成績最好的生員，名額有限，公家發給糧食。貢生則是在京師國子監讀書的生員，有從府、州、縣學中選送陞入國子監讀書的廩生。

〔二六〕調署：調任。

（孟　坡）

光緒二十四年孔傳棠德配陳孺人墓

此碑立於光緒二十四年(1898),現位於孔林。碑正中楷書“皇清例授文林郎愛翁孔公德配陳孺人之墓”。碑高1.52米,寬0.63米,厚0.2米。碑文楷書。

皇清例授文林郎愛翁孔公德配陳孺人之墓

公諱傳棠,字愛南,耀廷公之子也。立志仁厚,制行〔一〕端方,藏修息游〔二〕,福禄安康。生於嘉慶十二年十一月二十八日申旹〔三〕,卒於道光二十五季六月初九日□□。孺人行四〔四〕,振川公之女也。孝敬奉養,松柏同心,勤儉教誨,殷實成均。生於□□十二季九月十四日子旹,卒於光緒十二季十月初三日丑旹。

庚午科舉人揀選知縣愚内姪陳景渭頓首書丹拜題。

男繼降、燧、燃,孫廣□、□、益,曾孫昭□、□、□、□、壬、乙、□敬立。

龍飛光緒二十四季歲次戊戌嘉平月乙丑越十一日庚

寅上浣穀旦。

【注釋】

〔一〕制行：德行。

〔二〕藏修息游：心里常常想著學習，甚至連休息或閒暇的時候也要學習。

〔三〕申旹：申時。

〔四〕行四：排行老四。

（張　慧）

宣統三年孔憲鋼墓碑

此碑立於宣統三年(1911),位於孔林。碑正中書“銕民孔公墓”,行書。碑文楷書。

銕民孔公墓

公諱憲鋼,字銕民,至聖七十二代孫。明五先生之次子也,為人端方,孝友成性,鄉里稱善士焉。德配張孺人,名族淑媛,克盡婦職,尤善於醫道,有善手成春之術,其從堂姪玉樹與余為道義交,來囑為文,勉識數語,以垂不朽。

敕教授徵仕郎内閣標籤中書舍人鄉後學董瑞生頓首拜譔拜書。

姪慶夏監立。

聖清宣統三年歲次辛亥杏月花朝吉辰。

(張　慧)

民國五年孔繼燃墓碑

此碑位於孔林。碑正中書"前清歲進士燦文孔公之墓",楷書。碑高1.88米,寬0.78米,厚0.26米。碑文楷書。

前清歲進士燦文孔公之墓

公諱繼燃,字燦文,天資穎異人也,學通五車,尤善居室,宜其從遊弟子多列科第〔一〕,子孫林立,耕讀兩途,為一方之望云。公生於道光十五年三月初六日吉時,卒於咸豐八年二月十五日吉時。繼配顏孺人,生於道光十九年正月初四日吉時,卒於光緒二十八年十二月初四日吉時。

己夘科舉人〔二〕候選知縣愚表姪陳以楨頓首拜題。

男學録廣助、譽、益,孫昭庚、辛、午、辰、寅、壬、乙、戌、丙,曾孫憲玨、瑾、琳、珉、琛、琴、堪敬立。

中華民國五年歲次丙辰三月上浣穀旦。

【注釋】

〔一〕宜其從遊弟子多列科第：從遊，作他弟子，跟他學習。列科第，科舉考中。

〔二〕己夘科舉人：己卯年(1879)的舉人。

(張　慧)

民國六年文林郎孔昭印暨宋孺人墓碑

此碑立於民國六年(1917),現位於孔林。碑正中楷書"清授文林郎至聖廟七品執事郎月川孔公暨德配宋孺人之墓"。碑文楷書。

公諱昭印,字月川,洞山公之子也。賦質忠厚,秉性篤實,行事老練,出言謹慎。充膺社長三十餘年,凡一切排難解紛、義舉公益諸端,均極一力調停,熱心贊助,洵一鄉之善士也。生於清道光十三年十一月三十日酉時,卒於民國五年十二月初三申時。德配宋孺人,生於清道光十年十月二十四日辰時,卒於清光緒十三年九月初三日戌時。

清己酉制科〔一〕孝廉方正候選縣丞、山東法政學校畢業外孫徐階平鞠躬敬撰並立。

清分省補用布政司經歷甥孫壻史兆霖鞠躬敬題。

孝男七品執事官憲栻,孫慶藻、芳、茂監立。

民國六年二月中澣[二]穀旦。

【注釋】

〔一〕制科：即制舉，又稱大科、特科，是封建王朝臨時設置的考試科目，目的在於選拔各種特殊人才。清康熙、乾隆時期的博學鴻詞科，光緒末的經濟特科，都是制科。

〔二〕中澣：即中浣，古時指官吏每月中旬的休沐日，后泛指每月中旬。

（張　慧）

民國十四年處士孔慶環墓碑

此碑立於民國十四年(1925),現位於孔林。碑正中楷書"清處士諱慶環字佩甫孔公之墓",其中"諱""字"兩字略小。碑文楷書。

清處士諱慶環字佩甫孔公之墓

公憲爵公之次子也,少讀書勤苦自勵,繼習武事,以圖進取,十九歲以騎射應選,二十歲而武科停矣。卒年二十一。淑配朱孺人,矢志守貞,民國八年蒙上憲〔一〕,以節孝旌表〔二〕,别有碑以誌之,兹不贅。公生於光緒四年八月十七日未時,卒於光緒二十七年十月十一日寅時,孺人存。

四氏學庠生族兄孔慶渥拜撰并書。

侄繁湖、海、昌、江、河仝立石。

民國十四年歲次乙丑小陽月上浣穀旦。

【注釋】

〔一〕上憲:上司。

〔二〕旌表:封建統治者用立牌坊或掛匾額等方式表揚準奏封建禮教的人。歷代王朝對所謂義夫、節婦、孝子、賢人、隱逸等大加推崇,往往由地方官申報朝廷,獲准后則賜以匾額,或造牌坊,以彰顯其名聲氣節。

(張　慧)

民國十七年洙浥五泉碑

此碑立於民國十七年(1928)仲秋,現位於曲阜書院街道五泉莊村北、魯國故城東北角洙水源頭處。碑石扁長方形高0.8米,寬1.6米,厚0.21米。"洙浥五泉"四字篆書,占去碑的一半,正文隸書,23行,行22字。此碑可與《民國十七年重浚洙源記碑》相互參閲,《重浚碑》立於孔林洙水橋後之西側,南起第3石。兩石同記一事,同年所立,《重浚碑》稍晚,爲當年孟冬十月,其文詞更爲典雅,記事也更全面。

洙浥五泉

洙水經流,考之《水經注》及《山東通志》,故道久絶不可復得。乾隆八年,裔孫〔一〕孔繼汾〔二〕、繼涑〔三〕於五泉莊北,掘得古碑四字"浚復洙河",為明嘉靖五年丙戌,總理河道都御史章公拯〔四〕所立。至乾隆五十四年己酉,東撫〔五〕覺羅長麟〔六〕浚之,閱一百四十年〔七〕。同治壬申,東撫丁公寶楨〔八〕又浚之,自壬申至今歲戊辰,又五十六年矣,沙泥淤積,幾與橋平。本會因魯災奇重,遴員〔九〕攜款放振〔一〇〕,不避艱險,特詣曲阜,目覩洙河枯竭,涓水不流,既病農田,更關文化。因與聖族孔印秋等計議,以工代賑〔一一〕,急為修浚。惟地廣沙高,泉源莫辨,經旬探討,措手為難,乃更禱聖靈,稽考志乘〔一二〕。於夏曆六月十九日施工,七月朔日開得五泉來脈,清流湧出,洋溢洙河。是即有明以來三次開浚之河源也。因恐歲遠又淤,乃就泉源開池深一丈八尺,建築圍牆,週二十一丈。料實工堅,務期永久,支大銀幣七千五百圓,其挑河土工三萬方,涇十六里。支二萬圓修理林牆及大小橋工十五處。支三千餘圓又開浚文獻泉。築沂河擋水壩,支一千餘圓。總計動支三萬二千圓有奇,合銀二萬三千餘兩。係本會白十字隊同人自集義振之款,實用實銷,無稍糜費。工竣後並與士紳議設洙河管理處,規定草章,來年於洙河兩岸種樹以固河隄,至樹成應有利息,即為歲修之費,此善後之策。因並記之。

經辦者為張淦楊、邱培源、李昌龍、陸兆麟例得附書。

民國十七年歲次戊辰仲秋,上海中國濟生會同人謹識。汀州伊立勳〔一三〕書。

【注釋】

〔一〕裔孫:遠代子孫。

〔二〕孔繼汾(1721—1786):字體儀,號止堂,孔子第六十八代孫,衍聖公孔傳鐸第四子。著有《闕里文獻考》一百卷,《孔氏家儀》十四卷,《樂舞全譜》二卷,《匡儀糾謬集》三卷,《行餘詩草》二卷,並校刻《文獻通考序》一卷。

〔三〕繼涑:指孔繼涑(1727—1791),字信夫,號穀園,别號葭穀居士,孔傳鐸第五子,孔繼汾之弟。乾隆三十三年(1768)舉人,候補中書。工書法,爲張照女婿,在"玉虹樓"上苦練十二年,得其筆法,後學宋代"四大家",造詣頗深。刻有《玉虹樓帖》《玉虹鑒真帖》《玉虹鑒真續帖》《穀園摹古法帖》《國朝名人法帖》等。

〔四〕章公拯:指章拯(1479—1548),字以道,號樸庵,蘭溪人。弘治十五年(1502)進士,授工部主事、南京兵部郎中、工部尚書,有《樸庵文集》。

〔五〕東撫:山東巡撫的省稱。

〔六〕覺羅長麟:字牧庵,隸正藍旗。乾隆四十年(1775)進士,授刑部主事。歷郎中,出爲福建興泉永道,累遷江蘇布政使、刑部侍郎。

〔七〕一百四十年:指公元1789年至1928年。

〔八〕丁公寶楨(1820—1886):字稚璜,貴州平遠(今貴州省畢節市織金縣)牛場鎮人,晚清名臣。

〔九〕遴員:選派人員。

〔一〇〕振:古同"賑"。

〔一一〕以工代賑:使由於失業或受災等原因而造成生活困難的人參加工作,獲得一定的收入,以代替政府對他們的救濟。

〔一二〕志乘:志書。

〔一三〕伊立勳(1856—1942):字熙績,號石琴,福建寧化人。清末民初著名書法大家,真草篆隸無所不能,功力深厚。曾任清光緒無錫知縣,民國時期寓居上海以賣字爲生。

(孔　玥)

民國二十年黎元洪題褒孔廣節墓碑

此碑立於民國二十年(1931),現位於孔林。碑高2.47米,寬0.88米,厚0.33米。碑陽中部有字兩列,偏右側一列稍小,爲"黎大總統題褒",正中楷書"齒德俱尊瑞符孔老先生之墓",碑文楷書。碑陰是墓表,楷書。

黎大總統〔一〕題褒齒德俱尊〔二〕瑞符孔老先生之墓

公諱廣節,字瑞符,生於道光十一年二月二十八日丑時,卒於民國七年二月二十二日申時。德配段孺人、王孺人,均早卒,生卒未詳,張孺人生於道光二十九年十二月初八日吉時,卒於民國二年七月二十二日申時。

清翰林院編修世愚弟王景禧頓首拜題。

男昭出嗣、㫖、芹出嗣、藻,孫憲倫、傑、俊、偉、仕,憲剛、森、欣、義,曾孫慶春、顯、昌、昇、胞、題、暉,慶林、□、岩、峯,曾外孫宋光雲立石。

中華民國二十年歲次辛未仲春之月中浣穀旦。

（以下碑陰）

先生諱廣節，字瑞符，孔子七十代孫也。自五十六代祖明監察御史士祥公，與長兄衍聖公士行公，分居終吉户。其間服先疇〔三〕、食舊德〔四〕，科第絡繹不絶。六十四代祖子貞公避明末之亂，隱居鄒縣城北東行莊。讀書樂道，絶不縈情〔五〕利禄。祖祥占公，父夂讓公，世守隱德，鄉里稱賢。先生承祖父遺業，家資頗裕，讀書務躬行實踐。曾應有司〔六〕試，不利。遂絶意進取，專理家政。孝友彌篤〔七〕，遇人以誠。輕財好施，濟急蘇〔八〕鮒魚之困〔九〕；解紛排難，評事息鷸蚌之争。古之魯仲連〔一〇〕、王彦方〔一一〕不是過〔一二〕也。先生晚年尤和易，門庭雍睦〔一三〕，年逾杖朝〔一四〕，身體康强，從未杖鳩〔一五〕而行，而耆德〔一六〕碩望〔一七〕，為世所尊。

前縣長鄭公按褒揚條例，申詳〔一八〕政府。蒙黎大總統親題齒德俱尊匾額，頒給銀質褒章紫綬〔一九〕，懸匾之日，不期而登堂獻頌者數百人。此所謂夕陽無限好，人間愛晚晴乎？然《書》紀五福〔二〇〕，末歸扵“考終命”。先生扵民國七年二月，無病而歸道山〔二一〕。可謂全受全歸〔二二〕，順受其正者矣，春秋八十有八。德配段孺人出長子昭煚，出嗣堂伯明軒公。張孺人出次子昭芹，弱冠游泮〔二三〕食餼〔二四〕，蜚聲〔二五〕黌序〔二六〕，旋因清末停科舉學，肄業於山東優級師範學校，畢業奬勵師範科舉人，七品京官。民國改元，以薦任職分發直隸署理，成安縣知事。三昭藻，出嗣胞叔順德公。女五人，均適名門。長孫憲後，聰明特達〔二七〕，膺社長〔二八〕。次憲傑，英姿秀發，兩充旅長。三憲偉，曾元蔚起〔二九〕，繼繼繩繩〔三〇〕，方興正未艾也。柯三業〔三一〕譾陋不文，緣情關桑梓，承屬作記，義所不容辭也。就所素稔者，畧述之以表其墓云。

參議院議員山東濟南道尹世愚姪唐柯三沐手敬撰。

鄒縣城區議事會議長優廩生鄉愚姪孟慶輝沐手敬書。

【注釋】

〔一〕黎大總統：指黎元洪（1864—1928），字宋卿，湖北黄陂人，中華民國第一任副總統、第二任大總統。

〔二〕齒德俱尊：年齡和德行都很高，指年高德重的長者。

〔三〕先疇：先人所遺的田地。

〔四〕舊德：指先人的德澤。

〔五〕縈情：懷戀，繫心。

〔六〕有司：泛指官吏。

〔七〕彌篤：彌，更加；篤，忠實，厚道。

〔八〕蘇：疏解，救濟。

〔九〕鮒魚之困：指小魚困在水乾了的車溝中，比喻處於困境中，迫切需要救助。語出《莊子·外物》："周昨來，有中道而呼者，周顧視車轍中，有鮒魚焉。"

〔一〇〕魯仲連：戰國時齊國人。善於謀劃，嘗周遊列國，爲人排憂解難而不受酬報。

〔一一〕王彦方：三國時期人物，名王烈，字彦方，以品德高尚著稱鄉里。

〔一二〕不是過：意思是説魯仲連、王彦方也不過如此，贊揚墓主比此二人更厲害。是，如此；過，超過，不過是如此。

〔一三〕雍睦：團結，和諧。

〔一四〕杖朝：指八十歲。八十歲可以拄杖入朝廷。

〔一五〕杖鳩：拄拐杖鳩杖，指在手杖的扶手處做成一只斑鳩鳥的形狀，鳩杖在古代是長者地位的象徵。。

〔一六〕耆德：年高德勛，素孚衆望。

〔一七〕碩望：有道德，有才能，衆望所歸。

〔一八〕申詳：向上級官府詳細呈報。

〔一九〕紫綬：紫色絲帶，古代官員用做印組，或作服飾。

〔二〇〕五福：《尚書·洪范》："五福：一曰壽，二曰富，三曰康寧，四曰攸好德，五曰考終命。"

〔二一〕歸道山：舊時稱人死爲歸道山。道山，傳説中的仙山。

〔二二〕全受全歸：舊時認爲身體髮膚受之父母，應始終潔身自愛，以没有受過沾污損害的身體回到父母生自己時那樣。

〔二三〕游泮：明清科舉制度，經州縣考試録取爲生員，稱爲游泮。古代學宫前有泮水，故稱學宫爲泮宫。

〔二四〕食餼：明清經考試取得廪生資格的生員享受廪膳補貼，即成爲廪生。

〔二五〕蜚聲：揚名，馳名。

〔二六〕黌序：古代的學校。

〔二七〕特達：至爲明達，極其通達。

〔二八〕膺社長：做社長。

〔二九〕曾元蔚起：形容子孫很多，家族繁茂。

〔三〇〕繼繼繩繩：前後相承，延續不斷。

〔三一〕三業：佛家三業指身、口、意三業。

（張　慧）

民國二十一年孔昭潤暨張氏墓碑

此碑立於民國二十一年(1932),位於孔林。碑正中楷書“至聖七十一代孫昭潤民生德配張氏孔公之墓”,碑文楷書。

至聖七十一代孫昭潤民生德配張氏孔公之墓

且人之處世,貴乎知本,尤貴乎知末。惟我三胞兄昭潤,本末兼知也。於何見之,於我兄歲月見之也。人生七十古來稀,兄生七十有二年矣。雖年壽高邁,乃奉養無人,惟以四胞兄之長子憲桂為嗣。將向之奉養無人也,而今有人矣,此所謂知本者也。猶慮臨終不能稱心,代遠湮没,謂知末者也。知本知末,吾兄真有儒者之風焉。德配張氏尚在。

五胞弟昭渠鞠躬撰書。

嗣男憲桂立。

婿王廣恩、宋學泗同鞠躬。

中華民國二十一年桃月〔一〕上浣谷旦。

【注釋】

〔一〕桃月：指農曆三月。

（張 慧）

民國二十二年孔憲文暨劉孺人墓碑

此碑立於民國二十二年(1933),位於孔林。碑正中楷書"至聖七十二代孫章甫孔公暨德配劉孺人之墓",碑文楷書。

公諱憲文,字章甫,係南舅氏也。中年出繼〔一〕於外王父〔二〕昭任太公為嗣。秉性端方,持身謹慎,德配劉氏,妗母〔三〕身無所出,欲擇賢愛,苦無昭穆〔四〕相當之人。以已故從堂姪慶湘公註名膝下,因以再從堂姪孫繁榮為嗣孫焉。今後世宗祧〔五〕有祀,瓜瓞綿綿〔六〕,世傳不替,特勒諸貞珉,以誌不朽云爾。

清授文林郎鴻臚寺〔七〕序班〔八〕增廣〔九〕生員愚甥畢振南頓首拜撰并書。

嗣男慶湘嗣孫繁榮曾孫祥增立石。

民國貳拾貳年歲次癸酉清和月上浣穀旦。

【注釋】

〔一〕出繼:過繼給別人做兒子。

〔二〕外王父：外祖父的古稱。

〔三〕妗母：某些地方對舅母的稱呼。

〔四〕昭穆：按照長幼、上下等次序排列。

〔五〕祧：古代稱遠祖的廟。

〔六〕瓜瓞綿綿：如同一根連綿不斷的藤上結了許多大大小小的瓜一樣，引用爲祝頌子孫昌盛、興旺發達。

〔七〕鴻臚寺：官署名。秦朝時稱典客，漢朝改爲大行令，武帝時改名爲大鴻臚。鴻臚本義是大聲傳讚，引導儀節。大鴻臚主外賓事。北齊時，置鴻臚寺，後代延置。南宋、金、元不設，明清複置，主官爲鴻臚寺卿，主要掌朝會儀節。

〔八〕序班：文官名，屬鴻臚寺。明朝始置，清朝沿置。在清朝爲從九品。序班通常負責朝會和宴饗等禮節，爲鴻臚寺的基層官員。

〔九〕增廣：指增生。明代黄溥《閑中今古録》："舊制，學校生員廪膳有額，曾廣無額，故名之。"

（張　慧）

民國二十四年孔涇墓碑

此碑爲後立碑，立於1935年，現位於孔林，高170釐米，寬73.5釐米，厚23釐米。孔涇墓之原碑在此碑後方，碑文曰："中順大夫兗州府知府□□黄□□。五十三世孫，翰林檢閱孔公墓。"

西瞰户分户祖墓

孔子五十三代孫，諱涇，字世清，元登進士第，歷仕至翰林國史檢閲，明洪武，令爲族長，欽賜籐杖，主治家政，年七十六歲卒。子四，思檜、思楷、思櫟、思桓，分爲四支。

至聖廟三等首領官、代理四氏學教授、現任孔庭族長十六世孫傳堉重立石。

中華民國二十四年歲次乙亥清和月中浣穀旦。

（崔偉芳）

民國二十六年孔憲典暨崔氏墓碑

此碑立於民國二十六年(1937),現位於孔林。碑正中書"清例授文林郎冠經孔公暨德配崔孺人墓",楷書。碑高2.3米,寬0.87米,厚0.3米。碑文楷書。

清例授文林郎〔一〕冠經孔公暨德配崔孺人墓

公諱憲典,字冠經,性孝友,篤誠剛正,質直無文,幼年勤學好問,穎悟過人,家寒素。太翁殿材先生,春秋〔二〕高,喜寧静。公承親志,理家政,輟儒業,勤稼穡〔三〕,崇節儉,漸致豐裕,敬慎〔四〕特焉。卒年五十二歲,鄉謚醇泰。

德配崔孺人操持内政,庶務〔五〕躬親,婦職〔六〕克脩,母儀昭著。公生於嘉慶十九年八月十二日申時,卒於同治四年三月十六日未時,孺人生於嘉慶十七年五月十八日寅時,卒於光緒八年十二月初六日亥時。子一,女四。

同知銜四川候補縣丞〔七〕附貢生〔八〕姻晚生沈化南頓首拜撰。

例授修職佐郎[九]候選訓導增貢生世晚邱元泰頓首拜書。

男慶新,孫繁登、輝,曾孫祥喆、吉、玉,祥均、班、振、琮,元孫令芳、雨、起、謙,令壎、讓、樓、謀,令善、順、昌立石。

民國二十六年歲次丁丑榴月中浣穀旦。

【注釋】

〔一〕文林郎:文散官名。散官用來定級别,猶如現在的"行政級别"。文林郎於隋文帝開皇六年(586)開始設置,當時是從九品上。隋煬帝時廢除。唐武德七年(624)又置爲從九品上。宋初設爲四十二階中的第三十五階,元豐改制時廢除。金爲正八品上,元爲正七品。明、清皆用來授正七品文官。

〔二〕春秋:指人的年歲。

〔三〕稼穡:耕種收穫,泛指農業勞動。

〔四〕敬慎:恭敬謹慎。

〔五〕庶務:古時指各種政務。

〔六〕婦職:即婦功,指紡織、刺繡、縫紉等事,爲婦女四德之一。

〔七〕縣丞:始置於戰國,爲縣令的佐官。

〔八〕貢生:科舉時代,挑選府、州、縣生員中的優秀者,陞入國子監讀書,稱爲貢生。

〔九〕修職佐郎:正八品和從八品的文官散階。

(張 慧)

民國二十九年孔昭常暨趙氏墓碑

此碑立於民國二十九年(1940),現位於孔林。碑頭浮雕二龍,簡約古樸,中書"至聖",楷書。碑身四周刻蓮花紋,正中書"孔子七十一代孫諱昭常字德五配趙氏之墓",碑文楷書。

君諱昭常,字德五,廣燦先生之子也。君賦性樸誠,盡心力於耕讀,十八歲娶趙氏後,至年餘即早卒。趙氏矢志守節,堅貞苦度,以昭順之子憲德承嗣。惜乎壽命不長,至三十餘歲,亦因病逝世。幸有嗣孫慶鈐、玉為之立石,以誌有後云。君生於光緒二年九月十一日吉時,卒於光緒二十一年六月二十日未時。趙氏生於光緒四年六月十九日戌時。

曲阜儒學生員懋勛拜題。

嗣孫慶鈐、玉敬立。

中華民國二十九年歲次庚辰三月上浣穀旦。

(張　慧)

圖書在版編目(CIP)數據

曲阜儒家碑刻文獻輯録. 第4輯/楊朝明主編. —濟南:齊魯書社,2018.11

ISBN 978-7-5333-4053-7

Ⅰ.①曲… Ⅱ.①楊… Ⅲ.①碑刻—匯編—曲阜市 Ⅳ.①K877.42

中國版本圖書館 CIP 數據核字(2018)第243145號

曲阜儒家碑刻文獻輯録(第4輯)

楊朝明 主編

主管單位	山東出版傳媒股份有限公司
出版發行	齊魯書社
社　　址	濟南市英雄山路189號
郵　　編	250002
網　　址	www.qlss.com.cn
電子郵箱	qilupress@126.com
營銷中心	(0531)82098521　82098519
印　　刷	山東德州新華印務有限責任公司
開　　本	880mm×1230mm　1/32
印　　張	13.75
插　　頁	3
字　　數	300千
版　　次	2018年11月第1版
印　　次	2018年11月第1次印刷
册　　數	1—1000
標準書號	ISBN 978-7-5333-4053-7
定　　價	**42.00圓**